胡晓明 沈喜阳 主编

论王元化

清园百年书系

上海教育出版社

不信东风唤不回(代序)

胡晓明

今年是王元化先生的百岁冥诞。时间过得真快,近年来我常常会想念先生家那明亮的客厅、温馨的书房。先生家客厅陈设十分简洁,一幅王蘧常“萍洲燕语”的章草下面,坐着永远讨论问题而不知疲倦的先生。书房里铺着厚厚的地毯,安静异常,内有丰富的藏书与最新的学术书。我留校以后,不时会接到先生电话,要我帮他查书,或者借书。几乎每个周六,我都会到他家里,帮他整理书籍,陪他散步。先生也常会问到最近在读什么书,有什么好书?先生的思维一直都特别活跃,关心的问题,大凡集中在近代思想与人物、中西文化与艺术的各自传统,也会谈及上海文化圈,先生往往口无遮拦。那时没有微信,但是,先生的客厅就是上海最活跃的一个思想型的朋友圈。先生读了谁谁最近的文章,发了什么意见,过不了多久,就会在上海的学术界流传开来了。他兴趣广泛,精力充沛,历史哲学文学,都有他感兴趣的话题,所以来来往往,拜访他的海内外学人,来自不同领域。置身这样的场合,特别感觉是一种思想的盛宴。在客厅里听过他讲清华园旧事,听过他唱京剧,他略显嘶哑的声音里头,流露着对遥远的童年生活的回忆,又苍老又天真。我陪他去过杭州、台湾,当然,所有美丽的风景都只是一个背景的陪衬,人在风景里游,心却在思想的世界里行走。也见过先生发脾气;见过他谈到母亲的时候,发自肺腑的真情流露。20世纪90年代的时候,周末去先生家,经常饭后一起去散步,那时先生走得很远,高安路、衡山路,甚至远至淮海路,谈他最近的写作与思考,也谈往事。有一次聊得兴起,竟带着我去寻访熊十力先生在淮海路上的旧居,一边说着熊先生的故事，还上了楼去敲那个门，却早已换了人家。华屋山丘，屐迹安在？当时先生对他老师的那种感受，我今天也略能够体会一二了。

在王先生去世十周年纪念笔会上，我首先想到的是先生作为思想型学人的某种特别之处：思想活跃，永远有着讨论不完的问题，永远的不停止，永远的不现成，永远的独立思考，永远抱有怀疑、不确定性与复杂的思考风格。这种风格不同于科学家、不同于现代学院派以学术为职业的风格。先生的友人林同奇有一封信说："中国知识分子坎坷心路，外国学界很难理解。他们的思想轨迹，实际上是心路轨迹的某种折射，是一种生命形态，绝不同于'职业思想家'的纯学术探索。这是中国知识分子的传统的特色，固有其弊，但也有其利。今有人欲全弃之，完全走西方的专业化道路，我以为可能是一种损失，不仅会造成学术的枯干，而且会造成生命的萎缩。"①另一友人墨子刻（Thomas A.Metzger）教授也说过："在一个充满无数悲剧、政局动荡和人格缺失的社会中，真正的知识分子应该是一个像孔子那样'忧道'的人，他并不专注于个人理论光环的建立或者只满足于做一个优秀的学者。就像孔子的身体力行那样，他反思社会政治和知识分子的复杂性，而在这点上，我们大多数人总是会不同程度地有着某种洞察力的缺失或个性上的弱点。与这样的人交谈，总是有一种如沐春风的感觉。当这样的人走了之后，我们就会感到永不休止的遗憾，因为这样的机遇不再重来。这样一位学者就是王元化教授（1920—2008）。"②

---

① 王元化：《九十年代日记》，浙江人民出版社 2001 年版，第 336 页。

② 墨子刻：《王元化思想的重要性》，吴琦幸译，载《美中社会与文化》第 12 卷第 1 期，第 6 页，2010 年。参见 Thomas A. Metzger, *Wang Yuan-hua, Feng You-lan, the Quest for Reasonable Political Criticism, and the Four Culturally Inherited Premises of Modern Chinese Political Philosophy*。

因而，2017 年我设计先生的学馆时，特别将先生的思想方向与重要问题标列于墙。譬如：有学术的思想，与有思想的学术如何可能？如何在一个科技与功利主导的时代，坚持人的全面发展与个性充分伸展的理想？如何做到以西学为参照，不以西学为标准？在一个真正有生机的文化里，现代价值如何生根？20 世纪的知识人，如何“述往事，思来者”？……最难忘的是，先生临终前不久，特意打电话叫我去他的病房，嘱托要把这一段话写在学馆的门口：

> 生活在一个道德标准和文化意义渐渐崩解失坠的时代，他们通常喜新而不厌旧，既召唤着变化的精魂，又时时流露出对旧日的好东西的一分留恋。他们对文化、对思想的事物十分敏感，对于经验世界和现实政治的事务却往往不太在意，也缺乏能力；所以沉思的心灵生活其实才是他们最为珍视的，时时会从喧嚣、纷扰的世俗中回返思想宁静的家园。所以，他们是那种为思想、为观念而生的人，而不是靠观念谋生的人。

他正是这样的人。他在最后的生命时刻，留下嘱咐，放弃抢救，不作无益的插管延续，正是为思想而生，也为思想而死。我们今天与他对话，首先是要从一种不停止、不安分、不现成、不枯干、不萎缩、不苟活的怀疑精神、探索精神、独立思考精神来理解他，跟着他的精神再往前走。只有这样，才不会把先生讲“小”了。

《华东师范大学学报》有一个很好的思路是“接着讲”。接着先生没有完成的课题，还有太多的路要走。譬如先生生前最关注的一个问题，是中国学术思想如何继承“五四”，而又走出“五四”的套套，活古化今，继往开新。直到今天，这依然是一个艰巨的任务。我们依然面临着如何突破 19 世纪的知识体系强加在中国文化传统上的框框，如何重建中国学术话语体系这一重大的时代选择。在十周年纪念的栏目里，我们选取了近30年来中国文论领域既具突破性，同时又具建设性，也最能体现先生走出“五四”套套的一个论域，即中国文体论，这个方面的代表人物吴承学教授——他的一篇很有分量的论文，有力地证明了只有走出“五四”的套套，才能走出一条新路。关于承学教授最近的新著《中国古代文体学之发生》如何创出一条新路，我有一篇长书评，刊于最近一期的《古代文学理论研究》丛刊，此不赘言。另外一组笔谈，一篇是我参加2019年在加州大学圣地亚哥分校举办的“百年五四暨王元化先生思想”研讨会上的讲辞；其他两篇，即周兴陆教授与刘锋杰教授，分别从古代文论与现代文论不同学科，围绕着中国传统文学思想中文道关系的思考，从一个具体的角度，建设性地展开了先生的后“五四”思考。周锡山教授的笔谈，从反对以西学坐标衡量中国文化和中国文艺理论、骈体文、文言文的艺术水平、儒道与佛学对文艺理论的贡献以及金圣叹和王国维的评论等几个方面对先生的文艺理论作更进一步阐释。关于“建立中国特色的文论话语体系”，关于如何继承“五四”又超越“五四”，这是同一篇大文章，甚盼学界同仁不放弃不停止，不干枯不萎缩，发扬独立之思想，勇探学术之新境，真正将王元化先生的学思传统，接着讲下去。

原载《华东师范大学学报(哲学社会科学版)》
2019年第4期(文字稍有改动)

目录

附录一　王元化先生佚文

附录二　王元化研究资料索引(1978—2020)

王元化思想的重要性

墨子刻(Thomas A. Metzger)著　吴琦幸译

在一个充满无数悲剧、政局动荡和人格缺失的社会中，真正的知识分子应该是一个像孔子那样“忧道”的人，他并不专注于个人理论光环的建立或者只满足于做一个优秀的学者。就像孔子的身体力行那样，他反思社会政治和知识分子的复杂性，而在这点上，我们大多数人总是会不同程度地有着某种洞察力的缺失或个性上的弱点。与这样的人交谈，总是有一种如沐春风的感觉。当这样的人走了之后，我们就会感到永不休止的遗憾，因为这样的机遇不再重来。这样一位学者就是王元化教授(1920—2008)。

高瑞泉教授在1994年或者1995年期间曾经给我看过王教授的一篇批评卢梭的文章，并且后来在1995年12月还为我和我的学生黄克武(几年后他担任了“中央研究院”现代历史研究所所长)安排了一次到上海图书馆拜访王教授的机会。而在2000年和2004年期间，高教授再次安排了我访问王教授。我在2000年6月1日在上海图书馆做了一个“乌托邦与怀疑主义：当代东西方政治哲学的困境”的演讲，王教授出席了那次演讲会。虽然那次演讲会非常冗长，而且没有组织得非常完备。我很不安地从讲台上注意到王教授在他的位子上经常变换着坐姿倾听。此外，在2004年的12月我还有机会荣幸地跟王教授、高教授一起共进难忘的晚餐。在那次晚餐中，王教授的言谈总是那样的精辟，每每超出了我所能够理解的高度。他那精辟的洞察力，神采奕奕的精神，知识的力量以及他的学识都使我感到他真有点像孔子形容自己那样：**“其为人也，发愤忘食，乐以忘忧，不知老之将至云尔。”**王教授的睿智在他研究中国历史和思想中显现出来；同样也在他的人格中，在他参与的中国现代革命中，在他在思考当代哲学和方法论的角度等方面都显露无遗。当然，他为人正直，他所追求的“是什么就说什么”的精神，与殷海光教授所说的那样，从来不局限于一种学术的陈词滥调之中。

英文见氏著 *Wang Yuan-hua, Feng You-lan, the Quest for Reasonable Political Criticism, and the Four Culturally Inherited Premises of Modern Chinese Political Philosophy*，中文译文原载《美中社会和文化》第 12 卷第 1 期，2010 年。

“呕血心事无成败，拔地苍松有远声”①

——悼念王元化先生

林同奇

王元化先生离开我们已经很长时间了，虽然噩耗并不突然，但我仍然无法摆脱因失去一位可做心灵对话的良师益友而陷入茫然若失的心情。自从2007年得知他身患恶疾之后，为了排遣其病中烦闷，我时常打越洋电话给他，谈些他的思想，并介绍一些他很感兴趣的史华慈(Benjamin I. Schwartz)的思想。在我案头摆列了他赠送给我的其作20本，不时翻读。2008年3月，他曾给我写了一封信，说自己“已经由一个精神人变成一个生物人”，并说“我在治学方面还有一个特点，就是我热爱我的工作，像热爱我的生命一样”，最后说“自己觉得需要努力的时间还很长，是不是可以把我的想法说得更清楚些，让大家理解它们。还有很多话想和你多谈一会呢，但是身体虚弱，没有力气说了”。这是我收到的他的最后一封信，一个多月后他就走了。

我和王先生初识是在1992年9月他来美参加杜维明主持的“文化中国：诠释与传播”研讨会，我们同住在靠近哈佛大学的一家小旅馆。在会上王先生作了有关考证的发言，提到他的《“达巷党人”与海外评注》一文。我在发言中支持了他的观点。由于这篇文章涉及史华慈，他请我将该文转给史先生，后来我也照办了。不过史没有回应。我猜测他不会反对王先生的批评，因为他在训诂上一贯重视中国学人的见解。

① 本文标题中的对联，是王元化先生1998年为江陵古迹万寿宝塔护壁碑廊手书的碑文。王先生祖籍江陵，外祖父曾任沙市圣公会第一任中国会长。他对江陵有特殊的感情。参见胡晓明：《跨过的岁月——王元化画传》，上海文艺出版社1999年版，第164页。

会议期间有一天吃早餐偶然相遇，我们就边吃边谈，不到40分钟。会后各奔东西，再也无缘相聚。曾以"海内存知己，天涯若比邻"相赠。曾几何时，已黄泉无语，天人永隔，哀哉！

由于我当时正在研究国内改革开放后兴起的思想论域，王先生创办的《新启蒙》引起我的注意（我手边还保存着22年前出版的这套刊物，共四期）。会后我去函请他提供一些有关他自己学术思想的资料，他随即寄来《学术简历》《胡风事件简述》和《学术思想概况》三个手抄附件，由王先生口述，傅杰笔录，写在现已发黄的稿纸上，共26页，万余言。

第二年，我在中国台湾的《当代》杂志发表的有关"大陆文化热"的长文，曾提到王先生的《新启蒙》和他的"反思"。①但是当时我的注意力更多地集中在李泽厚、金观涛、甘阳、萧蓮父、庞朴及冯契等人。记得当时杜维明曾劝我一鼓作气写一本讨论这时期中国思想论域的专著，但是那时我的兴趣已转向牟宗三的形而上学，未能成篇。此后我和王先生的通信虽然没有中断，但并不频繁。待到我再度回转头来研读他的文章时，已经中隔十几年，我和王先生的思想都经历了不少发展和变化，我对王先生思想、心灵的理解自然已与往日不同。

近日读到追忆王先生的文章已有十几篇，作者多数是受过王先生亲炙的学人，他们有机会近距离观察并体会王先生的为人治学，感受比我真切。特别是许纪霖、汪丁丁和胡晓明的追忆都加深了我对王先生的了解。我只能通过反复阅读他的著作，加上若干隔洋对话做些推度。不过王先生和我不论在时代感受（他比我大三岁）、家庭背景，甚至于个人遭遇上都有许多相似之处。这可能有利于对他做设身处地的理解。王先生期望的不是颂词而是理解。理解远比评价困难。我写这篇长文

---

① 林同奇：《"文化热"的历史含义及其多元思想流向》，载《当代》1993年第86期，第64—79页。

的最终目的在于尽可能地理解王先生的为人治学(特别是他的学思特点),或可帮助后来者更好地阅读和研究他的著作,开发他的学术遗产。

本文标题是王先生为他故乡江陵县一处古迹书写的对联,颇能反映他的为人与治学。我想先说下联,此联烘托了王先生的为人和品格。夏中义曾说王先生是一位“融入历史”的思想家,真切地说出了他的一个侧面。王先生是一位多侧面的人物,拔地而起的“苍松”则勾画出了他的另一个侧面。

我还清楚地记得1955年声势浩大的“反胡风反革命集团”运动,当时我由于和胡风有些间接又间接的联系,在动员大会上突然遭到点名,声色俱厉喝令我站起来,低头认罪,吓得我一身冷汗。散会后除了我妻子一人外,没有人敢和我交往。那真是一场令人色变的风暴。但是王先生顶住了这场风暴,宁可自己被划入“胡风反革命集团分子”,拒不承认胡风问题属于反革命性质,可谓“威武不能屈”。在此后漫长的二十几年中,他过着十分清苦甚至贫困的生活。起初几年他没有工资,一家全靠妻子张可的工资过日子。有一年多他不得不每天伏案十小时为书局做些翻译工作,补贴家用。接着“文革”他又被打成“历史兼现行反革命”,下放农场劳动改造,再度被隔离审查两年,常常只能领到微薄的生活费,但是他却写出了大量的优质论文,堪称“贫贱不能移”。改革开放后,他被簇拥入学术殿堂,和全国第一流学者并座。不久,在推辞不掉的情况下又当了两年上海市委宣传部部长,享有中央副部长级待遇。那时他已近70岁。但他没有心情颐养天年,反而选择了非常艰难痛苦的反思自省的道路,直到生命的最后一分钟,实在称得上“富贵不能淫”。

不过,正如苍松也有折枝断根一样,在这漫长的岁月中,王先生也无法避免内心的怯弱、彷徨和消沉。王先生的可贵之处正在于他自己从不讳言这一点,只要读读他的《无梦楼随笔·序》(1992)就可以感受他的坦诚。他似乎有两次陷入迷茫。一次是在1950年代末，他自己曾说当时幸有张可邀他一起翻译莎士比亚的评论，才慢慢恢复了信心。第二次是在“文革”期间，在遭受造反派打击后，他被抛在一边。这期间他无心治学也不敢写文章，加之被他视为第二母亲的外祖母去世；又接着，和他一直相濡以沫、并同时被打成“胡风分子”的挚友彭柏山在迫害中含冤而死。彭几乎是当时唯一敢和他交往的朋友，彭的去世无疑使他更感孤寂。最后他的父亲也走了。张可当时因受他株连在隔离审查中患了重病。他自己蒙受冤屈已近20年，而“文革”仍是长夜漫漫不知何时旦也？在彭柏山去世前被发配到青海时，王先生作七律一首送行，现录如下：

> 边城风雪锁春寒，千里荒漠万重山。
> 墨瞿有感哭歧路，老聃无意出函关。
> 豪情都作断肠梦，岁月渐催鬓发斑。
> 心事茫茫谁堪诉，问君更得几时还？①

他说：“我不想为自己掩饰，这是由于渴望工作却不能工作而流露出来的一点颓唐情绪，自然不足为训。”②在这期间，我也下放湖北五七干校劳动了三年。日出而作，日落而息，经常头顶烈日，满身汗水，趴在田里种西瓜。但是最不好受的是眼看着一批又一批教师被调回原校教书，而自己仍被搁置在大田里。王先生的迷茫心情我完全可以理解。

1976年，他终于盼到了“天亮”。当“四人帮”被粉碎的消息传到时，他不由得想起“剑外忽传收蓟北，初闻涕泪满衣裳”，一口气跑到好

① 参见胡晓明：《跨过的岁月——王元化画传》，第106页。
② 王元化：《清园文存·王元化学术年表》（第三卷），江西教育出版社2001年版，第479页。

友满涛住处，高兴得相对流泪。①记得那时我正在上海治疗眼疾，我大哥林同济听到这个消息后也兴奋得手舞足蹈，在房间里来回走动，口里不住地说："中国有救了！中国有救了！"

王先生历尽沧桑，跨过了敌伪、国民党、共产党三个时期，始终不辱身，不降志，不说违心话，不作媚时语，真正体现了孟子所谓的"大丈夫"精神。

如果说"拔地苍松有远声"烘托出了王先生的难有品格，"呕血心事无成败"则写出了他的治学风格。谈起王先生的治学，首先令我联想起清儒章学诚的"性情论"。章用"记性""作性""悟性"这三种天生的性情来分别解释学者在"考证""词章""义理"三个领域中的造诣。②我认为王先生得天独厚，在他身上三种资性都相当突出，而且发展比较平衡。他实在拥有一位杰出思想家所必须拥有的资质。

首先，他似乎有很强的天生悟性，并且得到后天的磨炼。他曾多次提到太史公所言："西伯拘而演《周易》，孔子（仲尼）厄而作《春秋》，屈原放逐乃赋《离骚》，左丘失明厥有《国语》。"他说"孤独"让他头脑清醒，"苦闷"成了推动他思考的动力。那时黑格尔的思想不仅使他感到"精神的力量不可低估和小视"，而且训练了他的思辨能力。他说，读黑格尔"帮助我逐渐明白怎样去思考——不是单一的，而是多条线索交织在一起地思考；不是简单化的，而是错综复杂，如剥笋抽茧，层层深入地去思考。这就使我自然而然地养成一种沉潜往复、多面推敲、曲折进展的思想习惯"③。不仅如此，"思"成了他的生命。"呕血心事无成败"代表

---

① 参见胡晓明：《跨过的岁月——王元化画传》，第119页。

② 参见余英时：《论戴震与章学诚：清代中期学术思想史研究》，生活·读书·新知三联书店2000年版，第44页。

③ 王元化：《读黑格尔·小引》，新星出版社2006年版，第1页。

了一种不能自已的、一往无前的对“思”的执着。他说：“我热爱我的工作，像热爱我的生命一样。”他的工作就是学、思、写。随着年龄阅历的增长，思的成分逐渐增多。到了 21 世纪，当他进入 80 岁后已不能阅读，只能“终日思”，成了真正的“精神人”。经过长期磨炼，他的“思”有很强的穿透力和辨析力。

更令我自叹不如的是他的记性，他自己显然已注意到这个长处。我在 2008 年 3 月给他的一封电邮中告诉他：“你甚幸似乎集章氏所谓三性于一身。”他回信说：“我只能说我的记忆较好，我现在还能回忆起四五岁的童年生活。跟我家里其他人相比，这是比较特殊的。”“和家里其他人相比”一语是谦词；不过，这种自我肯定在他已是罕见。他往往能随时记起几十年前见闻的细节和读过的章句。例如，他在 70 岁时还记得，30 年前第一次拜见熊十力时，熊十力在门口贴的一张以年老体衰谢绝宾客的信笺，上面写着“面赤，气亏，虚火上延”字样①。这是一种接近“摄影式”或“扫描式”的记忆。可能正是这种罕见的记忆力使他对训诂、考据有天生的癖好。所以当李泽厚用“学术出台，思想淡化”来描绘 1990 年代初的学界时，他做出了迅速而强烈的反应，针锋相对地提出应该是“有学术的思想和有思想的学术”，②这可能多少和他的性情有关。

至于王先生的作性，似乎也很高。他早年写过一些长、短篇小说和报告文学。他的书法遒劲有力，别具一格，足以暗示他具有细致、敏锐的文学与艺术的鉴赏力。如果悟性促使他去探索哲学问题，记性推动他涉足史学，这种鉴赏力则驱使他贪婪地阅读文学作品，他能同时涉足

---

① 参见王元化：《记熊十力小集》，见《人物小记》，东方出版中心 2008 年版，第 51、58、57 页。

② 参见王元化：《关于近年的思想答问》，见《沉思与反思》，上海辞书出版社 2007 年版，第 11、16 页。

文史哲并打通三者的界限也和他的性情有密切关系。而且这种鉴赏能力一旦和思辨能力(即悟性)相结合,就让他可以在美学理论和文学批评领域做出贡献。须要强调的是,他的理论文章在严谨和准确之中透露一股炽热的浪漫气氛,也可视为作性运作的迹象。

总之,我想说的是:如果我的判断没有大错,王先生实在具备了第一流学者乃至杰出思想家的素质和性情。

其实,王先生的父母也希望他能成为一位学者型的人物。在王先生小时候,他父亲曾逐月为他存一笔钱,作为他将来出国留学之用,而且希望他读理工科。他上的中小学都是很好的教会学校。在他十二三岁时,他父亲要他参加同窗好友韦卓民(韦先生曾留学欧美多年,通数国语言,又是康德专家)开的小班,学习《大学》与《中庸》。“七七事变”时,他18岁,母亲怕他因逃难荒废学业,专请任铭善(任先生为之江大学教授,专攻文学、音韵、经学)为他一人讲授《说文解字》和《庄子》。我们不妨设想倘若王先生按照他父母的意愿在当时去美国哈佛大学学习,踏上了一条学院式的学、思道路,他是否有可能成为他所景仰的陈寅恪式的人物呢?

但是由于客观与主观的种种原因,例如,民族危亡已迫在眉睫;而年轻的王元化不仅满腔爱国热诚,而且正燃烧着“为真理献身的英雄意愿”(夏中义语),他终于毅然加入了中国共产党,投身救亡运动。从此以后,作为学者/思想家的王元化就慢慢隐退。他有时自愿,有时半自愿,有时非自愿地去从事许多具体的社会活动或政治任务,陷入所谓“身份认同”的困境,导致了某种“人生错位”。在此后的漫长岁月中,这种人生错位,随着政治波澜的起伏不定,直接影响了他的学思活动的特点,使他的学思活动明显地呈现出以下四个阶段:

第一阶段(1938—1954):这个阶段是他学思逐渐定型的时期,不可忽视。他在1938年入党之后,立即成了一个文艺战线的尖兵,需要在弥漫着政治硝烟，布满日伪特务、暗哨的环境下进行统战工作，扩大党在文艺界的影响。幸好当时江苏省地下文委的领导人，像孙冶方、顾准都是一些品德才华兼备的人物，他们不仅鼓舞了青年王元化的斗志，而且对他的为人治学都有深远的影响。

在这阶段，他的学思集中在文学领域。除了文学创作外，他写了大量富有战斗性的文学批评和文艺理论的文章[大部分收集在《文艺漫谈》(1947)和《向着真实》(1952)两本文集中]。他读了几乎所有可以找到的汉译世界名著和"五四"以后的新文学，特别钟情19世纪俄、法、英的现实主义、人道主义经典作品。他后来说自己是"19世纪之子"①，根子就在这里。他从基督教的家庭中接受了大爱(agape)的教义。正是这种大爱经过人道主义文学的滋润，得到充实、扩展、深化，终于把他引向了马克思主义。他说："(我)至今(1992年)仍然认为人是马克思主义的出发点"，并说自己："不是由马克思主义走向人道主义的十九世纪文学。相反，倒过来，正是从我对十九世纪文学的强烈爱好而对马克思学说的人道精神产生了强烈的共鸣。"②这点很重要，因为他的许多朋友都是通过向往民主、自由，经由政治激进主义走向马克思主义；也是人道主义文学促使他拥抱了标榜自由、平等、博爱的法国启蒙运动的思想。1938年他写了《论抗战文艺的新启蒙意义》一文，试着把启蒙与救亡结合起来。我不知道他是否受到当时张奚若和陈伯达联手发起的"新启蒙运动"的影响才写出这篇文章。他后来不赞成李泽厚"救亡压倒启蒙"的提法可能和这段经历有关。

---

① 王元化：《人文精神与二十一世纪的对话》，见《清园近作集》，文汇出版社2004年版，第4页。

② 以下凡未注明的引语，皆是本文所提到的《王元化口述》(未刊)。——编者注：参见《九十年代日记》："十一月二十二日　晴。为林同奇写我的简历、学术思想、我在反胡风中的经历、傅杰记录我的口述。全日工作。"(浙江人民出版社2001年版，第155页)

19世纪的文学作品还哺育了他质朴深沉的审美趣味。1992年我曾问及他对司汤达和雨果的看法，他说："（司汤达）身上所体现的19世纪人文主义或人本主义的精神看来似乎不及雨果那样鲜明显赫，那样热情奔放、淋漓尽致，但实际上是更深邃、更丰富、更复杂。"他还说："也许我受到我国传统艺术审美趣味的浸染，我不大喜欢那种筋骨外露、一览无余的作品。"他说他最喜欢的还是契诃夫的戏剧，因为契诃夫做到了"功夫深处却平夷"，把"平凡的生活写得像抒情诗一样美丽"，"最深刻最完满"地体现了人道主义精神。①

在文艺观方面，他和当时许多左翼青年一样，喜欢阅读俄苏的文艺理论，尤其是所谓"别、车、杜"（别林斯基、车尔尼雪夫斯基、杜勃罗留波夫）的理论。其中又以别林斯基最符合他的审美情趣。他说："我始终不能忘记，我在四十年代从教条主义摆脱出来时，别林斯基的艺术观对我所发生的影响。他帮助我把自己的零碎感受提升为一种观念。"②根据这句话的上下文，我认为王先生所指也包括了《在延安文艺座谈会上的讲话》中提到的政治标准第一，文艺标准第二；正确的世界观对文艺创作有决定性的作用；作家必须首先改造好世界观等一系列断语。而别林斯基和王先生则认为作家"必须把自己的思想化为自己的血肉""在艺术形象的真实性之外没有甚么（政治）倾向性"，作品不应该有"筋骨外露"的倾向性，"真正的倾向性不能游离于艺术形象的真实性之外"。对于此，王先生说"使人不得不想起拉普派的观点"。拉普派是苏联在二三十年代之交的一股极"左"的文艺思潮，主张文艺要政治化，把文艺争论和党内派别斗争挂钩，迫害了大批文艺工作者。王先生还指出《讲话》发表时曾遇到文艺界不少人的质疑，其中包括冯雪峰、胡风、

① 参见王元化：《读莎剧时期的回顾》，见《王元化集（第三卷）》，湖北教育出版社2007年版，第7—8页。

② 同上，第9页。

阿垅。他自己在1951年写了《论倾向性·世界观·人格力量》一文，也提出了质疑。我不知道是否别人也曾指出毛泽东文艺思想中可能有拉普派成分，王先生的提示可能是研究毛泽东文艺思想的一条重要线索。《讲话》在1949年全国文代会上被推崇为文艺工作的大纲大法。王先生逆潮流而“思”，再一次显示他的独立思考的力度。

毋庸讳言，王先生当时的知识结构比较单一，日伪统治下的上海比起大后方，思想资源相对贫乏，当时在重庆、昆明可以很容易接触冯友兰的新理学、熊十力的新儒学、太虚法师的佛学、金岳霖的逻辑实证论、雷海宗和林同济的形态史观、储安平等人的费边主义。造成这种单一性的另一原因是外语能力的不足。王先生汉语功底深厚，可以顺利进入中国的经史子集；他的英语在教会的中小学中打下了较好的基础，可惜18岁以后没有机会深造。他可以精读细研英语著作，但快畅阅读的能力不够，错过了熟悉掌握多姿多彩的西方思想的机会。

更重要的是他在这阶段逐渐养成一种终身未改的、不同于正规学院派的学思运作方式。作为一个文化或政治战线的尖兵，他得根据形势的变化和党的需要对文艺界随时出现的新动向或具体问题做出快速反应，即就某一具体的特定的人物、事件、观点，乃至一本新书、一条新闻展开学习与思考，并随即写出散篇论文。他几乎没有机会围绕一个学术性课题展开现代学术规范所要求的系统的、穷尽的搜索和研究。因此，尽管他有很强的考据和思考的能力，但是在这阶段他始终没有写出一本称得上学术性的专著。他的学者/思想家禀赋在完成尖兵的任务中无法得到施展。如果没有“反胡风”运动的迫害，他很可能终生做一个知名的左翼文学批评家，和思想家擦肩而过。

第二阶段(1955—1979)：1955年“胡风事件”是他一生中最重要的转折点。他曾说“我的一生主要得益于自学”，而他自学的最重要的时期就在这一阶段。如果说前一阶段的自学只能是浮光掠影地东抓一把西抓一把，在隔离审查的严酷环境下，他反而赢得了充分时间，让“思想回到自身的宁静”（黑格尔语）。不论读书或思考，他都有可能而且也确实地做到了熊十力的勉语：“沉潜往复，从容含玩。”他的学者/思想家的性情第一次得到展露，上阶段的“人生错位”也随之消失。

王先生的自学的另一特点是学思并进。这个特点可能和他往往得按照具体任务开展学与思相关。一旦一个任务下达，他得按任务的要求去学与思。因此他没有“读死书”“死读书”的习惯，总是边学边思。这个特点在他后来不断地写读书笔记得到进一步表现。他的读书笔记既记下了知识事实，也记下了他的思考成果。

不过，不同于 1990 年代，在这阶段，他更侧重于学。可以说在这阶段他“选修”（即“学”）了三门“核心课程”：黑格尔思想、《文心雕龙》和莎士比亚作品。每门课都断断续续修了好几年，甚至更长时间。而且在每门课“结业”时都写出了“论文”，那就是近年出版的三本书：《读黑格尔》（2006）、《读文心雕龙》（2007）、《读莎士比亚》（2008）（简称“三读”）。这三本书虽然最近才出版，但其主体都是在这阶段完成的。王先生曾说：“我觉得这个‘读’字比较妥切地表达了这三本拙著的性质。”①突出“读”字就是突出“学”。足够的学养是有成效思考的先决条件。王先生在这阶段的“学”为他 1990 年代的“思”打下了比较坚实的基础。分析一下“三读”的内容有助于理解这个学思特点。

《读黑格尔》是王先生读黑格尔的《小逻辑》（*Wissenschaft der Logik*）和《美学》（*Ästhetik*）两本书的读书笔记，分上下编。下编是原始读书笔记，当然，以学为主，但又杂以思；上编是读书心得，以思为主，杂以学。可谓学思并举，步步为营。他曾说，自己“读书的习惯是精读，不善于从涉猎中获得知识”。学思并举使他的文字往往散发出智慧的

① 王元化：《读莎士比亚·小引》，上海书店出版社 2008 年版，第 2 页。

闪光。他曾劝我也写些读书笔记，我已照办，发现效果很好。我愿意向青年学者推荐这种方法，因为它是积累知识、磨炼思想的好办法。

《读文心雕龙》是王先生这一阶段的代表作。这本书其实也是一本读书笔记，只不过由于学思缜密、前后连贯，故以专著的形式出现。这本书切实做到了熔考据与义理于一炉，体现了他所服膺的学术与思想统一的原则。全书分为两部分。第一部分以考据为主，仔细考订了刘勰出身贫寒庶族（不是像许多人所说的出身士族），可以说做到了"有思想的学术"；书的第二部分以原典释义为主，提出了"文心雕龙创作论八说"，既富创见，又实之以考据，可以说具有"有学术的思想"的特色。另外，王先生在这本书中秉承熊十力强调的"根柢无易其固，而裁断必出于己"这条原则，把自己的释义分为"正文"和"附录"两部分。正文力求厘清作者的原意，附录则着重阐发自己的见解。这种做法比较圆满地体现了王先生自己的诠释学思想[王的诠释学比较接近赫希（Eric D. Hirsch）的史学诠释学①，但又不受他的束缚]。

至于《读莎士比亚》，它汇集了西方八大名家对莎氏作品的评论，译为中文本是为进一步研究莎氏作资料上的准备，其价值不在于"思"。因此，我认为"三读"的内容足以说明王先生在这阶段的学思特点是学思并进，以学为主。

综观这一阶段，王先生不仅在写作上斩获甚多，而且他的知识结构也得到很大扩充，即从文学领域拓展到哲学领域乃至史学领域。但是我认为这阶段的最重要成果是他的思辨能力有明显提高。十年磨一剑，正如上文所说，经过和黑格尔思想的苦缠苦斗，他发展出一种多层次、多侧面、曲折进展的运思能力，这种能力是一切思想家所必须具备

① 参见 Eric D. Hirsch, *Validity in Interpretation*（New Haven, CT: Yale University Press, 1967）, p.20。

的条件。

不过，在这阶段他仍然保持早年的针对具体事物展开学思的习惯，例如，《读文心雕龙》就和某些“规范化”的博士论文或专著不同。它不是从某种抽象的学说或固定的模式出发，而是从《文心雕龙》这本书中所提出八个具体问题或观点出发，并以文本诠释的方式展开学思，找出其中内在联系而缀连成书。这种特点是研究与理解王先生著作必须掌握的线索。

“文革”结束，经过两年徘徊，中国终于走上了改革开放的大道，王先生理应更好地发挥他的学者/思想家的禀赋，但是历史不同于逻辑，作为思想家的王元化的出场还得推迟十年。

第三阶段(1979—1989)：1979 年王先生正式平反后，复出中国文坛。这一次他不是以一个文艺尖兵的身份，而以一位文化思想界的大员身份出场，而且他立即投身 1980 年代风起云涌的思想大潮之中，迅速成为一位学术思想界的重要人物。1981 年他和王力、吕叔湘、钱锺书、王瑶等同时被聘为国务院学位委员会评议组成员；他的许多著作得到出版或重印；许多地方请他演讲；1982 年他被选为中共十二大代表，赴北京参加十二大；1983 年他襄助周扬起草纪念马克思逝世一百周年讲话稿；同年 6 月他任上海市委宣传部部长；不久他被选为中国文心雕龙学会副会长；又作为中国社会科学院学者访问团团长率团访问日本，并在日本七所大学演讲；是年 10 月，他任上海市委思想工作小组副组长(夏征农为组长)。1985 年王先生辞去上海市委宣传部部长职务后，这类分心的社会活动也一直未断。

当然，在这十年中，王先生仍在不断学习、思考，也写了不少文章［大部分收入《文学沉思录》(1983)和《传统与反传统》(1990)两书中］。但是正如王先生自己追忆：“八十年代平反后是工作烦乱时期……是心粗气浮时代，撰文虽多，满意甚少。”他在 1988 年写的《论传统与反传统——为五四精神一辩》一文堪称这阶段的代表作。可是19年后他指出这篇文章仍然坚守“五四思想必须全盘继承”的思想底线,因而是错误的;它是一种“化为人的血肉”的“既定概念”,“一旦碰到和它相异的东西”立即“血脉贲张,为它申辩”的结果。

我个人认为,和上阶段相比,在这阶段王先生的思想出现了某些滑坡现象。而造成这种现象的根本原因,是在他身上再度出现了第一阶段的“身份认同”的困境;他的学者/思想家身份再度受到了过多的非纯正学术活动的干扰。他曾和林毓生说:“到了1955年‘反胡风’后,我回到学术里来。后来‘文革’结束了,我平反了,又让我去做官。我虽然很不愿意做官,做了两年官,害得我六年的思维处于停滞的状态。所以我就没有真正地好好读过书,与你们不同。”①“六年”指的是1985年到1990年。1990年他已经是70岁的老人,倦鸟归林,他似乎在说:“是时候了,我该回到我那绿色的家园,独自在思想的天空自由地探索、追寻。”

第四阶段(1990—2008):王先生曾说:“至九十年代,我才可以说进入了学术研究的正轨。”②人生苦短,他又说:“我真正能从事自己所向往的工作,只有短短的十几年。”我认为这18年又可分为两段:(1)前十年即1990年代,可称之为反思的时代;(2)进入21世纪后,他逐渐地把目光转向全球和人本身:反思启蒙,叩问人性;担忧人文精神的急剧衰落。

王先生在1990年代的学思特点可以用“反思”来概括。不过,这个词在王先生那里有严格的特定意义。他曾经多次谈到这个词的含义,其中最完整的表述是下面这段话:

---

① 2008年3月30日王元化、林毓生在上海瑞金医院的谈话。

② 王元化:《沉思与反思·小引》,第2页。

（反思）是出于一种忧患意识，以一个知识分子的责任感，对过去的信念加以反省，以寻求真知。这种反省之所以发生是鉴于自己曾经那么真诚相信的信念，在历史的实践中已露出明显的破绽。[1]

对这段话可以作出以下分疏：促使反思的外在缘起是历史的惨痛教训，其内在动力是知识分子的"忧患意识"或"责任感"；反思的内容是自己曾经"真诚相信的信念"；反思的性质是一种自我"反省"；它的最终目的是求得"真知"。

王自述一生有过三次反思。他在《我的三次反思》一文有扼要描述[2]，这里不重述。下面只谈一些我个人的感受。

首先，王先生在《无梦楼随笔 · 台湾版序》（1997）中深情地引用了该书作者张中晓的一段话用以说明反思的内容和性质。张认为必须把"哲学性的自我反思"和"一般的理智思考"严格区分。前者是"思考自己，即把自我的全部心灵，作为思考的对象"，后者只是"逻辑分析"。王先生说："只有懂得其间区别的人，才能理解反思的真正意义。"因此王先生的反思可以说是一次"大震荡"，一场灵魂的拷问，使他"感到恐惧，整个心灵为此震颤不已"，陷入一场"精神危机"，既带来了大痛苦，又由于思想得到大解放而感到"大快乐"。[3] 这种反思显然和一般哲学家或思想家的纯知性反思大异其趣。他说：我的反思可以说是自己所作的自我批评。我认为也许称之为"反省"更为妥切。因为在中国传统中"反省"往往会牵动人的整个身心。

---

① 参见王元化：《清园近作集 · 序》，第 1 页。

② 参见王元化：《我的三次反思》，见《沉思与反思》，第 1—9 页。

③ 王元化：《无梦楼随笔 · 台湾版序》，张中晓遗稿，路莘整理，台湾商务印书馆股份有限公司 1998 年版，第 38 页。

写到此，我远远没有穷尽王先生这一阶段的思想。这一阶段是王先生思想焕发光芒的鼎盛期。初步统计在1990年后短短十年内，他发表的长文短简共约110篇，其中对“五四”和卢梭的反思尤具特色。特别值得注意的是，进入21世纪后他的思想视野出现了新的转折与拓展：在深入发掘中国自身的文化与道德资源的同时，他开始把目光投向全球，着手反思西方启蒙与现代性，并触及理性自身之限制的问题；最后几年，尤其担忧整个人类的去向和命运。我个人认为王先生的思想本来就含有许多和史华慈思想相通之处（这点可另文讨论），如今则愈加接近。[①] 王先生在他最后一本文集《清园近作集》（2004）中以一篇深情怀念史华慈的短文结尾，不为无故。当时史华慈的主要著作都已有中文版，倘若假以时日，王先生是否在“三读”之后继之以《读史华慈》并非毫无根据的奇想。

王先生年轻时熊十力曾赠诗云：“衰来停著述，只此不无憾。”[②]我本意对王先生这段思想做出更充分的诠释，可已无力完成，只能就此停笔了。期待国内同仁能对他的这段思想做出富有成果的研究。

原载《美中社会和文化》第12卷第1期，2010年

---

① 参见 Vera Schwarcz, *The Chinese Enlightenment: Intellectuals and the Legacy of the May Fourth Movement of 1979* (Berkeley, CA: University of California Press, 1986)。

② 王元化：《记熊十力》，见《思辨录》，上海古籍出版社，第156页。

文化先知　启蒙睿哲

许　江

一

今年是王元化先生诞辰百年。云山苍苍，江水泱泱，王先生之风，山高水长。

我早就念着写一点纪怀王先生的文字，却迟迟未能下笔。王先生的慈眉善目，总在眼前流盼，一俟用思，却又犯了踌躇。主要原因有二：其一是王先生的学问广袤渊深，文章宏博犀利，从《文心雕龙》的文论讲疏，到黑格尔的哲学研究；从"五四"精神的历史梳理，到对于进化论思潮下种种观念的重新评估；从辩证的美学解析到繁密的名学思辨，以考、研、论、评多种形式，在文史哲众多领域里长期耕耘，广结硕果，被中国的思想界引为一代大家。要想评说这般广袤渊深的学问格局，非我的学识所能为。其二是，我与王先生相熟之时，王先生年逾古稀，虽年事已高，思维却格外敏捷，学识渊博，对吾辈青年，循循善诱，抚爱有加，端详着一份名师高士的风神。《论语》有言"望之俨然，即之也温，听其言也厉"，正是王先生的写照。一面是高山流水，阔引博征，语重心长；另一面又是赤子之心，率真之情，嫉恶如仇。如是风神，倘写文纪念，不可轻描淡写，必须要有较充分的构思的。

我与王元化先生相识在 1990 年代中后期。其时我从德国留学回来已数年。学界结束了改革开放初期的激流沸腾，而转向反省与研究的迟缓恢复之中。我们曾数次在杭州灵隐禅寺侧畔的作协小院里，听王先生讲谈他对五四运动的反思，其中对"意图伦理"的痛切批判，格外令人觉警。以“五四”为代表的新文化运动，是中国近代历史上的一场极其重要的思想运动。20世纪诸多重大的文化问题：传统与反传统、东西文化问题，等等，其论辩激思的源头都可以追溯到新文化运动。对新文化运动的清理与批判既是世纪交叠之时文化反思必然的趋势，又是吾辈艺术青年启蒙思考的重要起点。所以，王先生的讲谈看似随心遂意的湖山畅叙，却格外吸引了我们。从这些讲说中我们第一次听到《东方杂志》，第一次听到“杜亚泉”。王先生通过杜亚泉这位历史的“遗忘者”的追溯深究，剖开当年东西文化论战的一个生面，剔出激进思潮的批判、渐进改革的理想、中西文化调和论的论说、传统伦理道德的核心等文化研究中的重大命题，铺展开一幅宽广的反思与复兴的论争图卷。王先生的反思从来都不是单纯的否定和批判，而是一种重新发现。从杜亚泉到张奚若，从陈寅恪到吴宓，从学衡派到国粹派，从无政府主义到新儒家……他重新发现了一个多元的“五四”，一个复调的“新文化”。通过1980年代的《新启蒙》，更重要的是通过反身而诚的自我解剖，王先生扭转了知识界对“五四”的认识；通过贯穿1990年代的《学术集林》，王先生重新钩沉起诸多被激进主义遮蔽的扎根中国文化根源的思想脉络，扭转了学术界对“现代”的认识。王先生几乎以一己之力推动了一场关于新文化的“文艺复兴”。

在当年绿树冷泉辉映下的讲谈中，我最深的印象，一是关于中国固有的文化思想。当时，我新从欧洲留学归来，对欧洲当代艺术的危机深有体会，对中国固有文化的了解却十分有限，对传统的认识尚挣扎在盲目的批判与依稀难辨的再认识之间。王先生的《思辨短简》《清园近思录》等书册，笔锋广拓，针芒犀锐，结合对黑格尔的研究与新批评方法问题，结合《文心雕龙》与文学沉思，结合莎士比亚与清园谈戏，对中国文化现实的田原展开“思”的深耕。这种“思”，跬积了新文化与新中国的文化史料，磨砺着改革开放的沉思和辩难，对于我们有着特殊的吸引力。尤其是世纪两端的中西思辨，把我们一下带入了中西文化思考的深处，既对“五四”的清理和反省有了认识，更对中西文化之争这一世纪悬案在我们所身处的全球化背景下的现实审视和策略性思考提供了重要指导。当时，中国美院的绘画，正借用现象学、语言哲学等西方新学为思想方法，针对绘画的语言研究，䌷绎数字时代绘画何为的命题。王先生的讲说让我们洞见文化研究的痛切的世纪轮回，思考着如何超越中西文化的二元之说，站在一个更高的主体性的高度，来认知中西文化互动共生的格局，进而淬厉固有的民族精神，实现王先生所深深赞许的“创造性的转化”。这里使用的“淬厉”一词，也是从王先生相关著述中挪借而来的。

另一个深刻印象是关于“意图伦理”的反思。王先生的反思是1990年代中国知识界的重大事件。他的反思不只是对“五四”的反思，而且是对贯穿了20世纪中国精神史的激进主义的反思。正是这一激进主义的精神脉络使得曾经追求自由、独立的革命，逐渐滑向了自己的反面，继而发展为“用群体意识代替个性解放，用集中代替民主，用暴力代替人道”的极“左”思潮。由反思“五四”继而反思更早输入的启蒙思想、革命理论，反思从卢梭《社会契约论》到法国大革命、从巴黎公社到十月革命，这些思想形成了一种激进主义、总体主义的意图伦理，铭刻进20世纪中国人思想肌体内部，形成一种难以磨灭的“意底牢结”。王先生的讲说还常用“意图优先”这个词，来批判我们今天政治生活中依然屡见不鲜的态度决定认识、决定思想的问题。王先生在《杜亚泉与东西文化问题论战》中尖锐地指出：“许多人至今仍相信思想取决于态度的正确。解决思想问题，不是依靠理性的认识，而是先要端正态度，先要解决爱什么、恨什么、拥护什么、反对什么的问题。这种态度决定认识的观点，……它使学术不再成为真理的追求，而变成某种意图的工具。”①

① 王元化：《王元化集》（第六卷），湖北教育出版社2007年版，第158页。

王先生坚持用近现代历史的耽思反听，来针砭这种“意图”的表态，这类日常生活中随处可见的站队模式。他在文章中还进一步尖锐地指出：“这种作为意图工具的理论文章，充满了独断和派性偏见，从而使本应具有的学术责任感沦为派别性意识。”①正是这种意图伦理在历史上将思想的分析与表述简化为表态式的口号，以理论上的肤浅，把个性解放、独立意识、人格尊严、人性力量等，视为政治运动的批斗对象。在中国美院的一次讲座中，王先生坦承道：“从‘五四’到‘文革’，这条激进主义的轨道，这条‘左’的轨道，有时甚至是从自己身体内部伸展出来。”王先生的反思是“五四”之后一代人历史性的自我告解和自我拯救。

二

新世纪初，中国美院多次约请王先生来杭讲学。2003 年，中国美院南山路新校园建成，南山路与景云村路口的两座民国老楼装修后，辟作出版社的展销窗口，并请王先生题赠“南山书屋”。这四个字深厚端庄，盈满书家风范。大家建议让王先生办个书法展，王先生欣然答应。回家书写，却磨砺了半年的功夫。文人书法，对书文内容十分重视，王先生更是格外看重。他从《清园书屋笔札》中多次爬梳，理出四十多阕往昔撰录，一一书成四尺对开大小的书幅。书体介于行草之间，颇见早年临写王体的功力。行气淋漓，纵横有象，自显一份学者洒脱的风神。笔札原是传统书家的主要文本形态，中国历史上的名帖俱是范例。与一般的书家不同，许多书家大笔挥斥，字迹难辨。王先生却极其认真，舍去诗词，直写短简，断句处落上标点，在苍润点画之间，布蓄一种敬正端庄的气息。2004 年 11 月，王先生书法展在上海美术馆二楼举办。

① 王元化：《王元化集》(第六卷)，第 158 页。

我在题为《敬正的风神》的序言中写道："王元化先生是我们尊敬的一位著名学者，他以一种温厚的笔法，书录他的著作语要，书写敬正风雅的文人气息，文质而彬彬，可谓形美、义真、而入自在与感心之境。这种重书写内涵、重书之风神的学者书艺，正应为今日学界所推崇。"今天，我们重读这批书法，那文本的深厚蕴意，那手札的雅正书味，合成薰香四溢的书屋笔札的内涵。我想，这正是王先生以"书屋笔札"命名书法展的用心。那天的开幕式，王先生执杖前来，细细地看过每一张书法之后，默然离去。从他的神情看，他似乎有点失望。毕竟，他在深心里孤持着一份悠远的文心期待。

后来，在2005年3月给林毓生先生的信中，我们终于读到王先生倾吐的心中"郁闷"。这封信他专门谈这个展览。他慨然写道："我已经老了，没有力气再做什么事，我想通过这次展览，也许多少可以显示出一种和只顾向钱看的消费主义和娱乐文化有所不同的文化氛围，但是我失败了。"①王先生怆然地提到留言簿，上面的荒唐留言，让他感到"一种莫名的悲哀袭上心头"。"每一想及此事，真是令人悲从中来。我已入耄耋之年，一无所求，但是想到我们的后代，想到我们悠久的文化传统，倘听其毁于一旦，实在是于心难堪此劫。"②在这里，在这挚友诚切的寄语中，王先生像一位文化的传灯之人，倾吐心中如梗的隐忧。其实，在当时，我何尝没有觉察王先生的郁郁寡欢的失望呢？在美院和社会上，艺者书家们对王先生手札中充溢着的朗朗正气，涵蓄着的文与书、思与书相合如符契的学者风神，颇怀敬意。但王先生还是从一个更大的文化大众的角度，来感怀一种世风流逝的悲哀。王先生在书写之时，已然将文中的词义，那文化传灯的拳拳意涵，化作书体的朴实骨肉，

---

① 王元化：《王元化集》(第六卷)，第440页。
② 同上，第441页。

铸炼了某种人格的脾性。就每一个在一定程度上拥有这种脾性的书者而言，这种独特的文义和独特的书写最能够代表一个文化人整合融一的意涵。书法悬在那里，这一意涵就悬在那里。王先生是多么希望年轻观众的认领，多么希望来自文化大众的和音。在王先生漫漫学术生涯的道途上，黑格尔哲学思想的研究，《文心雕龙》的讲疏，“五四”精神的清理，当代文化的沉思，一场逐着一场，一思反刍一思。每有时局的摧剥，却总在学术上遭遇某种居先的创获。他仿佛一位文化的先知，以他的睿智向着文化思想界一次次地传播警策的长鸣。而这一次，他深自悲心不已，发出只若哀鸣的“实在是于心难堪此劫”的浩然长叹。

那之前之后的一段时间，正是21世纪的初年，王先生往来于沪杭之间，给中国画系、史论系师生讲《文赋》，在更大的范围讲中国的文化传统以及大传统和小传统的命题。那时候，王先生的心肺功能已有点不畅，讲课间暇，常要打开窗子，吸一点自带的氧气。但他的兴致依然很高，他通过千禧年的思考，清理五四新文化运动的激进思潮，提出对中国文化传统的再认识。他语重心长地指出，中国传统文化包含了极为丰富的内容，伦理道德的精神和原则渗透到传统的各个方面。如果从中抽去这些精神和原则，传统也就所剩无多了。这些传统伦理道德中的基本精神或体现了传统思想有关人的道德主体的和谐理念，或体现了儒家思想本身所具有的人文内涵，而正是这些传统精华，使得中国的知识分子拥有更强烈的忧患意识；使得中国的传统社会构建了独特的公理的空间、公共的诉求；也使得中国社会主流价值比较注重精神的品质，追求生活的情趣。这些极具文化定力、文化自信的观念，在世纪之交的全球文化背景下，为中国美院的发展提供了深刻的指引。

土耳其作家帕慕克在他的获诺贝尔文学奖的名著《我的名字叫红》中有一则刀劈斧凿般的文化寓言：一位将历史经典烂熟于心的高龄的盲画师，通过七岁孩童的眼睛来了解安拉的旨意，从而完成散落典籍的复原。王先生正若那古老的先知，以他宏博渊深的情怀，洞察幽微的识见，诚切地诫勉我们这新一代的锐意和担当。王先生还在《文赋》的讲习和文化演讲中，生动地演示中国文化的大传统和与小传统的关系。“深入传统道德的思想结构，你会发现，它有大传统和小传统之分。大传统就是一代代知识分子传承下来的经史、诸子思想、上层文化等，小传统则是戏曲、小说、民间传说等民间文化形式流传下来的、乡俗化了的道德文化观念。大传统经由民间的筛选、改编、再创造，变成了小传统。虽然它有时会将儒释道混在一起，会将大传统中一些经典的东西曲解、歧解，但它却能广泛而深刻地直接影响国人的大多数……可见小传统作为传统中影响民间社会的主导力量，是不容讳言的。我们的思想界、学术界应该对这个问题好好研究一下。这是一项非常复杂而艰巨的工作，同时又具有一定的现实意义。”①妙极生知，睿哲惟宰。先知的睿哲合于天地之心，向我们传递的不仅是文化的自信，更是中国文化自主发展的洞识。从那时候开始，中国美院就树立起国际视野与本土关怀、传统文化艺术与新技术文化、严肃人文关怀与大众时尚文化互动共生的大格局意识，构筑起大学望境、东方研究、哲匠理念等中国艺术教育自主发展的新模式，并从王先生那里承续中国文化的忧患和使命，一方面对消费主义与物质主义将造成的精神贫乏怀深深的警觉，持续地阐扬人的心灵自由和精神高度；另一方面，对进化论思潮下的既定观念勇于提出重新评估，规避激进思潮所带来日益空泛、日益窄化的危机与伤害，脚踏中国与东方的精神，倡导东方艺术人文的自主性发展。一方面深入打磨中国绘画、书法的根源因素，铸炼纸砚笔墨中的“小传统”；另一方面郑重树立语言研究的意识，以“体象”的精神来融通中西绘画的内涵，由此来接续中国文化的“大传统”，并努力地实现其创造性

① 王元化：《王元化集》(第六卷)，第 433 页。

转化。确然，在那段中国美院重建的艰难的岁月里，王先生以文化先知的洞见引领了我们，以学者的睿智形象薰染着我们。忧患摧剥精神升华，担当磨砺学术理想，中国美院新世纪自主发展的思想之风，源出于斯！

三

王先生是一个率真的人。他的脾性中，最为形象而难忘的就是较真。1990 年代中，王先生在上海“鲜跳墙”请我们吃饭，他因店家不让孩子对店中的艺术品拍照而勃然大怒，愤然离席。王先生在布满深情的《重返清华园》中，写了回归清华园故居与现住家因往昔记忆的顶牛。但正是他脾性中的率真，铸就了他一生对张可先生的一往情真，铸就了他一生对真理的追索，也铸就了他那明眸圆睁、不怒而威的文士形象。今天，他们这一代学者正渐渐离去，但每当我们在奔走繁忙中念起，总是感受到那先知目光如春阳洒拂而下的热量，感受到不容须臾懈怠的心灵敬畏。

王先生这代人做学问，有着一种特殊的现象：在苦难中恪守，在动荡中凝聚，在磨砺中跬积，在忧患中铸炼坚强。王先生在他写于 1994 年夏天的《自述》中谈到他的两次患病。其中第二次是“文革”前两年，正值他写作《文心雕龙创作论》进入高潮的时期，突然眼底出血症复发，右眼一片黑暗。疾难揪心，病急振起，他没有放弃，由 80 多岁的老父亲为他阅读资料，笔录口述。这是一场怎样的坚守啊！今天，当我们阅读这部中国文学理论的鸿篇巨制的时候，可曾想到这黑暗中的苦索？想到两代人的执手携行？这部书酿于 1940 年代；写于 1960 年代；初版于 1970 年代末期，最早的书名是《文心雕龙创作论》；1980 年代重印，做了增补；1990 年代修订后更名为《文心雕龙讲疏》；21 世纪初，重新校订出版，定名《读文心雕龙》。这贯穿60载岁月的研究成果，包裹着政治运动的严酷岁月，纠结着失明盲目的挣扎，也伴随了成书成名后的诸多纷扰和磨蚀。那是怎样沉甸甸地蓄着风雨沧桑、学术继命啊！在这部著作写作的1960年代之前，王先生曾经历一年半的隔离审查，这之后王先生回返正常生活，如饥似渴地阅读马克思、黑格尔、莎士比亚。在检查批斗的强烈冲击下，剧情与现实深层叠合，莎氏名剧《奥赛罗》演化成一场灵魂的拷问。奥赛罗的绝望与幻灭也一度让他失去心灵的归宿。王先生在《自述》中动情地写道："我的内心发生了大震荡。过去长期养成被我信奉为美好神圣的东西，转瞬之间轰毁，变得空荡荡了。我感到恐惧，整个心灵为之震颤不已。"①同时震颤不已的还有他的肉身，他的神经系统出现异常征兆，嘴角抽搐，说话不清。"我好像被抛弃在茫茫的荒野中，感到惶惶无主，这是我一生所遇见的最可怕的时候。"②这种由现世与阅读相交织所摧剥出来的精神危机，这种从精神到肉体因无情的受虐与被辱而出现的病态反应，不是一般的学者生涯所能遭遇并承受着的。王先生在《自述》中慨然点明："忧患意识长期以来促成中国知识分子的思想升华。太史公所谓'西伯拘而演《周易》，仲尼厄而作《春秋》，屈原放逐乃赋《离骚》，左丘失明厥有《国语》……'可以说是对一部中国思想史所作的钩玄提要的说明。"③诚如所言，所有的这一切磨难，都参与浸润他非凡的人格情怀，铸炼起一颗照耀我们这个时代的昭昭文心。

为什么这样一颗文心经历命运的种种安排并付出重大代价之后，依然存持爱和激情？因为它坚韧，它执拗，它一意孤行，它被铸炼成一份理想的骨架。受着世间风雨的捶打，受着人生沧桑的淬厉，受着生命

---

① 王元化：《清园自述》，广西师范大学出版社2010年版，第134页。
② 同上。
③ 同上，第3页。

周遭中各种打击辱没的蚀伤，这样一份非凡的理性力量护卫了王先生，令他没有沉沦，反而使他的精神返回自身，返回内心的宁静。王先生的宁静曾令我深深触动。不动情，不言语，仿佛被世界深深地感动，却又毫无表达。他盯着你看的时候，其实是穿过你，眺望你身后的远方。那份冷静和隽远，直若天生的师者。众多追怀王先生的悼文中都深情地写到他作为一个可爱的老者的静默形象。正是这份宁静与他脾性中的较真勃然相守，纠结而成某种独特的情态，使他有可能将环境施加在自己身上的痛楚，转化为平时所不容易获得的洞察力。王先生读龚自珍、辨激进主义、识“五四”，锋芒所向，切中思想界的时弊。这种源于磨难，源于忧患的思想的洞察力，既融注了对当代学术的切肤关怀，又不让这种关怀酿成偏激情绪，妄用历史影射当代，使历史失去真实性和独立性。磨难锤炼了他的理性，理性又铸就了他的独特的思想者的风骨。“文成规矩，思合符契”，这是王先生在与日本学者讨论《文心雕龙》中反复拈出来的一对诗话。文成法立，未尝有定格，然无定之中有一定之律。这是讲“文”，讲“思”，思与文应相合如符契。这对诗话正可用来形容王先生的文思风骨。王先生不媚时风，不违己心，他的思穿透千古，他的文掷地有声。

王先生深深服膺德国古典哲学自康德以来所倡导的批判精神，虽久受批斗，却在心中始终将批判精神持为学术利器。他认为批判具有反对盲从、反对迷信、提倡独立思考的意义，批判是“不接受未经考察过的前提的”。在《自述》中，他充满激情地写道：“十七、十八世纪的启蒙学者开启了批判精神的先河，他们不承认任何外界权威，不管这权威是宗教、自然观、社会、国家制度，一切都必须在理性的法庭面前为自己的存在作辩护。”①在他的晚年，王先生还在批判思维的反思中得以思想

① 王元化：《清园自述》，第5—6页。

的升华。“直到这两年，当我对黑格尔哲学进行反思时，我还是以它去清理由惰性和习惯所形成的偏见和谬误。这不仅限于对黑格尔本身的再认识，而且也是对‘五四’以来在进化论思潮下所形成的新与旧、激进与保守、进步与反动等等既定观念的重新估价。这些观念至今仍作为知人论世的标准，牢牢支配着思想界，成了遮蔽历史真相难以破除的偏见。”①

1990 年代初期，面对学界对 1980 年代启蒙思潮的逆动，王先生明确反对将学术与思想截然分开，他希望“多一些有思想的学术和有学术的思想”；他期待的是一种对社会现实有所感知的思想，对世道人心有所作为的学术。他胸中回荡的，始终是清华园中王观堂先生纪念碑铭中的那句话——“独立之精神，自由之思想”；他心中标榜的，是顾准式的刚正热诚的思想者。然而，即使在 1990 年代，他对顾准的钩沉依旧是一波三折，对此他感慨道：“古往今来凡有独立思想不肯曲学阿世的人率多不幸。这类记载，史不绝书。卞和怀璧，形残身辱。伯牙伤逝，人琴俱亡。使人读后不禁掩卷浩叹，感到悲哀。但不管天地是怎样忌才，那一代一代如薪尽火传的至刚至健的大生命是不会消亡的。正如鲁迅所说，人类渴仰完全的潜力，总将踏着铁蒺藜前进。”②

作为批判精神的磨砺的另一面，王先生又十分强调训诂考据的作用，他在《〈文心雕龙〉创作论八说释义小引》中诚挚地写道：“在阐发刘勰的创作论时，首先需要以实事求是的态度揭示它的原有意蕴，弄清它的本来面目，并从前人或同时代人的理论中去追源溯流，进行历史的比较和考辨，探其渊源，明其脉络。”③史家的史识必须建立在对历史事实的实证上。王先生反对把观点义理置于训诂考据之上，赞成清人认为

① 王元化：《清园自述》，第 6 页。
② 王元化：《王元化集》（第七卷），第 43 页。
③ 王元化：《文心雕龙讲疏》，上海三联书店 2012 年版，第 89 页。

训诂考据乃“义理所由出”的观点。让我们回首王先生在撰写《文心雕龙创作论》时所遭遇的那场无端的失明，那场黑暗中的摸索，这种考据将格外地闪烁出人性搏击的力量。去偏执而跬激奋，担磨砺而明笃志。王先生如中国历史上最优秀而倔强的文士，将学术研究演练成一场场灵魂的铸炼，并让我们得以仰望中国文化的思想品质和精神高度。

一位学者，如果他的思想活在他人的生命道途之中，化作某类人格的印证，催生志业的坚守与弘毅，那么，他就是文化灯传的先知。谨以此言献给王元化先生诞辰百年。

2020 年 5 月 22 日

“我是十九世纪之子”

——王元化的最后二十年

许纪霖

2008年5月9日22时40分，在上海瑞金医院的病房里，元化先生静静地走了。三天以后，天崩地裂，神州哭泣，为无数死难的生命。先生晚年挣扎于痛苦之中，没有看到身后的巨大噩耗，可谓不幸之幸。遗体告别仪式上，先生静卧于鲜花丛中，神态依然是那样的从容，我很难相信，先生已经去了，再也不回头了。不由悲从心头涌出，无法自已。

余生也晚，认识先生的时候，他已步入晚年。20年岁月，世纪相交，风雨如晦。我有幸近距离见证了他生命中最后的岁月。先生在世之时，评点江山，坐而论道，感觉他是再平常不过的人。一旦先生远去，熟悉的身影消失在苍茫的地平线，骤然感觉到内心中塌了一大块，个中残缺，再也无法弥合。这种崩塌，不仅属于个人，也是整个中国文化。

在这些令人悲哀的日子里，我重新阅读先生的遗作，试图将平日那些零碎的记忆，整理出一个大致的脉络，以还原先生晚年的思想、精神与意境。

先生离去的时候，身上披盖着锤头镰刀的中共党旗。他18岁加入共产党，那是烽火连天的1938年，还是在充满血腥的上海沦陷区。先生与李慎之先生一样，都是在“一二·九”运动中，怀着一腔救国热忱卷入革命，属于“老派共产党人”。所谓“老派”，是李先生的自称。老派共产党人——一生恨爱，统统融化于其间，他们对党之荣辱、理想之执着，难以为后人所理解。

先生不仅“老派”，有滚烫的理想，而且有独立的意志和理论的思考。新中国成立前的中国共产党队伍，基本由知识分子与农民阶级组成。知识分子入党，在党的历史上有过两次高潮，一次是20世纪20年代建党之初，那些党的创始人们，个个是知识中人；第二次是30年代的“一二·九”运动，满腔救国激情的青年知识分子，纷纷投身革命。先生从属的中共地下党江苏文委，是一个特殊的知识分子群体：文委书记孙冶方、副书记顾准，有理论、有思考，皆是领先时代的党内大知识分子。先生是幸运的，一加入革命，便在这样一个充满理论修养的氛围中熏陶成长。江苏文委，对于年轻的他无异一所大学，塑造了他一生的人格。先生是共产党员，但在他看来，自己也仍是一个知识分子，是具有知识分子气质的共产党人。他在晚年写给李锐的一封私人通信中感叹：“入党已逾半世纪，自愧未尽一个知识分子的使命和责任。在今风雨飘摇时势中，没有做出自励励人的工作，以致每当梦回之际，难以入寐。”①

年轻时候的先生，有一种英雄情结，喜欢读尼采、鲁迅、罗曼·罗兰，他相信，这个肮脏的世界要由具有超强意志力的摩罗斗士来拯救。当年他喜欢的人物是鲁迅，从沦陷的北平出逃，什么东西也来不及带，唯独藏着一幅自描的鲁迅小像，那是他心中的偶像。他最喜欢读的书是罗曼·罗兰的《约翰·克利斯朵夫》，倾倒之至，觉得这位理想主义者的言行举止，都代表了批评的正义和艺术的真理。先生青年的时候文章就写得很好，书生意气，挥斥方遒，在党内小有名气。他少年得志，恃才而骄，新中国成立初期的同事、夏衍的秘书李子云这样形容他：有一股凌人的盛气，很飙。②

佼佼者易折。1955年一场反胡风运动，将先生卷进漩涡。两年多的隔离审查，到处是冷漠的眼光和严厉的呵斥。他后来回忆说：“我的

---

① 王元化：《清园书简》，湖北教育出版社2003年版，第153页。

② 参见李子云：《我所认识的王元化》，载《天涯》2000年第7期。

内心发生了大震荡，过去长期养成的被我信奉为美好以至神圣的东西，转瞬之间被轰毁了。”①在隔离审查期间，他读了很多书，不再是英雄列传，而是哲学名著，从毛泽东、列宁到马克思、黑格尔，逐一回溯，返归原典。人生的挫败与哲人的智慧，让他变得沉思，从一个激进的文学青年蜕变为具有深邃反思力的思想者。

先生一生有几次大的反思，我以为最重要的是在 20 世纪 50 年代中期和 90 年代初，风云变幻之际，先生的内心遭受重创，生活与现实暂时隔离，在孤独的环境里面舔伤自疗，冷静检视自己的信念是否经得起理性的反思。50 年代的中国，教条主义盛行，先生在囚禁之中，逐字苦读黑格尔的《小逻辑》，终于抓住了教条主义的认识论根源所在：在所谓的从感性认识到理性认识之中，还有一个知性认识的阶段，即对事物的抽象概括。一旦将知性绝对化，取代辩证的理性认识，便会陷入僵化的教条主义，比如只承认人的阶级性而否认一般的人性和丰富多样的个性，只谈事物的普遍性而忽视各自的差异性。这些来自德国古典哲学的反思，在当时无疑是异端邪说，一直到 80 年代初思想解放运动，方有条件公之于世。1983 年，他与王若水等一起，为周扬起草了纪念马克思逝世一百周年学术讨论会上的讲话《关于马克思主义的几个理论问题的探讨》，这篇后来被“清污”过的思想解放运动的纲领性文件，不仅重新阐发了马克思的异化理论，而且也写进了先生对知性问题的思考。在 80 年代的思想解放运动和新启蒙运动当中，先生作为思想界的领袖，都走在时代的前列，不过，80 年代的他，思想反思还不算彻底，还残存不少习以为常的流行观念。

90 年代初是先生一生中最重要的转折点。那段时间，原本热闹非凡的客厅冷寞了许多。先生远走南国，在珠海白藤湖畔隐居了一段时

---

① 王元化：《清园近作集》，文汇出版社 2004 年版，第 13 页。

间。那段日子，先生在给我的信中描绘了他的心境："我在此与外界隔绝，如居世外。我还是童年时享受过这种宁静。住处前有一小庭园，铺着草地，种着花木，在风和日丽之际，坐在草地上，仰望上空，白云苍狗，使人的心也去掉了浮嚣，变得宁静起来。"

在此，先生开始了一生中最重要的反思。后来他经常这样自白："我在青年时期就开始写作了，但直到九十年代，才可以说真正进入了思想境界。……九十年代是我的反思时代，直到这时我才对于自己长期积累的思想观念，做了比较彻底的全面检讨。"①先生晚年发表的著述，偏爱用"思"与"反思"二词。有些人不愿反思，相信自己永远正确。他的一位学界同辈，一听到他提反思，立即神经绷紧，正色答曰："我有什么要反思的？没有，我没有反思。"但先生将反思视为知识分子的忧患意识，视为自己的生命本性。②诚如林同奇先生所言，反思对于他而言，不仅是一种思考方式，还是一种生活的方式。这种方式未必不是痛苦的，因为反思的对象，不是别人，正是自己。

先生对"五四"充满了感情，他曾经说过："我是'五四'的儿子。"作为后"五四"一代知识分子，他喝着"五四"的乳汁长大，在其思想和人格深处，充溢着启蒙的精神。不过，在 90 年代之前，他并未意识到，"五四"启蒙思想之中，还隐藏着一些负面的因素。当 80 年代末境外学人对"五四"反思的声音传回大陆，他还慷慨激昂地写过一篇《论传统与反传统：为五四精神一辩》。白藤湖畔的孤独沉思，令他对 20 世纪激进主义造成的时代悲剧产生了警觉，并苦苦寻求其历史上的思想渊源。从南国回来不久，我受命请先生为《杜亚泉文选》写序。不久他给我打来电话说："小许，那个杜亚泉不得了啊！我们今天正在思考的问题，他那

① 王元化：《九十年代日记》，浙江人民出版社 2001 年版，第 528 页。
② 同上，第 78 页。

个时候都想到了。”1993年的夏天，沪上酷热，先生打着赤膊，逐字细读杜亚泉与“五四”时期的思想文献。三个月以后，拿出了轰动海内外的长篇论文《杜亚泉与东西文化问题论战》。

这篇文章，拉开了先生90年代反思的序幕。他发现，20世纪激进主义的思想根源，最早来自清末民初的无政府主义，而到“五四”则潜伏于启蒙思想之中。于“五四”时期东西文化论战中的陈独秀身上，他发现了一种“唯我正确”的独断论性格。过去先生是那样热烈地守护“五四”，捍卫启蒙，如今他觉得启蒙心态中一些负面的观念需要反思，那就是：庸俗进化论、激进主义、功利主义和意图伦理。①作为“五四”的儿子，又受到黑格尔思想的深刻影响，先生原来坚信人的理性可以达到全知全能，人们按照理性的指引，可以打碎一个旧世界，建立一个理想的新世界。然而，20世纪的人类和中国的悲剧，却无情地证明了：理性，多少罪恶假汝之名实行！先生幡然醒悟：“理性精神和人的力量，曾经使人类走出了黑暗的中世纪，但是一旦把它神化、又自以为掌握了终极真理的时候，他就会以真理的名义，将反对自己和与自己有分歧的人，当作异端，不是去加以改造，就是把他消灭掉。”②他曾经是那样地服膺黑格尔，到90年代，先生从事的反思工作之一，就是自我清理黑格尔思想中绝对主义和独断论的毒素。与此同时，又花费大量的精力，苦读卢梭的《社会契约论》，反思卢梭的公意说与极权主义思潮的内在联系。

先生多次提到，只有到了90年代，自己才真正“悟道”，他的反思工作才刚刚开始，有太多的研究要做。他的一生波澜起伏，亲身经历过多次重大事件，是历史的重要见证人。我好几次劝他写回忆录，他给我回信说：“我自省不行，但老了，僵化了，也还是得学，要学。苟一息尚存，

---

① 参见王元化：《九十年代反思录》，上海古籍出版社2000年版，第127页。

② 王元化：《清园近作集》，第8页。

此心不死。目前我仍在写些杂七杂八的东西。回忆录尚未考虑。估计手中还有些杂七杂八的文章要写。你们也许责我舍本逐末,但每人有每人想法。我也知这些文字没什么大价值,但我从不存文章名世之心,我也不想用文章为自己换取什么(甚至别人的尊重)。虫鸣鸟叫都是发乎不得不然耳。自问我所要写的既非纯学术,更非以学术议政。但也不是为好玩,自遣,或标榜什么自然主义。我始终相信知识是力量的箴言。”先生过谦了,他信上所提的那些“杂七杂八的东西”,正是1993年以后陆续发表的重要反思文章。

可惜的是,先生的“悟道”有点晚了!90年代以后,他的精力大不如前,写一篇文章,常常要耗费太多的心力体力。特别是过了80岁生日,身体更是每况愈下,经常住院,各种疾病和痛苦折磨着他。虽然思路还是那样地敏锐,记忆还是那样地清晰,思考还是那样地深邃,但日益衰老的身躯却拖累了他。先生再也无法写出大块的文章,只能通过随笔、访谈、口述的方式表达自己的最新思索。他又是一个完美主义者,每段文字都要逐字推敲,反复斟酌,寻找最恰当、最完美的表达,近乎达到苛刻的程度。他的晚年,文字不多,但字字珠玑,凝聚着全部心血。

晚年的先生,心境常怀苦痛。身体的痛苦尚在其次,真正折磨他的是精神上的忧患。他在给自己的学生信上说:“记得鲁迅晚年曾给一位青年写信说‘人生实在痛苦’,诚哉斯言。”①先生的苦痛,源于中国士大夫的忧患意识。他曾经是一位充满乌托邦幻想的理想主义者,相信历史进化论,相信文明总是在进步,自认是过渡一代的人物,将全部的希望寄托在青年一代身上。然而,在生命的最后20年,他在理性上看破了历史进化的神话,也不再轻信各种乌托邦。先生目睹90年代以

① 王元化:《清园书简》,第117页。

后中国发生的巨变，一则欣喜，二则心忧。晚年他看到的世界，不再是他所期望的世界，现实变得格外的功利、支离和媚俗，这世界不再令人着迷。

以我近距离的感受，先生晚年最忧虑的、谈得最多的，莫过于三件事：思想与学术的分离、知识界的党派林立与人类古老文明的衰落。

思想与学术的分离，乃90年代以后的学界景象。这个问题在80年代并不存在，新启蒙运动之中，思想与学术混沌一片，互为镶嵌，只要读读当年的《读书》，便可体会。80年代的新启蒙，既是一场理性运动，又是一场狂飙运动。比较起理性，激情还更占上风。若从中国历史的学术脉络梳理，80年代是又一个宋学时代，各路人马放言义理，高谈阔论，充满了传统士大夫的淑世情怀。虽然“尊德性”（理想主义）与“道问学”（知识主义）并重，但“尊德性”在“道问学”之上。90年代以后，学界形势巨变，一部分启蒙者从广场退回学院，以考据取代义理，“道问学”压倒“尊德性”，知识主义替代理想主义，又进一步蜕变为文献主义。清学时代到来了，遂有“思想家淡出、学问家凸出”的说法。但重大义理问题并未解决，反而以更尖锐的方式表现出来。义理与考据分裂，思想与学术二分，汉宋之争不绝于耳。一方面是借助国家体制和专业化力量，清学大兴；另一方面，80年代形成的启蒙阵营也内部分化。季羡林与李慎之，这两位德高望重的学界大儒，可谓“道问学”与“尊德性”两歧路向的精神象征。季羡林作为一代国学大师、公认的清学代表，为学术而学术，为求知而求知，成为当今博学鸿儒们的为学楷模。李慎之继承“五四”狂飙传统，深感90年代士林人格萎靡，失去批判激情。为鼓舞士气，指点方向，撑起自由主义的意识形态大旗，以一己之道德实践，试图身体力行，杀出一条通向理想世界的血路。

面对考据与义理的二分格局，先生颇为忧虑。汉宋相争，先生居中，就学术风格而言，他偏向“道问学”；若从精神关怀来说，又具有“尊德性”的气质。先生深知，思想与学术，合则两美，分则俱伤。缺少思想关怀的学术，无异工匠手下的雕虫小技；而匮乏学理基础的思想，又会流为游谈无根的概念口号。几经思虑，先生提出了“有学术的思想与有思想的学术”的主张。晚年的他，最为敬佩两位学界前辈：一位是顾准，充满知识学理的理论大家，无愧“有学术的思想”之楷模；另一位是陈寅恪，大学问背后有穿破时代的深邃关怀，堪称“有思想的学术”之典范。思想与学术合而为一，可谓学人的最高境界。先生本人身体力行，知识学养文史哲贯通，义理、考据、辞章，无不具有一流成就。学术界有“南王（元化）北钱（锺书）”美誉，思想界也有“南王（元化）北李（慎之）”之称，这两种说法虽然不为先生所接受，却证明了其学思双修的最高境界。

在这个清学的时代里面，先生究竟代表着什么样的形象？李慎之可谓阳明学后裔，季羡林更接近乾嘉大儒钱大昕。相比之下，先生可以说是当代学界的戴震。余英时先生说，戴震治学，贵精而不务博，以闻道为归宿。他由故训以明义理，义理背后又有功力。清学之中有博约之争，乾嘉考据，有博无约，陷入支离；宋明遗风，先立其大，又流于空疏。戴震之所以卓越于时代，乃是因为他是一头狐狸时代的刺猬，有狐狸的本领（考据之博）而以刺猬（义理之约）著称。①先生之成就，颇近清季的戴震。2006 年夏天，我在安徽屯溪开会，拜访戴震纪念馆，发现先生当年为纪念馆的题词：“博大精深”，左联是“训绎经义发幽思”，右联为“公意渊深耐细思”。这，或许也是先生的自励罢。

让先生经常心忧的另一件事，是 90 年代以后的学界，山头林立，党派意气。80 年代的启蒙阵营，志士同仁胸怀共同的理想，面对共同的

---

① 参见余英时：《论戴震与章学诚：清代中期学术思想史研究》，生活・读书・新知三联书店 2000 年版。

敌人，虽然时有内争，却彼此坦诚相待，携手奋战。90 年代中期以后，启蒙阵营分化，知识背景各殊，意识形态纷争，各种利益也渗透其间。先生很关心学界动态，常常为各种意气之争和相互伤害痛心不已。半夜醒来，也在思索：为什么中国知识分子之间不能形成合理的正常关系，不是互不理睬的豪猪，就是你死我活的豺狼？①他最反感的，是拉山头，扯大旗，结成一己党派，排斥打击异己，还要以某种神圣的名义；或者动辄将人划为什么主义、什么派，以小群衡量天下士林。先生超越党派立场，超乎意识形态的混战之上。他的"中道"和反思，常常引来一些议论，被外人误解为"转向"，被划入国学派、保守主义等，不一而足。先生对此感到气愤，常常郑重声明："现在学术界也有拉帮结派之风，但我不参加互助组，也不参加合作社，准备单干到底。"②

痛感于学界的分裂，先生犹如胡适之晚年，愈来愈认识到容忍比自由更重要。容忍不是乡愿，不是放弃自己的立场，迁就别人的观点，而是倾听对方的声音，寻求彼此的理解。1993 年，他在给我的信中，提到学界中各种激进与保守之间的冲突，这样写道："请听一个老人的真话吧，我们都应有学术上既虚怀若谷（能容别人观点）又坚持不挠（不放弃自己自以为是的真理）的民主作风。"先生的为友之道，不在乎立场一致或观点相近，他更看重的是彼此间的心灵相契。他与林毓生、余英时两位先生的情谊，便是由论敌化为挚友的佳话。林、余两位，原先对先生 1988 年写的《论传统与反传统——为五四精神一辩》一文都有过批评，先生与他俩还有过笔战。待后来在夏威夷国际学术研讨会上见面，却一见如故，惺惺相惜，从此成为学术上的挚友。先生在提到这段往事时说："我想能够出现这种情况，首先在于双方都必须具有追求真理的热

---

① 参见王元化：《九十年代日记》，第 474 页。
② 同上，第 452 页。

忱和对于学术民主和自由讨论的原则的尊重，这才能够虚己服善，平等待人，而不是居高临下，意在求胜。”①

先生生前的时候，客厅永远是高朋满座，三教九流，无所不有。先生有容纳的胸怀，有凝聚人气的魅力。无论何种声音，只要言之有理，持之有故，他都愿意倾听。但接触深了，在理性的温雅背后，先生也有狂狷的一面。他常常讲：“我是湖北人，性格中有楚蛮之气。”他的内心燃烧着岩火，碰到某些大是大非，会突然爆发，情绪激烈。了解不深的朋友，常常会吓一跳，这是读他的文章感觉不到的。为什么他的文字与性格有如此反差？先生生前曾向我透露作文的心得：“写文章的时候，千万不要在情绪激动的时候动笔，这个时候写出来的东西，肯定是气胜于理。等到心情平复下来，运用自己的理智，才能有公允之论。”是的，先生发表的文字，平和而含蓄，力量都收敛在里面，在看似理性的文字背后，内涵着暗潮汹涌的情感。外柔(和)而内刚(烈)，或许是先生的本来面目。

先生给人最深刻的印象，是他的眼神，非常明亮，有一种威严和犀利，常常透过事物的表征，洞穿人世的真相。在生命的最后几年，70 年的政治生涯和跌宕起伏，再加上熟读古书，饱阅历史，深谙人性，先生不再轻信，不再挂念时政。瞻望未来，他常常流露出莫名的焦虑。他的视野早已超越了一朝时政，也不相信制度可以改变一切。在他看来，即使是民主制度，假如制度背后缺乏人文精神和公共伦理，民主制度也会变质。②先生时时牵念于怀的，是古老文明的衰落，特别是人文精神的式微。他最初忧虑的，是泛滥成灾的大众文化。作为一代学界精英，他不是反对大众文化本身，而是担忧其对艺术品位与精神生活的伤害。他

① 王元化：《九十年代日记》，第 85 页。

② 参见王元化：《清园近作集》，第 52 页。

多次说："艺术不能在古与今、中与外、新与旧之间做出高下之分，而只有崇高与渺小、优美与卑陋、隽永与平庸的区别。"①大众文化之中有好东西，但作为强势文化，它消解了艺术本身的标准，一味追求流行与时尚，以市场的口味取代艺术本身。先生最反对的是媚俗，他再三疾呼："一个以时尚为主导的社会文化中，是没有真正有深度的精神生活可言的。"②可惜，先生的声音太微弱了，他无法挽狂澜于既倒，只能眼睁睁看着古老的精英文化与文明遗产日渐衰落。

2002 年，经林毓生先生推荐，他读到了哈佛大学史华慈教授的遗作《中国与当今千禧年主义》，这篇文章给他以很大的震撼。史华慈教授以古老的先知精神，怀着对人类文明的深刻隐忧，在临终之前告诫世人：技术进步和各种新科学给人类带来的消费主义和物质主义，业已成为一种物质性的末世救赎论，轴心文明时代累积下来的人文主义精神正在衰落。先生意识到，人文精神的衰落，不仅是中国当今的特殊现象，也是整个人类文明所面临的共同威胁。他专门作了一篇短文，满怀忧心地指出："中国今天实在没有理由为西方以消费主义、物质主义为涵义的普世理念蔓延感到兴奋。"③此后几年，先生的忧虑愈来愈深，紧紧地纠缠着他，每次我去看望，他几乎都要谈到这个话题。我隐隐感觉到，先生有一种王国维、陈寅恪晚年那种文明将倾的悲哀与凄凉。先生步入了 21 世纪，但对人类的未来并不感乐观，在给林毓生的信中，忧心忡忡地说："以赛亚·伯林说二十世纪是个很糟糕的世纪，但从目前的趋势来看，二十一世纪恐怕是文化崩溃的时代。"④"每一想及此事，真是令人悲从中来。我已入耄耋之年，一无所求，但是想到我

① 王元化：《九十年代反思录》，第 189—190 页。

② 王元化：《清园近作集》，第 7 页。

③ 同上，第 141 页。

④ 同上，第 204 页。

们的后代，想到我们悠久的文化传统，倘听其毁于一旦，实在是于心难堪此劫。”①

在生命的最后岁月里，先生开始怀恋并非遥远的19世纪。2001年，他在一篇重要的访谈《人文精神与二十一世纪的对话》中表示：“我对十九世纪比对二十世纪有更多的感情。直到今天，西方十九世纪文学仍是我最喜欢的读物。……我在精神上是十九世纪之子，是喝着十九世纪作家的奶成长的。”②

先生为什么如此留恋19世纪？19世纪究竟意味着什么？对于他而言，19世纪首先意味着博大。19世纪是一个文化上的“广漠之野”，那时的人们心灵开放，海纳百川，兼容东西。先生的高足胡晓明在一次对话中对他说：“先生身上十九世纪文化精神的熏习极深。先生晚近的精神气质上恐怕更多回向五四前一辈人，梁启超、严复、王国维……，那时想的是如何昌明旧学，融化新知。想的是东海西海，心理攸同。五四以后就不是那样了。这几乎等于一种信仰……。”③先生听了，深以为许。他曾经是“五四”的儿子，献身于启蒙大业，为“五四”精神一辩。90年代，反思“五四”，意识到作为20世纪精神代表的“五四”运动，有其褊狭的性格；而反观上一个世纪之交，清末的启蒙士大夫，从梁启超、严复到王国维，不以中西为沟壑，致力于文明之会通。晚年先生所欣赏的杜亚泉、陈寅恪等人，无不具有19世纪的博大与包容。那是文化上的自信，是不亢不卑的文明大国风度。

先生喜欢19世纪，还有一个理由，乃是19世纪的启蒙理想，充满着人文精神。抗战初期幽居在“孤岛”上海，无书可读，19世纪的欧洲文学作品成为他唯一的精神养分。从英国的狄更斯、勃朗特姐妹，法国

① 王元化：《王元化致林毓生》，《财经》杂志第143期，2005年10月3日。

② 王元化：《清园近作集》，第2页。

③ 同上，第51—52页。

的巴尔扎克、罗曼·罗兰到俄国的契诃夫、陀思妥耶夫斯基等，这些浸润着深刻人道主义精神的文学家，塑造了先生一生的灵魂。他说："我喜欢十九世纪的文学处处渗透着人的感情、对人的命运的关心、对人的精神生活的注重、对人的美好情感的肯定。"①

人文精神的核心，乃是将人视为目的，尊重每个人的人格与尊严。先生对"尊严"二字看得极重，在批胡风、"文革"等政治风暴中，他曾经被深深地伤害过，对人的尊严也格外敏感。他曾经说过："人的尊严是不可侮的。……思想是古怪的东西。思想不能强迫别人接受，思想也不是暴力可以摧毁的。"②人的尊严来自人之精神，源自人是有思想的动物。他在给自己的学生信中写道："我一生中——尤其在'文革'及运动中，经历了太多的残暴、冷酷、兽性。因此，我希望你们一代不再有人格的侮辱，能保持自己的人的尊严。"③人的尊严，在以往的运动中受到权力的侮辱，如今又在市场的媚俗之中丧失。这令先生十分痛心，他再三重申陈寅恪为王国维纪念碑铭中那句名言："独立之精神、自由之思想"，以鼓舞世人，自勉勉人。所谓独立与自由，不仅针对专横的权力，也是对市场的流行与金钱的抗拒。

在先生看来，19 世纪的文学与哲学之中，充满了人的精神尊严，晚年的他，虽然清算了黑格尔，但黑格尔对人的思想与精神力量的重视，那句"精神的力量是不可低估和小视的"，依然是他终身的座右铭。先生所处的时代风云诡谲，各种危险和诱惑接踵而来，他坦然地说："我是一个用笔工作的人，我最向往的就是尽一个中国知识分子的责任。留下一点不媚时、不曲学阿世而对人有益的东西。我也愿意在任何环境下都能做到不降志、不辱身、不追赶时髦，也不回避危险。"④先生的晚

① 王元化：《王元化集》（第六卷），湖北教育出版社 2007 年版，第 373 页。

② 王元化：《九十年代反思录》，第 355 页。

③ 王元化：《清园书简》，第 117 页。

④ 王元化：《感言》，载《文汇报》2006 年 12 月 17 日。

年，虽然无惊天地动鬼神之壮举，但其言其行，有所为，有所不为。看似寻常，然而当今士林之中，又有几人能够做到?

先生为思想而来，又为思想而去，他是一个精神的存在。当最后一次住进医院，意识到生命无多的时候，他说：我是一个唯精神主义者，现在由一个精神人变成一个生物人，这个世界已别无所恋。他再三叮嘱家属，并要向他保证，到最后阶段，千万不可同意创伤性抢救方案。他认为，一个人临终之前，若是浑身插满管子，甚至开膛破肚，这不符合人性。人活着要有尊严，死的时候也要有尊严。

先生终于有尊严地走了，这位19世纪之子，一生守住了为人的尊严。

原载《读书》2008年第8期

时代的思者

——敬悼王元化先生

张汝伦

2008年5月9日，王元化先生离开了他一直热爱和思考的这个世界，离我们而去。

我初识先生是在20世纪80年代中期，当时一复旦友人带我去他淮海路的寓所见他。我向来对结识名人没有很大兴趣，只是碍于友人的好意而勉强成行。结果在整个过程中我实际只是一个陪客，主要是元化先生与该友人在交谈，我和他或者他和我说过什么完全记不得了，很可能只是初见面者会说的一些客套和寒暄吧。元化先生显然把我们的这次初识完全忘了，后来从未提起。

90年代中期以后，我与元化先生的往来渐多。交往愈多，愈是被他的道德文章折服，不由得庆幸自己能在这个平庸的时代，认识这样一位不平凡的思者。他的嶙峋风骨和独立思想，使他不可能被庸众追捧，但他的自由精神与对真理的执着追求，必将在现代中国思想史上留下浓重的一笔。

启蒙之真精神

在我的心目中，元化先生是一个不同寻常的人。的确，他的家世、经历、天赋、才情、学问、治学方法乃至个性，都有不同寻常处，但对于当代中国思想史来说，这些不同寻常并不重要，甚至可以忽略不计。他的不同寻常在于，他是现代中国思想史上为数不多的，真正具有独立之精神、自由之思想的人。

元化先生所处的时代，是一个意识形态的时代，甚至“独立之精神、自由之思想”的说法都会被意识形态化。一个人的成败毁誉，往往取决于他的意识形态立场。与众不同者默默向隅，暴得大名者引领潮流，成了现代中国思想史上的常见现象。人们有意无意依附某种意识形态，以证明自己的政治正确和道德优越，全然忘了真理是需要通过艰苦的探索和批判，尤其是对自己种种成见的怀疑和无情批判得来，以致批判和真理成了我们时代非常罕见的现象。元化先生却与时流迥异。

元化先生从青年时代就开始了思想写作。虽然他是从文艺理论入手，但却并非纯粹为了理论或学术，而是为了“激起读者的思想，引起强烈的求知欲，使他头脑中出现许多从未想到过的问题，并渴望去解决它们”①。这绝非一般文艺理论家的追求，而是一个思想家的追求。元化先生和许多与他同时代的中国人一样，对启蒙情有独钟。早在1938年就写过《论抗战文艺的新启蒙意义》，80年代末又重新提倡新启蒙。

在现代中国，提倡启蒙者不绝如缕，但大都是以先觉觉后觉的姿态，以为自己真理在握，将自己盲目认同的意识形态作为绝对真理教条向人宣示。“启蒙”一词来自西方，启蒙运动的集大成者和殿军康德对它有一个经典的定义，就是“要有勇气运用你自己的理智”。元化先生是提倡启蒙者中不多的几个真懂启蒙精神者。在《论抗战文艺的新启蒙意义》中，他指出：“新启蒙运动所以提出理性这口号，实是它必须抑制无谓的感情冲动，反对任何笼统的幻想。”②半个世纪后，在他主编的《新启蒙》第一辑的编后语中，他又说：“理论的生命在于勇敢和真诚，不屈服于权势，不媚时阿世。”③他未必读过康德论启蒙的文章，但却得启

---

① 王元化：《王元化集》(第二卷)，湖北教育出版社2007年版，第161页。
② 王元化：《王元化集》(第一卷)，第89页。
③ 王元化：《王元化集》(第七卷)，第441页。

蒙精神的真传。

这与德国古典哲学对他的熏陶是分不开的。他在晚年写的《自述》中说："我深深服膺德国古典哲学自康德以来所倡导的批判精神……批判是不接受未经考察过的前提的。它具有反对盲从、反对迷信、提倡独立思考的意义。十七、十八世纪的启蒙学者开启了批判精神的先河。他们不承认任何外界权威，不管这权威是宗教、自然观、社会、国家制度，一切都必须在理性的法庭面前为自己的存在作辩护。这种批判精神给予了我很大的影响。"①启蒙实际不是向别人灌输自以为是的教条或偏见，而恰恰是无情地反思自己思想的种种偏见与盲点。元化先生就是如此，他不仅毕生工作贯穿了这种批判精神，尤其在晚年自觉地"以它去清理由惰性和习惯所形成的偏见和谬误"②。

三次自我反思的思想史意义

元化先生一生有过三次自我反思，其实是自我批判的经历（他自己对反思的定义是"对自己的思想进行反省和检讨"）。第一次是在1940年前后，反思批判自己盲目接受的苏联文艺理论的影响。第二次反思发生在因"胡风案"隔离审查期间，这次反思主要是反省和批判自己习惯的知性的片面的思维方式。第三次反思则发生在他的晚年，这次反思批判了他"长期所吸取的大量既定观念，这些既定观念已被我当作不可动摇的信念，深深扎根在我的头脑中"③。这些"既定观念"其实就是他长期以来秉持的意识形态立场。

这三次自我批判一次比一次艰巨，一次比一次深刻，也一次比一次

① 王元化：《清园自述》，广西师范大学2010年版，第5—6页。

② 同上，第6页。

③ 王元化：《清园近作集》，文汇出版社2004年版，第19页。

关系重大。第一次反思只限于批判自己耳食得来的文艺理论，虽然要真正克服并不容易做到，但也不至于伤筋动骨，所以经过一段时间也就将其彻底抛弃了。第二次反思就要难得多。人是思维的动物，要批判自己习惯了的思维方式，不啻改变自己走路的样式，很少有人做得到。但这才是启蒙批判精神的精髓所在。经过这次自我批判，元化先生的思想达到了当时一般人很少达到的高度和深度，也使他有足够的思维能力进行第三次自我批判。

尽管如此，第三次自我批判仍然是最为艰难的。一个人要改变自己长期以来秉持的立场，出于真心而不是出于趋附和盲从，尤其在晚年，没有丰沛的精神活力和强健的思维力量，是极难做到的。此时的元化先生，已经享有很高的学术地位和威望，他完全可以像许多人那样，摆出大师或泰斗的架势，刻意营造自己的权威形象，而不是揭露自己长期秉持的错误立场。更有甚者，这一次他所自我批判的立场，与前两次的自我批判对象不同，是在境内外相当一部分人中流行的“主流话语”，一旦触及，反弹可想而知。然而，元化先生却全然不顾这些，“出于一种忧患意识，以一个知识分子的责任感，对过去的信念加以反省，以寻求真知”①。这使他在晚年真正超越了过去的自己。随着时间的推移，他自我反思的思想史意义，会日益清晰地呈现出来。

从表面上看，元化先生的反思是自我反思，但更深入地看，未尝不可说他的反思也是对其所处时代的反思。元化先生所处的时代，是一个“激进的”时代，尤其是他的前半生，整个世界的大气候偏左。哪怕是从日本人那里传来的苏俄的理论，也在相当一部分人那里几近于真理的化身。破除对这些理论的迷信，不仅是元化先生个人的事，也是时代对独立的思想者提出的任务。元化先生第二次反思所批判的那种思维

① 王元化：《王元化集》(第五卷)，第2页。

方式，一直到现在还支配许多人的心灵，片面的知性思维方式和感性—理性简单二分的时代至今还没有结束。但元化先生却在半个世纪前对这个时代的思想病理进行了剖析，并坚决予以摒弃。

他第三次反思引起了强烈的反弹，这足以说明他的这次反思绝非只关乎个人，而恰恰是击中了时代的命门。“五四”以来的这个时代的思想状况，可以用以西学为神圣，以洋人为帝天来概括。这种思想状况表现在现实生活中，就是激进主义。而意图伦理、功利主义、庸俗进化论等，则与这种激进主义相表里。这些恰恰都是我们这个时代思想的病症。如果说元化先生的前两次反思是由于个人经历的原因的话，那么第三次反思则显然更多是由于时代使然，是时代的事件使他进行了比前两次更为深刻也更为广阔的反思。这次反思不仅是在反思自己过去的观念，更是在反思这个自由思想瘫痪的时代。

元化先生一生最可贵的品格，就是走自己的路，任凭别人去说，更不在意令人不齿的明枪暗箭。他的三次自我反思真正体现了独立之精神、自由之思想。他断然拒绝人们将他与别的什么人相提并论的说法，始终坚持自己独立的人格和见解。不管是洋人的思想还是古人的思想，他总要经过自己头脑的批判思考，决不随声附和。这一点难能可贵。

检点现代中国思想史，有一个不容忽视的现象，就是人们的思想越来越意识形态化，思想的弄潮儿们不仅纷纷自觉朝这种或那种意识形态靠，而且还将各种思想也贴上意识形态的标签，甚至像“独立之精神、自由之思想”都可以用作意识形态的工具。而某些被人树为“独立之精神、自由之思想”的标兵，只不过是拾人牙慧的应声虫而已。思想意识形态化后，必然持有势不两立的斗争心态。不是朋友，就是敌人；不是激进主义，就是保守主义；不是自由主义，就是新左派；不是全盘西化，就是重建儒教……总之，没有第三种可能。

针对这种含有明显专制暴力因素的思维方式和行为方式，元化先生推崇熊十力提倡的“孤往”或“孤冷”精神，也就是先圣“虽千万人吾往矣”的精神。他揭示说：“唯新唯洋是从的风气与四十年来教条主义的感染不无关系。教条主义与趋新猎奇之风看起来相反，实则相成。两者皆依傍权威，援经典以自重，而放弃自己独立见解。沿习既久，惰性已成，个性日丧，创造力终于斫伤尽净。殆至无权威依傍时，则不能创一说立一论，沉迷其中，而不知自省。”①这是出不了大师和独立思想家的根本原因。自由思想必出于孤往精神，而不是出于趋附。

思想与学术的交融

元化先生的为学与他的思想一样，从不画地为牢，以专业自雄；而是不拘一格，一任自由思想的引导。虽然元化先生在清华园中长大，晚年也在一所大学中文系担任教授，但他实非学院中人，他的学术工作几乎都是在学院外进行的。也因此，他的学术工作没有学院学术工业常见的毛病——学术与思想相对立；学科壁垒分明；见树不见林、过于专业化；因袭有余，创新不足；以及术语堆砌却毫无自己的思想，等等。

今天的人们大都会把元化先生定位为一个学者，但我觉得他可能更愿意是一个思者，一个时代的思者。但是，在他那里，思想与学术并不矛盾，相反却体现了它们原本应有的统一。晚年他针对一些人将思想与学术截然分开的做法，明确提出“有思想的学术和有学术的思想”的看法。他明确指出：“我不认为学术和思想必将陷入非此即彼的矛盾中。思想可以提高学术，学术也可以深化思想。不可想象，没有以学术作为内容的思想，将成为怎样一种思想，而没有思想的学术，这种学术

---

① 王元化：《王元化集》（第五卷），第224页。

又有什么价值？思想和学术之间没有那种或是东风压倒西风，或是西风压倒东风的势不两立的关系。”①他自己所有的学术工作，都体现了思想与学术的统一，也正因为如此，才有一般学术工业产品无法具有的丰富和深刻。

有思想的学术和有学术的思想的观点与他从一开始就不完全认同时下流行的、源自近代西方的学科分类有关。人们往往根据他的成名作《文心雕龙创作论》而将王元化归为文艺理论家。可他在该书“第二版跋”中说得很清楚，他是以文史哲结合的方法来研究《文心雕龙》的，因为“我国古代文史哲不分，后来分为独立的学科，这在当时有其积极意义，可说是一大进步，但是今天我们这里往往由于分工过细，使各个有关学科彼此隔绝开来，形成完全孤立的状态，从而和国外强调各种边缘科学的跨界研究的趋势恰成对照。我认为，这种在科研方法上的保守状态是使我们的文艺理论在各个方面都陷于停滞、难以有所突破的主要原因之一……事实上，任何文艺思潮都有它的哲学基础。美学作为哲学一个分支，就说明两者关系的密切……关于这些问题的思考逐渐使我认识到在研究上把文史哲结合起来的必要”②。

实际上元化先生的学术工作也的确打破了现代学科分科壁垒，横跨文史哲诸多领域。元化先生从未自认为是哲学家，人们也不把他看作是哲学家，但他却对哲学极为重视，在中西哲学上都下过苦功，尤其是黑格尔哲学，对他影响极大。毋庸讳言，由于时代的原因和其他原因，他对黑格尔哲学的阅读和理解都是有局限、因而不免有些片面。但因为他不是把黑格尔哲学作为知识对象来研究，而是作为思想养料来吸收，所以他的阅读即便是片面的，也有片面的深刻。他对黑格尔的一

---

① 王元化：《王元化集》（第五卷），第 37 页。

② 王元化：《王元化集》（第四卷），第 326—327 页。

些思想的理解和解释未必正确，但却深得其神髓，这是许多专业哲学研究者都做不到的。他对中国哲学和佛教哲学也下过苦功，论述虽不多，但多有可观。

由于有哲学的底子，元化先生的多数著作，都有着哲学或思想的品格，他的《文心雕龙》研究就是一个突出的例子。说是要阐发文学的规律性，实际上他的《文心雕龙》研究完全可以被视为是思想史的研究。在他的《文心雕龙》研究中，他讨论了魏晋儒学与玄学的关系、佛教思想对刘勰的前者影响、意言之辨、心物关系、才性问题等重要的哲学问题和思想史问题。钱锺书曾说他是用思想史的方法来研究文学史，那么元化先生则是用思想史和哲学的方法来研究文艺理论。这使得他的《文心雕龙》研究在“龙学”研究中独树一帜，不同凡响。

由于非学院中人，所以元化先生的学术成果，尤其是后期，很少用学院派惯用的方式，即所谓理论专著的形式来表达，而是喜欢用中国传统学人常用的笔记、札记、问答、谈话的方式来表达。钱锺书的著作《谈艺录》和《管锥编》也是笔记、札记体。这种方式在今天的学院派看来，也许上不了台面，但却有其优点，那就是不受学科分类拘束，更无学术八股，有话则长，无话则短，三言两语间，精义立见。元化先生晚年的代表作《思辨录》，就充分体现了这种传统表达方式的优点。它使得作者可以打破现代学术分科壁垒，随心所欲遨游于思想天地之间，有感而发，不落空言。读者也可以根据自己的兴趣，有选择地阅读，而无任何阅读负担。

任何研究王元化思想的人，都应该首选《思辨录》来阅读，从这部至今还未得到人们足够重视的书中，我们可以看到作者的思想深度、学问规模、人格旨趣、知识教养，乃至性情个性。在此意义上，说《思辨录》是元化先生最重要的著作应不为过。该书根据内容分为从甲到壬共九辑，其中戊辑、己辑、庚辑分上中下三部分，所以实际一共十五部分。其中甲辑论述作者的反思和文化思想;乙辑为对“五四”的反思;丙辑论卢梭和韩非;丁辑论述晚清政坛;戊辑都是关于知识分子问题的;己辑上中两部论中西哲学,下部是附篇——文史小考;庚辑是美学文艺学;辛辑是作家论;壬辑谈戏剧及文化杂谈。从以上《思辨录》各辑的主题就可看到,此书跨度有多大,内容何等丰富,在中国现代学术著作中,可说是绝无仅有。

但《思辨录》的作者并不想向读者炫耀他的知识有多么渊博,如何学富五车。相反,他倒是一再对读者说他读书不多。这当然是指与前贤相比,但可能更是认同记诵之学,不足以为师的古训。他更渴望让读者知道的不是客观的知识,而是他的思考。即便是有些篇目看上去像是掌故轶闻,或训诂考证,也往往不是纯粹的辑佚或考证,而是要阐明他对某个问题的思考,与那些纯粹堆积材料的笔记体著作不可同日而语。例如,丁辑第七十八篇“沈荩之死”并非纯粹叙述沈荩死事,而是通过叙述沈荩乃死于慈禧“破律乱法”而点出此前“清朝的司法对于皇帝也还是有独立性的”,即便皇帝想杀某个人,往往因为不合律法而不能得逞。这就以事实破除了中国没有法律制度,皇帝想杀谁就能杀谁的说法。又如庚辑第二五五篇“释‘道’与‘德’”,通过对“道”“德”二字的训释,阐明老子哲学对刘勰《原道篇》的影响。

与当代其他的笔记体著作相比,《思辨录》的另一个鲜明特点是它紧扣时代的问题,它讨论的问题几乎全是与这个时代有关的问题。尽管学院派会对此不以为然,甚至以“非学术”相讥,但后代研究者将会把它看作是这个时代最重要的思想文献和学术成果之一。

无疑,元化先生首先是个时代的思者,他智慧的眼光始终盯着时代的精神状况,不停地思考它,质问它。他无私地向读者贡献他独特的思考与质疑,给我们留下了一笔丰厚的精神遗产。只要元化先生思考的问题仍然存在,他的思考就不会过时。不同的人们对他的不同看法,恰恰证明了他的思考触及了时代的神经。

元化先生曾经是一个坚定的理性主义者，但在三次反思之后，他成了一个孔子和苏格拉底式的怀疑论者，他并不认为自己的思想是绝对正确的，他特别警惕那些自以为掌握了绝对真理，必不容对手有反驳之余地的思想专制主义者。元化先生之学术思想，或有可商，他的此种怀疑主义，却是独立精神和自由思想之最终保障。

原载《南风窗》2008 年第 11 期

王元化与德里达对话研究

金　华

王元化先生生前助手蓝云女士在《王元化及其朋友》一书中，她的2008年4月7日的日记里，记有一段林同奇先生评论王元化的话："2008年4月7日　林同奇先生又有信来，谈到先生第二次反思最引他注目的是，先生靠着与他人相比远为单薄的思想资源（主要是黑格尔，还有启蒙运动），独立思考，这点非常难得。他说要做到这点，如果没有追求真理的坚贞意志和独立思想的力度，恐怕很难完成。"①这是颇为恰当的评论，但是林先生将黑格尔外加启蒙运动称为"与他人相比远为单薄的思想资源"，来反衬王元化在中国思想界的成就来之不易，虽有其道理，但也未必尽然。我不是很同意将黑格尔哲学以及曾被黑格尔总结过的启蒙思想看作一种"单薄的思想资源"。黑格尔是西方由柏拉图开启的理性主义哲学思想的集大成者，也可与这个传统中的另一位集大成者康德并称为对启蒙运动有所总结的理性主义哲学中的两大"巨无霸"哲学家。他们的不同处大概在，康德把历史收摄到人的主体中来表述他的哲学，因而表面上比较超脱于历史发展的具体细节；不像黑格尔美学对具体文艺作品多有评论，康德美学注重抽象地讨论美的概念。黑格尔哲学以思维主体包孕历史，直接涉足历史中去，使他的哲学被后来的历史运动所用，也因此引起较多的是非。黑格尔哲学最易受人诟病之处是它被打造成一个"总体主义"（holist）思想的教父，还有就是后来经歪曲而衍生出来的斗争哲学。这使得黑格尔哲学中最精

① 蓝云：《王元化及其朋友》，上海教育出版社2020年版，第52页。

华的部分，即将柏拉图理性主义思想的长处发展到极限的、主张思想由抽象上升到具体的，关于具体的普遍性的哲学，则基本上被人忽略或抛弃。其实上述黑格尔哲学的精华部分是要经过艰苦的学习才能掌握的。在这种情况下，如果将林同奇先生对王元化的评价稍加修正，改为以"追求真理的坚贞意志和独立思想的力度"掌握与坚持黑格尔哲学中的最精华部分，并从黑格尔哲学中实际阻碍"具体的普遍性"实现的框架突破出去，这就比较如实地反映了王元化的思想形成与更新。置于国际学术的大视野中，对黑格尔哲学的运用与突破这一实验项目并没有因冷战结束而打烊；相反，持续半个多世纪的后现代主义哲学暴露出来的缺陷，仍在持续引发西方学术界思考和改造黑格尔哲学中的精华部分，使之为今所用。举其要者，当代最著名的德国准理性主义哲学家哈贝马斯，以及当代与德里达齐名的另一位法国非理性主义哲学家德勒兹，都在自己重要著作的显著位置，把黑格尔哲学与尼采哲学当作理性主义与非理性主义，或者现代性与后现代性两大阵营分野的标志。①英国艾塞克斯学派的学者，则尝试嫁接这两个不同面向的哲学。

我本来打算借纪念王元化诞辰 100 周年的机会，就他在早期对尼采的批判、对胡风文艺思想的看法、向韦卓民和熊十力问学时的思想、对《文心雕龙》研究、评韩非与龚自珍中关于个性自由的研究、参与周扬文章起草、与境外学人讨论五四新文化运动、对卢梭"公意论"的批评、论京剧的"写意型"等一系列在他学术生涯里有标志性的活动中，是如何形成并突破他的取之于黑格尔的"具体的普遍性"的思想方式的。后来意识到这是更适于一本书规模的讨论内容，不如在有限的篇幅中，对

---

① 参见 Jürgen Habermas，*The Philosophical Discourse of Modernity*（Cambridge，Massachusetts：MIT Press，1987），pp. 23—74；Gilles Deleuze，*Nietzsche & Philosophy*（New York：Columbia University Press，1983），pp.156—159。

王元化与西方后现代反理性主义思想代表人物德里达的戏剧性的对话，做相对透彻的分析，借两种不同的思想方式间的碰撞，来凸显王元化个人在学术思想中追求“具体的普遍性”特点。

从“霸权”概念看当代中西思想在某些表达方式上的隔阂与实质上的殊途同归

2001年9月11日法国哲学家德里达访问上海时，王元化曾与他就中西文化之异同进行了两小时的对话。王元化与德里达的这次谈话有着剧中有剧、误解中有团圆的丰富的戏剧性内容。为什么这样说呢？从表面看来，这是一次中西学者间背景换位的交流。具体些说，这是一位来自西方，却对西方启蒙思想持一定批判态度而对中国传统思想抱有好感的学者，与一位来自中国，却对西方启蒙思想肯定较多，而对中国传统思想持一定批评态度的学者之间的一次交流；或者以简化的方式说，可将这次对谈看作是尼采与黑格尔在中国这一特定地点的一次交流。但细究起来，实际的情况比表面的情况要复杂得多。首先，他们各自的思想本身并不像上述的那样简单；其次，他们在对谈中产生了某些双向的交流失误(misunderstanding)；最后，只要加以分析就会发现，他们的交流，当然也包含交流失误，都具有重大的理论内涵。这种内涵曲折地显示了他们之间的思想分歧并不像想象的那样大；相反，在表面对立的表述中，可以分析出一些趋同的立场。

据王元化的介绍，他们的第一个分歧是这样引起的：德里达认为英语在中国的普及体现了文化霸权主义。但在王元化的介绍中，德里达说的文化霸权主义的施行者究竟是谁，听起来十分含糊。如果说在中国施行这种霸权的是美国人，听起来似乎不合理；但如果说是中国人在自己国家施行这种霸权，听上去也不甚合理。所以王元化认为，英语在中国的普及程度是基于它的实用性而与文化霸权无关。但从王元化的介绍来看，德里达并未对王元化的否定意见为自己进行任何辩解。我想德里达这样的学者，在他的学术生涯中受到误解是经常的事，况且这发生在吃饭时的闲聊之中。其实，在西方当代文化研究领域说的“霸权”或“霸权主义”（相信在谈话中，德里达用的是法语中接近英语 hegemony 的 hégémonie，而非接近英语 hegemonism 的 hégémonisme，虽然 hegemony 或 hégémonie 有时也被译为霸权主义），在一般情况下，是一个源自西方马克思主义的祖师爷葛兰西的概念。后来葛兰西的“霸权”概念被广泛地使用，是因为这一概念与当时苏联流行的决定论观点，也即认为，文化在其外由经济基础决定、在其内由阶级性决定，是大为不同的。至 1985 年，英国艾塞克斯学派的后马克思主义学者拉克劳和墨菲出版了《霸权与社会主义策略》之后，“霸权”的意义经后现代主义哲学的参与，发生了更大的变化。其涵义变为由多种不确定的、碎片化的“政治”诉求构成的、不代表任何特定阶层利益的松散的结合；它正好与中文中由传统王霸之争说发展出来的、作为经济军事力量支持形成的“霸权”的说法意思相反。①王元化说的中国人对英语使用范围广的认识，正可归属于形成拉克劳与墨菲所说的“霸权”中的诸多碎片中的一种成分。德里达在此次对话中使用“霸权”或“霸权主义”这个词的时候，其所指的，应该就是，或近似的是，由拉克劳和墨菲经吸收德里达自己的解构主义哲学后而形成的“霸权”一词的新意义。在吃饭时，德里达提起这一话头的意思应该是，想从摆脱过去那种以反帝为中心的宏大叙事角度，来对中国人学习英语这一现象表达一下自己的感受（这与德里达作为西方左翼学者，在访华期间听到 911 恐怖主义袭击新

① 参见 Ernesto Laclau & Chantal Mouffe, *Hegemony & Socialist Strategy*（London: Verso, 1990）, p.145 notes。

闻时所表现的沮丧心情是一致的)。这是在法国驻沪领事宴请的场合中是既不失礼节,又带学术意味主题的颇为得体的闲聊。但由于文化背景的差异,王元化从德里达的话中听出的,大概是一个欧洲左翼学者以一宏大叙事的方式(换成王元化自己熟悉的概念,是"抽象的普遍性",在这里指与超级帝国主义的矛盾),怀着抱怨的情绪来诠释英语在中国普及程度。作为礼貌地回应,王元化举自己的经历为例,根据对自己对德里达议论的理解进行了一番解释。王元化的意思是,英语现在在中国的普及与抗战时期日占区以暴力强迫中国学生学习日语完全不同,因而不应称之为文化霸权主义。我们无法了解德里达本人与作为翻译的法国领事郁白先生(他受的是汉学训练而非哲学训练)是否注意到了,在这次对谈中第一个主题上有交流失误,但郁白随即也按王元化的思路举例打了圆场。而在德里达这方面,他也出于礼貌,未将这一讨论继续下去。然而无论如何,在此交流中,这一失误并未影响到它的实际结果,即德里达与王元化表达的其实是相当接近的观点。具体地说,这个观点是,不存在一个总体性的宏大叙事可以笼罩一切文化现象;而英语在中国的普及,恰是这些文化现象中的一种。

不必讳言,从思想方法论上说,两人间有不小的差异。简言之,王元化是从黑格尔的"具体的普遍性"这一原则出发,认为"实用"这一特殊性本身可以具有自己的普遍性,故不可能被反超级帝国主义这一听上去更为宏大的普遍性所覆盖。而根据德里达的方法来解释,"霸权"及与构成这种"霸权"相关的概念,其作为文本,一方面貌似是可加以辨别和确定的概念;另一方面,在文本必然产生的延异之中,它们又没有确定的意义。故此各个概念间也不能产生由逻辑上的蕴含关系而构成的普遍性。从这个意义上说,也就消除了产生王元化所反对的由执着于"抽象的普遍性"而产生的知性思维方式的可能性。所以说,透过交流失误的掩盖,他们对第一个主题的讨论,其实在结果上可说是殊途同归的。当然,这里说的“同归”也仍没有否认两者的差异性。我们注意到拉克劳和墨菲的理论本来是旨在中介德里达的解构主义方法与王元化运用的以黑格尔辩证为主的方法。从王元化先生在与德里达谈话之后的答记者问看,他对后现代主义哲学也表现出敞开与鼓励学习的态度。

王元化向德里达解释中国思想中的理性主义成分

从餐桌移到客厅后,王元化与德里达的对话,是围绕一个似乎更引起中国学界关注的主题:中西文化的比较。这个比较,被德里达在与王元化交谈中一句“中国没有哲学,只有思想”的话引出了一个使人为之愕然的开端。①其实,按我们通常的考虑,德里达这句话,是可以通过另一种意思稍有区别,但却更为稳妥的方式来表达的。他可以说:“中国没有以逻各斯思想为中心的哲学,但有用其他方式来思考的哲学。”或者,他也可以用一些中国学者的方式来表达,说:“中国哲学是没有本体论的哲学。”这样也许可以使他的想法,与他的文本永远处在延异状态之中的理论趋于一致。用解构主义方法思考,哲学这个概念本身是处于延异之中的;用黑格尔的方法来思考,哲学这个概念的普遍性,是不一定能涵盖不同哲学自身所具有的特殊性的。虽然,按王元化的理解,以黑格尔哲学的体系强制性要求,特殊性对普遍性会有不得已的服从。然而我们可以看出,德里达的表达有问题。从西方哲学看,即使柏拉图哲学被视为代表西方哲学主流,西方哲学毕竟也不是由柏拉图一家所垄断的;主流哲学所不能涵盖的非主流哲学也形成了主流之外的特殊性。如德勒兹与当今走红的齐泽克,都继续使用本体论这个术语来表

① 王元化:《关于中西哲学与文化的对话》,载《文史哲》2002年第2期。

达自己哲学思想中包含的内容。①

当然，王元化没有从这个角度去进行论述，他的论述是从一个他认为德里达有被黑格尔《哲学史讲演录》误导之嫌的角度来展开的。这个角度便是从中国古代是否存在逻辑思维来看中国是否有哲学。王元化的想法自有他的道理，因为即便假设中国哲学是一种反逻各斯的非理性主义成分很多的哲学，对这种哲学的表述仍然需要某种逻辑思维。就像佛学中许多思想是不在逻辑掌控之中的，但讨论佛学依旧需要受过因明学这样的逻辑思维的训练。王元化在与德里达对谈之后的答记者问中，将先秦名学与魏晋玄学的本体之学(其内容其实是存在于在逻辑之外的)两种内容差异较大的学问加以衔接，便是因为这一道理。估计王元化在向德里达介绍先秦名学时，也顺便谈及了魏晋玄学，并将其称为本体论。②

虽然在向记者回顾对谈的情况时，王元化没有具体披露在与德里达近两个小时的对谈中他是如何具体地向德里达介绍中国哲学的；而且他向记者披露的内容，是否与现场谈话完全一致或是有所增减，我们不得而知。但是联系他向记者做的介绍与他在80年代后一些文章中有关中国哲学的意见看，两者是基本一致的。有了这些文章做参考，便不难看出，他与德里达谈话中的观点并不是为了向德里达立异而做的临时对应。想来，王元化向德里达介绍的重点是放在先秦名家、墨子、荀子(王元化说"荀子对儒墨显学都有所修正"③)一系涉及逻辑思维内容的哲学

---

① 参见 Gilles Deleuze, *The Logic of Sense* (New York: Columbia University Press, 1990), pp.179—180; Gilles Deleuze, *Foucault* (Minneapolis: University of Minnesota Press, 1990), pp.112—113。Slavoj Zizek, *Organs Without Bodies*: *On Deleuze and Consequences* (London: Routledge, 2012)一书中从包括本体论的角度批评了德勒兹。齐泽克本身是个新黑格尔主义者，他不会完全脱离本体论思维是理所当然的事。

② 王元化：《玄学再估价》，见《思辨发微》，香港三联书店1992年版，第63页。

③ 王元化：《〈墨辨〉与〈荀子〉的认识分类》，见《思辨发微》，第105页。

家。换言之，也即用老子话说，是从属“道可道”（可言说）的“非常道”，具有确定意义一方面的思想来进行介绍的。自然，没有具确定性意义的概念，也就没有逻辑。墨子的名辨学随晋代鲁胜的《墨辨注》的亡失而大体失传，但王元化在1983年曾称其有“光辉灿烂的耀目异彩”①。不过，荀学与被孔《易》（指经孔子或其弟子撰写或编辑的《易传》，下同）吸收的逻辑成分还在。在与德里达的对谈中，王元化花了大部分时间向德里达介绍的，正是这一传统如何在中国先秦时期存在及以后如何“发生断层”的。按照德里达的理解，西方哲学主要是由这一理性传统构成的。而按王元化的介绍，这些内容也是构成中国哲学不可缺少的一个方面；但在德里达听来，这是他的解构主义之所以必要的一个主要理由。

这里有一点我不甚了解的地方，也就是在访问中国之前，德里达读过哪些中国哲学方面的书。其实，冯友兰两种早有英译本的中国哲学史与陈荣捷用英文归类编写的中国哲学资料书，五四新文化运动中由胡适开启而重新发掘的中国古代逻辑思想内容，都有专章发掘介绍。从王元化的多次评论看，他是不赞成把这些发掘整理看成是对西方哲学简单依旁的结果。虽说德里达也精通英语，但如果他过去没看过这些书，或者没有认真看过这些书，那么对他来说，王元化的介绍可能会使他有茅塞顿开的效果。然而根据我的推测，德里达来华之前，一些先入为主的看法很可能部分地来自法国汉学家于连写的书。我过去对法国后现代主义哲学家谈到有关中国文化的信息都比较关注。多年前我见到在德勒兹的一本著作里，于连对中国文化的论述被引述了一次。因为这是很罕见的情况，所以对于连的名字有了印象。大约是2004年，杜小真的《远去与归来：希腊与中国的对话》出版后，我很快抱着热情买来拜读。读后的印象是，于连眼里中国思想的精华缺少一种包含

① 王元化：《玄学再估价》，见《思辨发微》，第63页。

与西方思想可交流的概念，它只是启示人如何通过偷梁换柱、暗度陈仓的方法来神不知鬼不觉地获取成功的智慧。这对不了解中国文化的读者确乎会产生一种“中国没有哲学”的感觉。这与我熟悉的中国文化有比较大的距离。但德里达如果因读了他的书而产生“中国没有哲学”的印象，那也是情有可原的结果。当然，这与作为德里达的半个思想先驱的海德格尔晚年提出的，要以思想来终结哲学的蓝图，也有其相应性的。

有趣的是，据王元化关于这次谈话的回顾，在他介绍了先秦名学等一系列中国思想之后，德里达并未表示任何异议。王元化截断众流式的介绍大约使德里达有了较深的印象：像中文含有象形意味书写的成分并非中文书写的全部一样，中国文化并非完全缺乏逻辑思维。更重要的是，王元化的介绍应当也是德里达所乐于接受的，因为这些介绍向他证明了他提出的“解构”，在文化向全球化发展的趋势中，是不同文化的普遍需要。只不过，在受柏拉图逻各斯中心主义影响最深的西方文化中，它显得尤为为急迫罢了。

饶有趣味事还有，在德里达发表了“中国没有哲学”的使人听之愕然的观点后，他似乎并未顺理成章地说“中国没有本体论”；相反，两天之后在上海社科院的座谈会上，德里达反而认为中国是有本体论的。在受到了中国学者的断然否定之后，他还后退一步地说：“解构主义可能有各种不同的形式和运用，中国也有自己解构的问题。中国现在没有本体论，也许将来会发明出一种本体论来。”①我想这是因为，对于本体论问题，与将柏拉图视为本体论的垄断者的中国同行有所不同，德里达在对本体论的理解方面，有他自己的看法。在上海社科院座谈会的

① 俞宣孟编译：《解构与本体论——德里达在上海市社会科学院的讲演纪要》，载《世界哲学》2002 年第 4 期。

开场白中，德里达解释道，本体论在西方乃是由对系词“是”(being)(其实 being 兼有现代汉语中的“是”与“有”两种意义，因为“是”连接的主、谓两方应是等同的；在量词省略后，这一特点被掩盖了；而“有”具有分有的性质，这成了黑格尔在自己的本体论中发展出具体的普遍性一说的根据)的研究而开始的。在这点上，德里达与他的中国同行的看法并无不同。但是在德里达眼里，“是”后来脱离了系词的原意，成了被熊十力称为如佛家说的“法”或汉语说的“物”一样的，泛指一切相的、无所不包的大共名。因而以西方的系词“是”这一字的演变的特殊性，否定中国文化中有研究类似领域的学问，容易引起一种结论，即不存在一种在不否定各种文化之特殊性的前提下，承认不同文化中也存在着具有普遍性的学问，以致影响德里达与王元化都主张的中西文化的可交流性。这里与此有关的一个理解要点是，德里达对柏拉图的批评，绝不限于由柏拉图建立起来的一个关于“是”的超经验而存在的、纯逻辑的推演领域；他的批评对象，其实是与柏拉图理念具有相关性的语言文本(按他的说法，世界也在这个文本之中)意义具有的确定性，或称同一性。其实即便是西方的经验论，也不是在完全脱离语言意义同一性的支撑下而能独立开展的。

德里达写过一本叫《丧钟》的书，示范了将理性主义哲学家黑格尔的文本与法国当代荒诞派文学家日奈的文本置于对照之中，发现两人的文本各自有其可被解构的缺口，借此显示延异是所有文本本身固有的自然品质。与德勒兹哲学根源于尼采不同(德里达也受到尼采的重大影响，并写过关于尼采的专著，但他毕竟不像德勒兹那样把尼采思想直接当作自己思想的基础)，在德里达真正的思想前辈，犹太哲学家列维纳斯所吸收的犹太阐释学的影响下，德里达在他著作中较少像德勒兹那样，直接从本体论的角度进行他的解构。但这不妨碍德里达认为，语言意义的同一性其实是“是”向“是者”转变的体现，这两者相辅相成，因而从语言问题也可以带出本体论问题的讨论。这样说来，即使中国语言从意义具有的同一性方面来说，相对印欧语言要来得弱势，但绝不可否认，它也部分地包含了意义同一性的因素。也可以说，中文更凸显了同一性与不同一性之间的紧张与某种程度的调和，这便使中文有了本体论所涉及的与“是”的实际意义有关的问题，这也就认可了德里达对自己的解构主义具有一定普遍意义的期许。

这里我要附带说一句，理性主义（王元化运用的黑格尔的“具体的普遍性”思维方法也应归入理性主义范畴，但后文将谈到他后期思想对理性主义思维方式有一定程度的突破）坚持的语言意义具有的同一性，或曰逻各斯，究竟有什么用处？因为事实上，不但后现代主义哲学家看出了语言意义的同一性为一种虚构，就连拉康式的黑格尔主义者齐泽克，都承认语言符号所指的同一性是持久地受到能指具有的“象征性”（symbolic）的动摇；但齐泽克仍认为语言意义的具有“想象性”（imaginary）的同一性是重要的，因为没有这种想象的同一性，不但失去人际交流的可能性，而且失去了实践中做出任何决断的可能性。他做的比喻是，在大森林里迷失的人在没有任何方向线索的条件下，也须虚构一个正确的方向，以避免无法行动。我想这也是上古时代中占卜文化的根据。这个例子确实说明，即使在意义被认为呈漂浮状态的后现代，何以坚持意义具有同一性的本体论思维仍有其重要性。

王元化可能未有时间向德里达详谈中国思想中理性主义以外的面向

前文讨论的是王元化如何从中西思想具有普遍性的方面着眼，来向德里达介绍中国文化的。那么除了在上述重点讨论的各自存在的、以语言意义所具的同一性与思维的逻辑性为代表的理性主义方面以外，王元化自然还应有涉及中国文化中以语言意义的非同一性，以及思维的非逻辑性为代表的非理性主义成分方面的介绍。如果拿西方思想打比方，如同对德勒兹有较深影响的如赫拉克利特、斯多葛、尼采、柏格森的哲学，而对德里达有较深影响的，则有犹太阐释学（希伯来宗教虽为基督教的来源之一，但无逻各斯之说），尼采、弗洛伊德（德里达对弗洛伊德的解读与拉康的解读有所不同）、海德格尔、列维纳斯的哲学等。这些思想自身虽然也逃不出德里达式的文本解构，但总的来说，置于德里达的解构主义哲学的谱系中，应该代表了一种支持对理性主义进行解构的力量。据王元化向记者做的回顾看，在与德里达的谈话中，他似乎没有向德里达详细介绍中国传统中这一方面的情况。我想这是因为，这一方面的内容，过去已被黑格尔的《哲学史讲演录》用作矮化中国哲学的理由。根据我的看法，在中国思想中，这方面其实主要可由老子在《道德经》中所说的，从意义角度而言处在"恍兮惚兮"状态的"常道"为代表。这方面的思想后来又由外来佛教思想的参与，形成了主张非同一性（佛家称为无自性）的"变"（becoming）的非理性主义思想。这是这些思想资源一直为西方非理性主义哲学家、思想家所乐于称道的原因。魏晋时代王弼代表的玄学在新的条件下，对老子的"常道"做了新的发挥。

王元化 1960 年代写《文心雕龙创作论》时，在当时所处的对唯心主义无保留地批判的环境下，王元化是将玄学与佛学合在一起加以批评的。[①]但是改开之后的 1980 年，在为周扬起草的文章与 1983 年写的《玄学再估价》中，他对佛学与玄学的学术价值都做了充分的肯定。尤其在后边一篇文章中，王元化指出："魏晋时代诸子又盛，应运而生的玄学家研究了本体论问题，研究了体用关系问题，进入了纯抽象的

① 王元化：《玄佛并用》，见《思辨发微》，第 115 页。

哲学领域。”①如果按前文所述的德里达的宽泛的方式来理解“本体论”这一概念，我们就不至于对将王弼一类魏晋玄学家以“无”为本的思想称作一种与柏拉图式的本体论不同的中式本体论提出质疑。当然，王元化在这篇文章中关于玄学的讨论，尤其是对与老子思想有关部分的讨论，并不是从非理性主义性质这一角度去分析王弼关于“本体论”的论述的（这主要因为“非理性主义”在很长时间的中文语境里都属于一个甚至比唯心主义还要负面的术语）。

说到这里，我不能不简单地解释一下一个容易产生混淆的问题：这里说的非理性主义者常用的术语“变”，是从“有物混成”的“恍兮惚兮”状的、没有确定的同一意义的概念这一角度来表达的。它与概念可以把握的“移动”（movement）（也经常被人称为“变”）并不是一回事情。它与德里达说的以“踪迹”（trace）或“延异”（différance）的形式运行的“变”是比较接近的。换言之，这种“变”不是语言的所指能够具体描述的。为什么这样说呢？因为老子将不“可道”的“常道”，亦即这种不可用概念表达的“变”看做是通过言说“可道”之“道”（已被语言区分为所指的万物之“物”的根源）；有点像“踪迹”或“延异”，它是通过虚构而成为具有同一意义的文本的根源。当然这个根源，不是我们习惯上从日常时间向前追溯的那种根源。这个根源是绝对偶然的、没有日常时间性的、存在于无意识中的。不同于老子对这一虚构的、有同一意义的文本取否定态度，孔《易》除了对“乾”（近似“常道”）作为非理性力量的肯定外，对这一被非理性主义哲学家认为是虚构的、传达确定意义的理性的文本“坤”，孔《易》也取正面肯定的态度。换言之，孔《易》同时肯定了非理性主义与理性主义这两个面向（这里最容易产生混淆、不容易看透的地方的是，熊十力援儒家思想所称的本心或大生命，其实是非理性主

① 王元化：《玄学再估价》，见《思辨发微》，第63—64页。

义的，也即超越语言区分的；而能由语言区分的、属理性主义对象的所指，如称为文本、是者或“物”的，在佛家看来是“惑”或称“迷黯势力”，在儒家看来则是被肯定的“坤”成），故被熊十力称为具有“复杂性”的实体或本体。王元化在《玄学再估价》一文中着重强调了王弼《易注》的历史地位。王弼《易注》之所以在后世能站住脚，原因在它首先越过了汉儒企图用一种歪曲或变相的理性主义来覆盖整个对《易》的阐释，这就为《易》恢复原本所具有的能综合理性主义与非理性主义两种成分的性质创造了条件。到了现代，王元化曾师从过的熊十力在王弼及其后来者的基础上重新解释了孔《易》。他的晚年定论称“乾”与“坤”两个方面的相辅相成体现了“实体”（熊有时称其为“本体”）的复杂性。这种包含了两个面向的实体的复杂性，德勒兹在晚年著作《什么是哲学》（*What is Philosophy*）中论到他自己的哲学时也曾有谈及。德里达是一位与德勒兹思想倾向基本一致的后现代哲学家。其实，他的“世界在文本之中”，是一个承认“是”的命题，而他的“文本的意义在延异之中”又是一个肯定“变”的命题。如果将其从解构主义的语言换成本体论的语言来表达，也是在说“实体”或“本体”的一元中包含具有“变”与“是”两个面向的复杂性。王元化在与德里达谈话后答记者问时，将龙树既破“有”亦破“空”的、“空”（由缘合之变而没有自体）“有”（世界作为文本有虚构的存在）不二的中观思想作为德里达解构主义的参照，①也是顺着这一思路而来的。

王元化 1991 年在修改他 1970 年代末写的《熊十力二三事》时，在该文中增加了一段他对熊十力晚年“体用论”由佛家“摄用归体”到孔《易》“摄体归用”这一变化的理解。他赞赏了贺麟以“本心”说解释熊十力哲学的观点。王元化自己对熊的“本心”做了一番阐释，认为“所谓本

① 王元化：《关于中西哲学与文化的对话》，载《文史哲》2002 年第 2 期。

心，即仁，即生生不息、凝成众物、而不物化、新新不已的‘绝对本体’”①。究实质说，这是对“本心”说的非理性主义解释有所肯定的。在写《乾坤衍》，也即与王元化论学的时期，熊十力更进一步把他的“摄体归用”说改为“实体本身具有复杂性”的最后定论，以此论为他的“体用不二”之说建立更坚实的基础。从实际效果来看，经熊阐释的孔《易》原旨与德里达思想的近似之处在于，作为孔《易》之元的“乾”是主“变”的，它颇为近似德里达的“踪迹”；而“坤”则是从“有”的角度说的，颇近德里达所谓的“文本”。从某种意义上来理解，“乾”其实就是在不断地在对“坤”进行解构；但“坤”也在不断地使“乾”体现的冲撞力量凝定下来，实现其相对的确定性和同一性。

我在这里插了一段似乎游离于主题的话，从普遍性方面讲，中西两种哲学都各自包含了理性主义与非理性主义两个面向。不同处在于，在西方哲学中，有一种所谓“弑父”式的过程，也即先由理性主义杀了非理性主义（当然不可能杀尽），然后非理性主义又出来要杀理性主义，这样的极端化使其在逻各斯思想与反逻各斯思想两方面都能发展到极端，这是自有其长处在的；在中国哲学中，则是另一种情况，即理性主义的逻辑思想被非理性主义的“乾元”说包容了进去，以致失去了自己的独立身份，使它只能在非理性主义的笼罩下曲折地进行工作。往好处想，这种状态似乎能避免思想向工具理性方向异化；但这也使得，直到五四新文化运动，仍有从较完整的理性主义的角度来进行思想启蒙的必要性。了解了经熊十力解释的孔《易》，对从中国文化的视角了解德里达的思想会颇有助益的。从某种意义上说，孔《易》包容、消化了先秦名学的成果，这也可能是先秦名学走向衰落的原因之一。孔《易》对“变”与“是”两个面向之间的关系的理论推演，是一种远比柏拉图本体

① 王元化：《熊十力二三事》，见《清园夜读》，海天出版社 1994 年版，第 122 页。

论更为错综复杂的中式本体论。与德里达在《哲学的边缘》一书在解构西方哲学时称西方哲学的表达其实是一种"隐喻"不同,中国哲学如孔《易》在解决其表述方法上遇到的困难时,经常直接诉诸比喻手法。这并不意味它的哲理如书中大量能喻本身一样,是一般生活经验的总结。小结一下上述讨论的大意:王元化在向德里达解释中西哲学讨论的问题具有普遍性时,是把重点放在中国思想中也有自己的(理性主义的)逻辑系统。但关于在中国思想中占主导地位的非理性主义色彩较强的思想,如老子的不可言说之"常道",儒家的生生不息之仁,这些内容在他与德里达的谈话中虽可能未加详说,但可以从他改革开放后写的其他文章中归纳出来。

王元化对德里达书写说的看法与中国学者对德里达解构主义的理解

据王元化向记者回顾,在他与德里达谈话中,感觉德里达"在辨同异问题上,有时有些畸轻畸重的倾向"①,有只注意中西思想的不同处而对两者相同之处有所忽略之嫌,所以他向德里达做的介绍,重点是放在中西思想如何存在"异中有同"的。这与王元化一贯坚持的追求"具体的普遍性"原则是相符的。那么在这次谈话中,王元化是否谈及,又是如何谈及中西思想间存在的"同中有异",亦即两者的特殊性的呢?我们自然首先会关心德里达有没有与王元化提到中文书写问题,因为德里达学术生涯中最重要的两本著作或称成名作就是《论文字学》与《书写与差异》。但是在答记者问时,王元化似乎没有披露这方面的信息,而是似乎不无针对地说:"不同民族在创造语言文字时,有的是拼

① 王元化:《关于中西哲学与文化的对话》,载《文史哲》2002年第2期。

音，有的是象形，有的是会意。有的是横写，从左到右；有的是竖写，从右到左。尽管千差万别，但不论哪一种形式的语言文字，都还是语言文字，而不能说某种是，某种却是语言文字以外的另一种东西。”①从这段话，我们可看出王元化的重点是放在从普遍性方面来认识语言文字的。但这并不说明他忽略了他通常关注的由特殊性构成的具体性。

在德里达访华之前，我曾与王元化随兴谈起过语言与书写的关系问题，重点是中国口头语言与书面语言形成是否有其先后，两者又是如何融合的。记得蓝云女士的女儿莫娇那时是中学生，也颇有兴致地参合讨论，发表了她的意见。王元化充分肯定中文书写是中国文化形态特殊的主要原因，其时他正在组织《古文字诂林》的编纂工作。当然，王元化也了解正式做这方面的研究是颇具难度的。因而他笑言，你为什么要去研究洪荒时代的东西（他的意思是缺少资料），为什么不像他自己那样，通过研究京剧来探讨中国文化特有的写意体系？他接着说道，他认为中国古典诗歌也属于这样一个相同的体系；还说，过去他在写《文心雕龙创作论》时，对中国文化的这一特点关注不够。看来，他是把书写特点与写意特点联系起来的。我认为，德里达在上海社科院介绍他自己的思想时，宁可用“人的手势”等来替代中国书写（如果没有语音直接对应于作为意义的所指，书写符号本身可被视为恍兮惚兮的混成之物）作为反语音中心主义与反逻各斯中心主义的例子，②很可能是出于他对自己关于中文书写的理解没有把握而有意避开的。

参考德里达与上海社科院同行的交流，会发现后者在解读德里达的重要概念如“踪迹”时（其实很难区分这个概念是动词“追溯”还是名词“踪迹”的意思，因为“踪迹”是在无意识中活动的，而在无意识中常常

---

① 王元化：《关于中西哲学与文化的对话》，载《文史哲》2002 年第 2 期。

② 俞宣孟编译：《解构与本体论——德里达在上海市社会科学院的讲演纪要》，载《世界哲学》2002 年第 4 期。

是无词性之分的)，在一定程度上将德里达的后现代哲学思想加以海德格尔化了。其原因之一可能是由于德里达得知他的中国同行熟知海德格尔，故而为了方便，从海德格尔导入他的介绍。但这也会给人以印象，仿佛对德里达来说，是有一个主体或准主体，如“本是”(dasein)，在往时间上的过去追溯本真，以及往时间上的未来期待本真意义的来源。因而使人感觉，德里达似乎并未将自己的一个观点说清，这个观点即是语言符号本身意义的延异从来不是随一个主体或准主体自身产生的有方向性的日常时间解蔽(海德格尔前期)或敞开(海德格尔后期)自己，来动摇其所指的稳定性；“踪迹”离主体或准主体而与文本同在。王元化后来答记者问时以印度思想家龙树的法无自性的观念为例来理解德里达思想，①其实较近似地诠释了德里达说的“踪迹”这一概念。

王元化向德里达介绍中国文化的特殊性之一：王元化对“写意型”的解释

既然在这次对谈中，德里达与王元化似乎都未提及中文书写的特殊性，那么在从普遍性一方面向德里达介绍中国文化中不乏逻辑思维(逻辑思想都是以概念有确定意义的同一性为前提的)之后，王元化又是如何在论及中国文化与西方文化具有的普遍性之余，谈到中国文化的特殊性的呢?

据王元化介绍，在这方面，他是由他关于中国传统戏剧表演体系是“虚拟性程式化”的、“写意型”的观点，谈到与“写意型”相关的中国诗学，并指出这种诗学是以《周礼》与《诗序》提出的比兴之义为代表的。作为对照，他提到，亚里士多德的《诗学》所主张的模仿说，则属于“写实

---

① 王元化:《关于中西哲学与文化的对话》，载《文史哲》2002年第2期。

型”。王元化是以此来说明中西方文化各自的“特殊性”。据王元化回顾，在谈到这种“特殊性”之前，德里达一直在倾听。但是当王元化谈到关于中西文化的“特殊性”的意见时，德里达则“表示了不同意见”。[①]虽然我们会好奇，德里达的“不同意见”是什么？但王元化接着只说：“这个问题太复杂，时间到了，也没有再谈下去。”[②]虽则听者大概都会为这预期中交流的高潮被时间所打断而感到遗憾，但我们还是能由一些有关的线索来推断王元化是如何具体表达他的意思，以及德里达会反馈怎样的不同意见。

对王元化与德里达表达的各自的意见，我的分析虽然是比较简短的，但由于来源比较多，过程也比较复杂。所以我愿意先把我的结论简单地勾一个轮廓，以免读者跟随我的分析时会感到迷失。我认为，王元化与德里达各自都看出了，在自己文化中的诗学传统里，本身就包含了理性主义与非理性主义(很可能“非理性主义”不是王元化习惯使用的表达)两种面向。这样来说，中西文化之间虽有各自的特殊性，却绝非不存在可以交流的普遍性。从王元化对于“言尽意”与“言不尽意”的新阐释来推断，中国诗学中代表理性主义方面的是近于“言尽意”的“比赋”，它们与代表非理性主义方面的、近于“言不尽意”的“比兴”形成两个面向；在“写意型”诗学中这两个面向是存在于“写意”一体之中的。我在做这一分析时，自己附加的说明是，这与王弼，尤其与王元化师从过的熊十力，在解释《易》的“本体论”时所看出的《易》同时包含了代表非理性主义(当然“非理性主义”也不是熊十力习惯使用的表达)的“乾”、与代表理性主义的“坤”两种面向，是两相呼应并且存在于一体之中的。而在德里达看来，希腊传统中包括神话与戏剧在内的诗，本来也

① 王元化：《关于中西哲学与文化的对话》，载《文史哲》2002 年第 2 期。
② 同上。

存在非理性主义与理性主义两种成分，但原本占主流的非理性主义成分，遭到了柏拉图与亚里士多德以所谓“弑父”的方式进行的谋杀，代之的是由逻辑演绎产生的、以模仿特点为中心的诗学。以德里达自己，当然应当还有德勒兹，为代表的后现代哲学家，承尼采的遗产，通过解构方式（德勒兹哲学虽不能被称为解构主义，用的却是一种实质上与解构近似的方式）所要恢复的，正是西方诗学本身所具有，却遭逻各斯中心主义所谋杀的非理性主义传统。有此轮廓后，我先从王元化一方开始这个讨论。

在我看来，王元化在饭桌上闲聊之后，与德里达进行的是一种比较正式的、层次较高的交流。在这样的交流中，王元化是不至于即兴起意，应景式地发表一些未经自己深入思考过的看法的。我们会看出他向德里达传达的，其实就是前文提到的，通过对京剧艺术的特殊性的考察后提出，对中国文学艺术具有一定普遍意义的“虚拟性的写意型”体系。从他向我提起时的情绪看，这是他自己晚年颇引以为豪的成就。在他 1988 年写的《写意传统》一篇具有概括性质的文字中，我们看到的，应该就是与此次与德里达谈话意思大体相似的讨论。在这段文字中，他对范文澜《文心雕龙注》将刘勰在《文心雕龙》中“言尽意”与“言不尽意”的两种意思的表述归结为“语言能不能表彰思想”的问题表示了异议。[①]从这一异议可以看出，王元化通过自己的思考，已对将语言视作被动（或称零度）反映思想的传统观念有所突破。他虽未用符号学的术语，但议题性质却进入了现代语言符号学的领域。思想本身都是由语言构成的，对万物的认识也是以语言区分为其基础的；即使思想进入“无意识”领域，用拉康的话来说，“无意识”也“像语言那样构成”。[②]以

① 王元化：《写意传统》，见《思辨发微》，第 232 页。

② Jacques Lacan, *Ecris*: *A Selection* (New York: Norton & Company, 1977), p.147.

中国传统哲学来解释，即使在老子假设的“恍兮惚兮”的不“可道”的“常道”世界，那里即便不存在具同一性的、稳定的所指；作为“有物混成”的能指，仍然可被看做是语言以其某种方式的存在。对于刘勰会同时有近似“言尽意”与“言不尽意”的两类相矛盾的表述，王元化在《写意传统》中分析道：“它可以说在形式上是相当于‘言不尽意’的，在内容上则相当于‘言尽意’的”“读者还是得从不尽意的言才能去领悟意蕴无限的内容”。①置于拉康具有辩证法意味的理论的语境里，这可以理解成：在所指方面，它应该是有想象中具稳定、同一的所指（内容）的意义；在能指方面，因为它处在一个无限的空缺与填补之链中，致使所指本来稳定、同一的意义受到能指中的空缺与填补运动的干扰，而产生了无限的意义（内容）。置于德里达的解构主义理论的语境里，则可以理解为，从“文本”（text）方面看，语言仿佛是尽意的；而从“踪迹”（trace）无休止的活动方面看，语言又是不尽意的。

然而，我们或许会问，王元化进行理论更新时提出的关于同时包含有“言尽意”与“言不尽意”两个面向的“写意型”文艺的特点，与王元化在1960年代写作《文心雕龙创作论》时所推崇的黑格尔美学（其实是对康德美学与目的论的承续）所论述的美与艺术都具有的“无目的性”与“合目的性”两个面向的主张不是很相似吗？② 确实，从表面上看，相对于前者来说，后者似乎并不能看出有什么值得王元化引为自豪的新创造。因此之故，我这里要不避重复地将前者做一更清晰的概括：（1）美与艺术好像是无目的的，因为被表达的意思或被表现的事物好像是不受目的，或曰主题的掌控，而以其自然形态出现的（虽然还是在一定程度上受到知性规范的干扰，如：人与事都不应离开日常时空与因果等关系

① 王元化：《写意传统》，见《思辨发微》，第233页。
② 参见王元化：《美的理念辨析》，见《思辨发微》，第181—184页。

而失却其同一性)。(2)美与艺术好像又是合于目的的,因为它好像还是有来自艺术家的主旨在(王元化早期推崇,后来也继续推崇的写实主义文学的形态大体如此),而绝非没有贯一气脉的一团乱麻。①王元化认为,在那种以写实为导向的文艺中,只要能将上述两个面向巧妙地统摄在一件作品中,就能达到艺术表现中的具体的(体现特殊性的)普遍性。无疑,此类艺术及与其相应的理论,都未突破理性主义的底线。[饶有趣味的是,德里达在一本写于访华前一年,即2000年的、题为《没有不在场的证明》的书里,他对这一源自曾被王元化师从过的韦卓民译成中文的《目的论批判》一书中的思想,就其文本中出现的“好像”(as if)这一表达,做了他的解构主义式的评论。②我在这里提一下此事,是为说明,德里达对王元化熟悉的德国古典哲学也有相当的了解。为避枝蔓,这里不拟讨论了。]这里要讨论的是,对于后者,亦即王元化对自己过去的主张有所修正的新主张——“虚拟的写意型”,他是否也将其拘囿于理性主义的框架之内呢?从他1988年写的《写意传统》一文中说的“不尽意的言”和“意蕴无限的内容”这些表述来加以分析,他对自己过去的观念是有了不小的突破的。在写《文心雕龙创作论》中的“魏晋的意象言之辨”一节时,对与“言不尽意”近似的一类观点,王元化是将其批为“从‘体无’的唯心主义世界观出发”而持否定态度的。③抛弃当时唯心、唯物置于对立地位的环境看,所谓“言不尽意”,其实就是一种非理性主义意味很重的神秘观点。要说清这个问题,我们需要借助对作为这种诗学的哲学基础的孔《易》来说话:“意”实际包含了“乾”与“坤”两种成分。单就“坤”一方说,它应当是意义同一的,因而是可“尽”的,是“意”中代表理性主义面向的稳定的“有”(being)。而单就“乾”一

① 参见王元化:《美的理念辨析》,见《思辨发微》,第181—184页。

② 参见Jacques Derrida, *Without Alibi* (Stanford: Stanford University Press, 2002)。

③ 王元化:《魏晋的意象言之辨》,见《思辨发微》,第109页。

方说，它应当是意义非同一的，因而是“意”不可尽的；换言之，它是“意”中代表非理性主义的“变易”(becoming)。因此可以说，就孔《易》的模式来说，“意”总是理性主义与非理性主义两种面向的某种方式的综合。理性主义的内容，亦即所指，本来应是同一、可“尽”的；但由于形式，或称处于语言之中带有非理性主义的能指一面，是持续与“尽意”捣乱的；故而对本来应具有同一、确定“意蕴”的“内容”进行了不断的、散播式的干扰或称解构，致使整个“内容”也变得“意蕴无限”了。

当然，即便更新后的论述重点与王元化之前的重点有所不同，也并不意味着认为，他早年在写《文心雕龙创作论》时，对美和艺术应具有像有机体一般的意义的同一性这一原则就完全失效了，因为那是不同层面的问题。从王元化更新后的诗学观点出发，意义的能“尽”与不能“尽”之间，内容的“有限”与“无限”之间，应该也是有相当大的游移空间的。举例说，由意义而言，一般宋体诗属相对比较能“尽意”，而一般唐体诗属相对比较“不尽意”。由方法而言，前者所用的一般称为“赋”，后者所用的一般称为“兴”；而“比”，因其与“类”有不同程度的关系，而处在前后两者之间，一般为前后两者所分有(后面讨论到德里达对亚里士多德论比喻的看法时，还会回到这个问题)。

这样，我们就把王元化关于中国文学艺术属“写意型”的主张，与他在向德里达介绍中国诗学时所举的，由《周礼》与《诗序》提出的比兴(实际代表了诗之“六义”)贯穿起来了。当然，还要注意的是，王元化说的“写意型”，主要是从对中国传统中有“虚拟性”“程式化”特点的文学艺术的观察而提出的一种较深层次的理论而言的。为什么这样说呢？因为“虚拟性”和“程式化”的说法，从文本方面说，其实也揭示了“写实型”文艺中被掩盖的奥秘，即这些文艺从表面上看是裸现实的零度反映，而实质上则是在某种特定话语结构中的语言构成。这就与德里达的解构说达成了某种程度的一致性。但是虽则如此，这并不妨碍王元化把他素所喜爱的“写实型”文学艺术，比方说莎士比亚的戏剧或罗曼·罗兰的小说，放在一种比较黑格尔化的理性主义化的批评体系中，来进行分析而具其有效性。

王元化的“写意型”理论包含他对“想象”的新看法

这里还有一个与“写意型”相联系的关于中国诗学中的“想象”问题。我们讨论“写意型”，重点是放在文化的意义问题上；而讨论“想象”，重点则放在与意义问题密切相关的方法问题上。

“想象”问题的讨论，对深入了解王元化后期思想发展也是重要的。在《写意传统》一文中，王元化说：“写意性建筑在想象的基础上。中国古代文论较之西方古代文论，是更早也更多地涉及了想象问题，这从借助于暗示、明喻、隐喻、联想等手段所形成的比兴理论在中国古代文论中特别发达就可证明。中国诗学中的比兴之义，贯穿历代文论中，形成一种民族特色。”①细究起来，这段话表达的观念与他收录在《文心雕龙创作论》中论“神思”部分的观点，是有了显著更新的。“想象”可从心理学和哲学两种意义上来理解，但它们又有有相似之处。诚然，在西方，是康德将其视为人类的一种认识功能。按《纯粹理性批判》的定位，他起到了在先验统觉的协同下用知性概念整理表象的作用。在《判断力批判》中，康德又使它起到与知性在互不约束的条件下自由游戏的作用(有趣的是，德里达在《书写与差异》一书中也对康德将“想象”用于认识与美学两处作了评论。②后来，海德格尔将康德的“想象”与自己哲学中的“存在”(existence)置于同等地位，意思是：始自“想象”或“存在”的作

---

① 王元化：《写意传统》，见《思辨发微》，第234页。

② 参见 Jacques Derrida, *Writing and Difference* (Chicago: The University of Chicago Press, 1978), p.7。

用，“是者”或存在物才开始被构成而进入“本是”（dasein）的视野。①置之佛学，它颇有些接近八识中的意识作用，它需要在末那识的协同下，才能将藏识转化为对现行之物的感觉。它的要点是需有一个主体，或如“本是”的准主体作为生出事物的中心。

在 1960 年代写《文心雕龙创作论》时，王元化是用荀子的“虚壹而静”说中的“壹”，以及由“静”产生的逻辑思考来解释刘勰的“神思”作为“想象”活动之中心的。那么他在 1980 年代末写的《写意传统》中的看法，与过去的看法有哪些不同之处呢？比较明显的不同之处，在于他说的有关“想象”的几种手段中，除“明喻”带有明显的理性主义成分外，“暗示”（suggested technique）、“隐喻”（metaphor）、“联想”（associative thinking）这些手段，都是些非理性主义的直觉（直觉是离开知性概念和先天统觉的思维）色彩较强，能使作品产生“意蕴无限的内容”的“不尽意的言”的手段。尤其“联想”，据我的理解，通常是一种产生于空想、白日梦、无意识之中，不受理性掌控、没有特定指向的精神漫游。而“隐喻”，则类似德里达说的“踪迹”。王元化的这些新说法，与他写《文心雕龙创作论》时所主张的以荀子“虚壹而静”来作为可被称作“想象”的刘勰的“神思”说的解释基础，是有着不小差异的。据王元化那时的解释，荀子“虚壹而静”说的意思是，“从一元论的立场把纷杂互异的万物通统一起来观察，这就叫做壹。最后是‘不以梦剧乱知’。这里所说的梦，是指心的不由自主地运行，如人在梦中一样。一起凌乱杂念，下意识的心理活动均可归入梦的范畴。倘能克服这种现象，役心而不为心役，使思想集中起来，这就叫做静”②。从这段话可以见出，王元化经过反思而更新的观点，与过去的不同在于，他已经不执着于有一个单一的理性和

---

① 参见 Martin Heidegger, *Kant and the Problem of Metaphysics*(Bloomington & Indianapolis: Indiana University Press), pp.87—138。

② 王元化:《释虚静》,见《思辨发微》,第 113—114 页。

逻辑的自我，作为“想象”的中心了。如果对照王元化对荀子性恶论的态度由肯定到否定，就不难看出，他对“想象”说与人性说两者的更新具有其一致性。

不过话要说回来，这些更新并不意味着王元化对荀子思想的看法走到了一个反向的极端，明显的例子就是他在向德里达介绍中国哲学时，对荀子的名辨与逻辑思想的介绍还是正面的。他只是对中国文化中同时包含的两种面向的事实有了更具体的认识，这些更具体的认识，可能与他晚年认真地读了一些熊十力的晚期著作，而对他原先谨守的理性主义观念有所冲击，也是不无关系的。刘勰在写“神思”篇时，将“神思”解释为“思理为妙，神与物游”，其实本来就取之于包含了两种面向的孔《易》。孔《易》说“阴阳不测之谓神”时，“神”实际上是指“乾”（与诗学中的“兴”相应）。由于有了作为对代表理性之“坤”进行“解构”的非理性的冲撞力的“乾”的作用，才有“阴阳不测”之说。而这里说的“神与物游”的“物”，则指“坤”（与诗学中“比”“赋”相应）通过语言区分才凝成的“物”。刘勰说“物沿耳目而辞令管其枢机”，即用来补充其“神与物游”之说的。

综上所述，我们可以看出，王元化晚年经过更新的“想象”说，是具“想象”的普遍意义，而又包含中国文化对直觉的理解于其内的、一种有其特殊性的“想象”说。这样理解的想象，既符合中国诗学的本意，也使之与他关于“写意型”的新论契合而相为表里。

德里达为何不认同王元化关于西方文艺属“写实型”而与中国文艺属“写意型”形成对照的看法

对王元化的“写意型”之说以及有关问题做了分析后，我们再回到他与德里达的对谈上来。王元化是这样向记者介绍的：“当我从思维方式来谈的虚拟性程式化中国传统戏剧写意型的表演体系，说到中国先秦时代的《周礼》以及《诗序》提出的比兴之义，与亚里士多德《诗学》提出的模仿说不同，从而阐明了一个是写意型的，一个是写实型的时候，他（德里达）表示了不同意见。但这个问题太复杂，时间到了，也就没有再谈下去。”[①]显然，对于王元化介绍的中国诗学的特点，作为外行的德里达在倾听过程中应该不会表示不同意见的。德里达的异议最大的可能是来自王元化对亚里士多德《诗学》的评论，因为这正是德里达自己曾倾注心力加以解构的对象。德里达把自己的不同意见谈出来，是对王元化向自己做的介绍予以尊重的表示。重要的是，在这个方面，德里达可能也借此机会来表达他自己并不认为，由中西文化各自的特殊性产生的差异会有绝对的意义。诚然如王元化所说，这个“问题太复杂”了。他自己在答记者问时也未对德里达的意见或可能的意见做进一步的探究。但我从研究者的兴趣出发，还是希望通过分析，将两位学者因时间限制而未能展开的问题，做一些简括而合乎逻辑的揣摩。

从德里达的角度看，将希腊传统中的诗歌（神话、抒情诗、史诗、悲剧、喜剧等的统称）称为“模仿”（mimesis），使之处于比哲学低一层次的地位，这是出于从柏拉图到亚里士多德从他们各自哲学体系的需要出发而进行的人为的杜撰。其实，像孔子“兴于诗”之说一样，在前柏拉图时代的古希腊，诗由神启而生，层次本该是最高的。德勒兹就是采纳备受尼采推崇的希腊悲剧中代表非理性主义的狄奥尼索斯精神，作为他自己哲学的基础之一。[②]亚里士多德的《诗学》将诗称为“模仿”，其实是受柏拉图影响，将古希腊的诗传统向逻各斯中心主义方向进行的理性化的改造。当然，我们如将亚里士多德的《诗学》与他在《物理学》中总

---

① 王元化:《关于中西哲学与文化的对话》，载《文史哲》2002 年第 2 期。

② 参见 Gilles Deleuze, *Nietzsche & Philosophy*（New York: Columbia University Press, 1983）, pp.1—38。

结的“四因”说联系起来，便可看出，除了受到柏拉图的影响外，其《诗学》中其实还留有由赫拉克利特等前柏拉图哲学思想的残余成分，这也是不能否认的。德里达并不是在一般意义上反对“模仿”这一概念。相反，在他的《散播》一书的第二部分中，借对马拉美作品的评论，他指出在“模仿”中并不存在一种原件，也不存在一种文本以外的裸现实。①在德里达看来，所谓的现实也无非是一种文本构成（这点有些像佛家论“假有”存在的说法），这种现实与诗的关系，是文本之内不同构成间的关系。关于这一点，在与德里达对谈之前，王元化未必从理论上认真考虑过。据我揣测，这点，很可能就是德里达对王元化的意见表示了不完全认同的原因。

不可否认，王元化在早年写《文心雕龙创作论》时，还时有裸现实的观念流露。如他曾评论过，受佛家观点影响的萧子显在《南齐书·文学传论》中的说法是“想象活动只以情性和神明为依据，纯粹是一种‘游心内运’的心理现象。至于陆机和刘勰的看法却与此不同。他们都一定程度上看到了作为这种心理现象活动和客观对象有着一定的联系”②。不过，在黑格尔哲学的影响下，王元化同时认为客体是不能离开主体独立存在的（乍听上去，有点像德里达“文本之外无他物”的说法）。但是，在黑格尔那里，不可分离是一种异化产生后的回归，不可分离仍以分离为前提。而按照德里达的思路，主体、客体各自的同一性则本是一种虚构；它们各自作为文本构成，都会在文本中受到“踪迹”的解构，故而不存在能超脱由文本产生的踪迹或延异，而与所谓的原始现实对立。换成孔《易》的话来说，主体与客体之分是由“坤”的凝成作用所产生的结

① 参见 Jacques Derrida, *Dissemination* (Chicago: The University of Chicago Press, 1981), pp.175—226。

② 王元化：《〈文心雕龙〉的若干范畴》，见《传统与反传统》，上海文艺出版社 1990 年版，第 209 页。

果;而“坤”之成“物”(外物只与习心对立),又不能离开“乾”所体现的呈流变状态的非逻辑力量而独立存在。这种近似熊十力晚年的定论既与王元化晚年更新后的“写意型”诗学中的比兴说相应,也启发我们理解德里达对亚里士多德《诗学》的洞察。所以,本文讨论的中心在于指出,从某种意义上说,王元化更新后向非理性主义开放的新诗学观,与德里达眼中的西方诗学,这两者之间,实际上并非没有普遍性可寻的。

更重要的是,虽则德里达对王元化理解的源自古希腊的模仿说以及进而走向写实型的西方诗学,表达了不同意见,但这并不意味着王元化对西方诗学形态的概括没有说到点子上。亚里士多德的理性主义化的诗学,反过来说,也确实对西方文学的发展起到了某种反作用,在一定程度上掌控了后来西方文艺的实践与理论的导向。我们可以看到王元化所熟悉的康德与黑格尔美学还是将目的论(亚里士多德的“四因”说之一)当作一个中心问题来讨论。但是,话又需说回来,柏拉图关于文艺的论述与亚里士多德《诗学》对后来西方起到的反作用也不一定是从绝对意义上得以实现的。反理性主义因素潜伏在貌似理性主义的文本之中,这是德里达对其施行解构的基础。处在非主流地位的反理性主义倾向,在西方后启蒙运动时代,又开始逐渐以“弑父”的姿态杀到台面上来。德勒兹、德里达等不少后现代主义哲学家所乐于推为典范的法国诗人马拉美只是被看成了一个具有从后台走上前台的突破性意义的例子。从这个意义上说,德里达在推动文艺向非理性主义方向发展(也可用尼采的话称其为“回复”)方面,到中国文化中找到对西方来说具普遍意义的理性主义与非理性主义因素的并存,恐怕会成为他感兴趣的事。

总起来说,关于王元化与德里达这次机会难得的对谈的讨论,从其牵涉的中西文化两者间的普遍性说到各自的特殊性,从双方的哲学说到双方的诗学。德里达在《写作与差异》一书中认为,在西方,诗学被哲学化了；换一种说法，也即本该是以非理性主义为主导的诗学被柏拉图与亚里士多德理性主义化了。为了这个缘故，他要做貌似相反的事：不但要把理性主义的诗学还原成非理性主义的诗学，而且如他在《哲学的边缘》一书中提出的，外观显得格外严谨的哲学，究其实质，不过是由隐喻构成的："隐喻潜在于哲学文本中""我们的确定性很快消失了：隐喻好像参与了全部的哲学语言的使用"。[①]由此可见要把理性主义的哲学也部分地掰到非理性主义的文学一边去。在王元化一方，当他听到德里达以"中国没有哲学，只有思想"这句话来表达其想说的中国哲学其实是一种文学之后，王元化避开了老子、孔子、庄子这些喜欢用比喻，在表达形式上相对文学化的哲学家，而力挺了更重逻辑思想的名家、墨子、荀子，以对德里达的说法表示并不一定使德里达不乐于接受的不同意见。而当德里达听到王元化说，西方从亚里士多德《诗学》提出的模仿说始，形成了"写实型"的文艺及相应的理论后，他想向王元化解释的应该是，西方以模仿说为代表的理性主义观念，其实是遮蔽了其文本中所包含的非理性主义因素（法国后现代主义文艺批评家罗兰·巴特在他的名著《S/Z》中评论巴尔扎克小说时，试图进行的也是类似的工作）。所以按我的看法，虽然这次交谈似乎是在被称为理性主义与非理性主义两个不同文化圈内的思想家之间进行的，但经过分析就可看出，他们实质上在交谈中达成了为数不少的共识。原因是，他们在不同程度上都意识到中西文化以其不同的方式，皆存在着两种面向。

20世纪90年代，我曾意识到王元化关于反对激进主义的新看法，与当时吸收了德里达思想的英国艾塞克斯学派的拉克劳和墨菲反对用总体主义的激进方式来实现社会改造的看法，有着不少的相似之处。

---

① Jacques Derrida, *Margins of Philosophy* (Chicago: The University of Chicago Press, 1982), p.209.

我见到王元化先生时，曾随口说到可以把这方面的观察写出来，以说明，对通过激进手段达到改造社会目的的弊端进行反思，可能是历史观趋于成熟的东西方学者的一种共识。他听了很高兴，连声说"好呀，好呀"。但我知道，这种交流在学术上要克服很容易造成的误解是困难的，就譬如我在前文提到的对一个基本概念"霸权"的意义的理解。但使人会生更多感慨的是，虽然德里达进行的不少文本解构是针对欧洲启蒙思想的，但是在《书写与差异》一书中，德里达对言论与写作自由作为启蒙思想的重要遗产是坚决维护的。这使我们想到王元化对启蒙思想家卢梭的批评，但他在斯德哥尔摩大学的一次讲话中，对德里达要求坚决维护的遗产也不约而同地表达了完全一样的态度。

最后，回到本文开始时所引用的蓝云女士转述的林同奇先生的话。除了林同奇对黑格尔哲学的矮化（黑格尔对中国哲学也进行了矮化），我在本文表示了些许异议；但他对王元化的评价："独立思考，这点非常难得。他说要做到这点，如果没有追求真理的坚贞意志和独立思想的力度，恐怕很难完成"，读者可以从本文对王元化思想的具体分析中看出，我是由衷表示赞同的。在王元化生命的最后时刻，用他自己的话说，因病而"成天睡在床上，从一个思想着的人，变成一个纯粹生物意义上的人"，以至感叹生命"已全无意义"，[①]这不是恰切地印证了王元化先生对自己生命意义的定位："这是一个为思想而生活的人"吗？[②]

---

① 蓝云：《王元化及其朋友》，第 45 页。

② 胡晓明：《百年王元化：这是一个为思想而生活的人》，"澎湃·文学报"2005 年 5 月 11 日，http://www.thepaper.cn/newsDetail-forward_7313972。

从学术史学角度看王元化的意义

蒋述卓

元化先生驾鹤西行，学术界又少了一位巨人，他留给学界的思想文化财富极其丰富，他所走过的学术道路也给我们以巨大的启发。学界公认他是学者兼思想家，他也是从一个地下文艺工作者走到文艺理论家并进而切入思想反思成为思想家的。他提倡“有思想的学术和有学术的思想”，也成为学界的标识。我无意就元化先生对思想界、学术界的贡献作全面的评价，况且许纪霖等人对他在思想界的影响也已作过系统而高度的评论了，只想从学术史的角度谈一谈元化先生对于学界的意义和启示。

根柢无易其固：扎实的学术功底

翻阅一下中国当代著名社会科学家辞典，我们会发现，有大学问且为著名人文、社会科学家的，大多是在国内有深厚的国学修养（或有家学渊源），并且后来又出过国留过洋的，此一类人如冯友兰、唐君毅等，像元化先生有家学渊源但并未完成大学学业也未出洋留学过，却能成为一代学术大师的，是极其特例的。从元化先生的知识结构看，他具有国学的、西学的以及马克思主义的三方面的知识与功力，这才使得他具有全方位的知识视野、融会贯通的思维以及深刻精辟的思想见解。从国学方面看，元化先生的《文心雕龙创作论》是最见功力的。他在对刘勰的创作论进行阐发时，首先强调“以实事求是的态度去揭示它原有的意蕴，弄清它的本来面目”①，为达此目标他做了许多坚实可靠的训诂与考辨工作。如释“心物交融”说中的“物”字，释“虚静”说的涵义，释《比兴》篇中的“兴”的涵义等，都根据古典文献作了文字的训诂并梳理了它们的意义流变。尤其是在弄清刘勰的家世问题以及刘勰的主导思想时，元化先生根据史学、佛学、玄学的历史材料进行了挖掘和分析，考订刘勰出身于庶族，并确定了他一生的经历决定其思想倾向乃是由儒而佛并最终与玄佛合流的。元化先生对六朝时玄佛合流的文化现象了解甚深，他在指导我做博士论文《佛经传译与中古文学思潮》时就专门指出这一点，并提醒我在分析其中的文学理论术语与文学现象时要结合玄佛合流的状况去进行研究。元化先生强调在清理并阐明中国古代文论时，必须重视考据训诂之学，他指出：“近几年学术界已开始认识到清人的考据训诂之学的重要性。很难想象倘使抛弃前人在考据训诂方面做出的成果，我们在古籍研究方面将会碰到怎样的障碍。……目前有些运用新的文学理论去研究古代文论的人，时常会有望文生解、生搬硬套的毛病，就是没有继承前人在考据训诂上的成果而发生的。”②他认为，清末以来王国维、梁启超等人之所以在学术上取得大成就，就是因为他们一方面吸取了前人的考据训诂之学，另一方面也是超过了前人，在研究方法上有了新的开拓。20 世纪 60 年代，元化先生因“胡风案”的牵连而被开除党籍和降低级别，被安排到上海作协文学研究所工作，他即开始着手《文心雕龙》的研究。1962 年，当他将部分研究文章拿给当时担任文学研究所所长的郭绍虞先生看时，就得到了郭先生的高度评价，称其“所论甚有新见”，要推荐这些文章予以发表，并相信如果将来汇集出书，“其价值绝不在黄季刚《文心雕龙札记》之下”③。郭

① 王元化：《文心雕龙讲疏》，见《王元化集》（第三卷），湖北教育出版社 2007 年版，第 81 页。
② 王元化：《〈文心雕龙创作论〉第二版跋》，见《王元化集》（第三卷），第 329—330 页。
③ 蒋述卓：《识佳文于未振——郭绍虞与王元化〈文心雕龙创作论〉的写作》，载《书林》1988 年第 7 期。

绍虞先生为著名的中国文学批评史家，功力深厚，他对元化先生的赏识是有来由的，即相信他的研究承接了国学传统，其成果的价值可以与黄侃等国学大师相媲美。元化先生的父亲王维周先生是清华大学的英文教授，故他虽未留过洋却自小就得到家庭的熏染，英语水平达到了相当精熟的程度。20世纪50年代后期，他在隔离结束且在心因性精神病症康复之后，即在家从事西方莎士比亚戏剧评论的工作，这些翻译后来连同师母张可先生翻译的泰纳的《莎士比亚论》一起汇集成《莎剧解读》，终于于1998年由上海教育出版社出版了。同在20世纪50年代，元化先生和他的父亲还一起翻译了英人呤唎所著的《太平天国革命亲历记》，因他当时被审查尚未有结论，出版时只能署他父亲一人的名字。他的西学好，并不仅止在翻译，而是将翻译与研究工作结合起来，让翻译来拓展他的研究。最典范的例子就是他在研究《文心雕龙》时，为了弄清刘勰关于“体性”的涵义以及讨论“体性”涉及现代文艺理论术语“风格”的意义，他专门翻译了四篇文章，即歌德的《自然的单纯模仿·作风·风格》，威克纳格的《诗学·修辞学·风格论》，柯勒律治的《关于风格》，德·昆西的《风格随笔》，在这些翻译的基础上，元化先生专门写了一篇《风格的主观因素和客观因素》作为附录附在释《体性》篇“才性”说的后面，虽然评述的是威克纳格关于风格的观点，但它对我们正确去把握风格与创作个性的关系却有极大的帮助。我们知道，钱锺书先生的《管锥编》也用的是这种中西对照互释的方法，但钱先生多是列出，点到为止，留给读者再作联想，而元化先生却在翻译之后还作详尽阐述，以推动研究走向深入。元化先生的西学功底还在于他对黑格尔的深入研习。他曾经于20世纪50年代和70年代两次较集中地阅读了黑格尔，甚至对极其难读的《小逻辑》都读过多遍，并作了详尽的笔记。元化先生对黑格尔的阅读，不仅训练了缜密的思维，而且使他能触类旁通，提出了许多独特的见解，大家所熟知的“知性不能把握美”就出自他对黑格尔的阅读。20世纪90年代，元化先生又以黑格尔的哲学方法去清理了黑格尔思维所养成的惰性习惯以及由此而形成的偏见和谬误，这种反思所依赖的仍然是西学的知识与方法。

黑格尔是通向马克思的，元化先生对黑格尔的重视也必然形成他对马克思主义思想、方法的重视。作为一名早年就参加革命的马克思主义者，元化先生对马克思主义的基本原理深信不疑，但又能与时俱进地提出“离经而不叛道”的观点。他更多地是运用马克思主义的立场、思想、方法去分析问题，透视社会文化现象与文学艺术现象。像在《文心雕龙》研究中，他就自觉地采用了马克思《政治经济学批判导言》中所提倡的思想方法，即“人体解剖对猴体解剖是一把钥匙。低等动物身上表露的高等动物的征兆，反而只有在高等动物本身已被认识之后才能理解”①。他提出：“按照这一方法，除了把《文心雕龙》创作论去和我国传统文论进行比较和考辨外，还需要把它去和后来更发展了的文艺理论进行比较和考辨。这种比较和考辨不可避免地也包括了外国文艺理论在内。”②同时，元化先生又提出，在用科学观点去清理前人理论的时候应该学习马克思恩格斯在《费尔巴哈与德国古典哲学的终结》中所提倡的研究方法，即对黑格尔的理论作必要的阐发，在阐释中提出一些连黑格尔本人也没有确定而鲜明说出来的观点，这便是清理之后得出来的结论。“这样的清理方法，表面看来似乎已越出了原著的界限，可是事实恰恰相反，它却是完全必要的。因为不这样做，就不能真正揭示出隐藏在黑格尔哲学内核中的合理因素。”③元化先生在对《文心雕龙》概

① 马克思、恩格斯：《政治经济学批判导言》，见《马克思恩格斯选集》（第2卷），人民出版社1972年版，第108页。

② 王元化：《〈文心雕龙〉创作论八说释义小引》，见《王元化集》（第四卷），第81—82页。

③ 同上，第82页。

念、命题进行释义工作时基本上都是秉承马克思主义的方法来进行的。还比如他对人文精神的思考和对文明的忧虑，也是依照马克思主义关于人的解放和人的全面发展理论去思索的。他在《人文精神与二十一世纪的对话》中明确指出，当今世界出现的功利主导、商业化趋势、知识与人才的批量化生产等，“人们的大多数活动和形形色色的个性，正在逐渐被科技和利润之手整合为一体，科技和利润的逻辑正在逐渐成为评估一切发展进步与落后的准绳……如果是这样的话，离马克思所说的人的解放、人的全面发展、个性的充分伸展，确是还有相当远的路要走的”①。

我注意到，元化先生在阅读朱一新《无邪堂答问》一书时，专门摘抄了其中关于学问的问答，朱一新对汪巩庵提出“学问如筑室，然须自根基筑起，逐渐推去，方成完备之室”的说法表示了肯定，认为这是极好的比喻，但又进一步指出这还“有所未尽”，还得从义理上加以完备，做到经义均通。元化先生评价时指出：“这些不仅可供学术上的参考，亦可作为教育上的借鉴。”②元化先生的学识能做到“根柢无易其固”，与他的博览中西、往复思考以及他的博大胸襟是分不开的。

裁断必出于己：高标的才胆识力

元化先生在学术上推崇有创造，有个性，实践着“独行不惧”的原则，他在摘抄朱一新《无邪堂答问》一书时，还专门摘抄到朱汪师生间关于学术个性问答的话，其间就涉及如何做到“独行不惧”与“人须有我在”“不随人转移”的问题。③元化先生的《文心雕龙创作论》就很有个

① 王元化：《人文精神与二十一世纪的对话》，见《清园近作集》，文汇出版社 2004 年版，第 2 页。

② 王元化：《〈无邪堂答问〉摘抄》，见《清园近作集》，第 116 页。

③ 同上，第 104 页。

性，他不追求庞大完善的体系，反而用附录将一些未能谈尽但又可给人启发的问题置于篇末，一些中西对照的比较研究文章也以附录的方式加入，创造出一种既有时代气息又有学术传统可因的新篇制。元化先生的独立之思表现在他一生的各个阶段，他自己所总结过的三次反思既能表明他思想上的心路历程，也能反映出他在学术思想上的独立判断。①

对黑格尔的反思以及对卢梭《社会契约论》的探讨，是元化先生最显著的思辨成果之一。从对黑格尔的研读中，他曾经发表过《论知性的分析方法》那样的得意之作。读黑格尔给过他精神的动力，也给他带来了锋利的思维并产生出诸多的成果。但到了 90 年代，他却对黑格尔哲学产生了多方的质疑，如他对黑格尔关于“抽象的普遍性”与“具体的普遍性”进行反思，“我认为黑格尔在总念的普遍性问题上，没有能够摆脱给他带来局限的同一哲学的影响。知性的普遍性固然不可取，但以为总念的普遍性可以将特殊性与个体性一举包括在自身之内，却是一种空想。它在逻辑上虽然可能，但在事实上却做不到”②。他还由此考察了卢梭的“公意”“众意”和“私意”三个范畴，认为卢梭本来设想公意才是意志的总念，可以超越私意和众意，并通过它来体现全体公众的权利和利益，“可是没有料到竟流为乌托邦的空想，并且逐渐演变为独裁制度的依据”③。元化先生自己说到，他当时提出的这个判断，当时“并没有借助别人的看法”，也“不知道海外的有关著作是否谈过这些问题”，④完全是他自己思辨的结果。元化先生还对黑格尔关于逻辑和历史一致性的哲学开展了反思，认为“从历史的发展中固然可以推考出某

① 参见王元化：《记我的三次反思历程》，见《清园近作集》，第 10—22 页。

② 王元化：《读黑格尔的思想历程》，见《王元化集》（第六卷），第 468 页。

③ 同上，第 468—469 页。

④ 王元化：《记我的三次反思历程》，见《清园近作集》，第 21 页。

些逻辑性规律，但这些规律只是近似的、不完全的。历史和逻辑并不是同一的，后者并不能代替前者。黑格尔哲学往往使人过分相信逻辑推理，这就会产生以逻辑推理代替历史的实证研究”①。他由此还进入对学术新传统即所谓“以论带史”的反思，认为这种只从概念与逻辑出发，而不是从事实出发从历史出发的研究方法往往会使人陷入迷误。元化先生的这种反思对学术研究是有震撼性的启发的。曾几何时，学界盛行“以论带史”的研究法，有的著作甚至还专门以黑格尔“正—反—合”的逻辑方法去构想中国的哲学、文学、史学的发展体系，自然就会发生许多的偏差。我过去也曾做过这种傻事，在清理“文气论”的发展线索时，也企图用这种“正—反—合”的方法去体现所谓逻辑与历史的统一，最终我发现我得出的结论是很经不起推敲的，那篇文章也被我放弃了。元化先生对“五四”传统与精神的反思更能体现他的高超胆识，对于当时盛行的“‘五四’启蒙运动的中断是由于救亡运动”的说法，他明确表示反对，“因为启蒙夭折的原因，应该从当时的启蒙思想本身去寻找，而不能仅仅归之于外铄。照我看，‘五四’启蒙运动的中断是在于当时启蒙思想家(包括马克思主义者)的幼稚和理论上的不成熟。他们错误地把启蒙运动所提出的个性解放、人的觉醒、自我意识、人性、人道主义等都斥为和马克思主义势如水火、绝不相容的资产阶级反动思想”②。他对境外学者否定“五四”的偏激态度也不能苟同，并反对把文化传统看作是命定无法摆脱或突破的消极观点。他还对人们常沿用的“五四”精神是民主与科学的观点作了进一步的探索，认为民主与科学这两个概念虽然在当时提出来了，也得到了相当普遍的认同，但对其理解还是十分肤浅，仅仅停留在口号上，以至今天还需补课。而“五四”真正的

---

① 王元化：《读黑格尔的思想历程》，见《王元化集》(第六卷)，第 471 页。

② 王元化：《论传统与反传统——为“五四”精神一辩》，见《清园论学集》，上海古籍出版社 1994 年版，第 443 页。

思想成就主要在个性解放方面,“五四”是一个“人的觉醒”的时代,它在个性解放方面所取得的成果是“值得我们近代思想史大书特书的”。①他还反思了“五四”时期的四种有负面影响的观点,一是庸俗进化论观点,二是激进主义,三是功利主义,四是意图伦理。“五四时期开始流行的这四种观点,在互相对立学派的人物身上,都可以或多或少地发现,而随着时间的进展,它们对于我国文化建设越来越带来了不良的影响。”②

元化先生之所以能有这些特立独行的思想,一来自他的勇敢和真诚;二来自他的独立人格,“为学不做媚时语”是元化先生从事学术研究的标杆;三也来自他对学术问题的反复含玩与不断探求。从元化先生的著作中我们可以看到,他对某一问题的探讨往往经历数年,有的文章数次修改,直达到满意为止。元化先生给我硕士时的导师林焕平先生的信中曾提到,拟为我写一条幅,内容是集熊十力语,即“沉潜往复,从容含玩。谨存阙疑,触处求解”③。后来我拿到的只有前八个字,可见先生对学术探讨的严谨与雍容的态度,故他的好友钱谷融评价他是“既英锐而沉潜,既激烈而又雍容”④。元化先生的学术真诚与沉潜往复还体现在他坦然地承认自己的错误,并且在不断反思中推进新思想新问题的产生,这对于我们目前的浮躁、虚假学风以及意气用事的争辩与自恋风气是一面镜子。

开阔的学术视野,融贯的研究方法

早在20世纪60年代初学术界空气还比较活跃,元化先生就尝试

① 王元化:《对五四的思考》,见《王元化集》(第六卷),第341—342页。
② 同上,第342页。
③ 王元化:《致林焕平》,见《王元化集》(第九卷),第364页。
④ 钱谷融:《谈王元化》,见《散淡人生》,上海教育出版社2001年版,第126页。

着在《文心雕龙》研究中采取三个结合的研究方法，即古今结合、中外结合、文史哲结合。他曾经把这种方法称为“综合研究法”。尽管他对这种方法的自觉意识是在 1983 年的《文心雕龙》二版跋中才提出来的，但他对这种方法的运用却是早就有探求了。这正如比较文学前辈季羡林先生称赞元化先生在比较文学已经“着了先鞭”①，比较文学学者赵毅衡 1981 年在《读书》第二期的文章中也将元化先生的《文心雕龙创作论》列入新时期中国比较文学的先驱著作，但元化先生自己却说“在撰写本书时，我也没有想到采取比较文学的方法”②，这些恰恰说明他很早就已经想到并尝试将古今中外融会贯通的研究方法。钱仲联先生独具慧眼，较早地提及了元化先生的这一研究方法，说王元化的《文心雕龙创作论》“是试图运用马克思主义立场、观点、方法，批判吸收西方文论，融会古今中外，为了古为今用，丰富世界文学理论宝库的目的”③。元化先生这种融贯中西的研究方法，也被美学家蒋孔阳先生加以高度的评价，称赞他是“把《文心雕龙》放到世界的范围内，用世界的水平来加以衡量和研究。这样，他自然突破了过去研究的藩篱，达到了‘划时代的’、也就是前人还没有达到过的水平”④。元化先生有扎实的中西学问功底，加之又有活跃的思维，故他能有开阔的学术视野，有世界性的眼光。

元化先生的“综合研究法”提倡的是一种融会贯通的研究方法，它有别于钱锺书先生所推崇的阐释循环法（即互释互阐法）。阐释循环说出自德国哲学家伏尔泰，提倡的是“个体与整体间的循环”“古今间的循环”以及“史实与理论间的循环”。汪荣祖曾就伏尔泰的“阐释循环说”

①② 王元化：《〈文心雕龙创作论〉第二版跋》，见《王元化集》（第四卷），第 325 页。
③ 钱仲联：《〈文心雕龙创作论〉读后偶见》，载《文学遗产》1980 年第 3 期。
④ 蒋孔阳：《翻译与研究的结合——读王元化译〈文学风格论〉》，见钱钢编：《一切诚念终将相遇——解读王元化》，湖北教育出版社 2003 年版，第 34 页。

加以撮要阐发，比如“单一的历史事件需从大格局中求理解，这是循环的一边；然大格局也须由许多单一史实理清，这是循环的另一边”。古今间的循环是“由今可以识古”“由古可以明今”。史实与理论间的循环则是“一方面由史实建立通则或理论，另一方面再据通则或理论来检验史实”①。元化先生研究《文心雕龙》以及中国思想史虽然面对的也是历史，但他更多的是从系统论的角度去进行历史的还原和理论的阐发，他追求的是一种学科间的融贯与时空的贯通，在理论形态上具备了跨学科、跨文化的比较姿态。如他以“综合研究法”研究韩非子、龚自珍，其论述的触角就延伸到文学、历史、哲学、美学的多个领域。对鲁迅的研究，他也倡议“要采用综合研究法”②，因为鲁迅学识渊博，作品涉及古今中外与多种学科。他还认为鲁迅研究中关于鲁迅与传统文化方面的研究比较薄弱，比如鲁迅与章太炎在学术上的传承关系，鲁迅对顾颉刚等推崇今文学和倡导疑古派治学方法的批评问题，③这些如果没有文史哲结合的功底是做不深做不透的。他还据此指出：“文学理论的研究往往不得不依靠史学、哲学、美学等已有的科研成果。”④另外，我们看到，元化先生的“古今结合”也不完全是“由今可以识古”与“由古可以明今”的互阐问题，他所做的是除了进行历史的还原、比较、考辨工作之外，还要从今天的高度去对历史进行剖析反观与阐发，他指出：“对于萌芽形状尚未成熟的文学现象，只有用后来已经成熟的发达形式的文学现象才能加以说明。”⑤元化先生主张的“综合研究法”是一种融贯法，其间的相互结合应该是像盐溶于水一样是看不见分不清

---

① 汪荣祖：《史学九章》，生活·读书·新知三联书店 2006 年版，第 188—192 页。

② 王元化：《关于鲁迅研究的一些设想》，见《文学沉思录》，上海文艺出版社 1983 年版，第 56 页。

③ 参见王元化：《和鲁迅研究者谈话》，见《王元化集》(第六卷)，第 437 页。

④ 汪荣祖：《史学九章》，第 59 页。

⑤ 王元化：《〈文心雕龙创作论〉第二版跋》，见《王元化集》(第四卷)，第 327 页。

的，正如元化先生指出学术与思想是不可分裂的与盐溶于水的关系一样。在这一方面，我觉得元化先生更像梁启超、宗白华、熊十力等先生，梁启超的研究纵横捭阖、文史哲精通，宗、熊两位先生西学精通，他们的文章中却没有西学的痕迹，但分明又都有着西学的思维和知识，其中外的结合堪称典范。所以，元化先生在学术上很谨慎，他反对"勉强地追求融贯"①，如果古今中外结合融贯做得不好，就会流于比附和生搬硬套。

广交学界朋友，参与国际对话

从元化先生的书信集中我们可以看到，他的学术交往是频繁的，许多国外学者、境外华人学者、国内著名学者以及不出名、未出名的青年学人，都与他有着学术的联系。如日本的冈村繁、兴膳宏、户田浩晓、小尾郊一、伊藤正文等，海外及台港澳学者杜维明、余英时、成中英、林毓生、汪荣祖、王润华、王更生、饶宗颐等，大陆的如季羡林、汤一介、张光年、李锐、黎澍、吴敬琏、萧萐父、徐迟、张汝伦、许纪霖、摩罗、吴洪森，等等，更不用说他平日在家里接待过的诸多学界朋友和青年学人了。1988年我刚从华东师大毕业到暨南大学工作，就承担了元化先生给我的任务，协助饶芃子教授在广州暨南大学召开"《文心雕龙》国际学术研讨会"。在那一次会上，我才知道元化先生与那么多的国际学者有着交往，日本、韩国、俄罗斯、意大利、瑞典等国的汉学家都出席了会议。其实，早在1984年，元化先生在复旦大学就召开了中日学者《文心雕龙》学术研讨会，当时他在会上作了总结发言，日本代表团归国后又给《文心雕龙》学会和元化先生致了感谢信。元化先生在69岁至75

① 王元化：《〈文心雕龙创作论〉初版后记》，见《王元化集》（第四卷），第320页。

岁的几年，几乎每年都出国参加一次国际性学术会议，如赴荷兰、比利时参加第53届国际笔会（1989年），赴美国夏威夷参加东西方文化中心召开的关于中国文化与社会的研讨会（1991年），赴哈佛大学参加“文化中国：诠释与传播”国际研讨会（1992年），赴瑞典斯德哥尔摩参加“当代中国人心目中的国家、社会、个人”国际学术研讨会（1993年），赴加拿大温哥华参加“文明冲突与文化中国”国际研讨会（1995年），等等。①与国内外学者的交往与对话，使元化先生的学术研究始终持有一种国际视野，同时也激发了他对学术问题进行深入探讨的热情与意志。

与林毓生在关于“五四”问题上的对话最能显示出元化先生的学术勇气与襟怀。他对林毓生评价“五四”的观点明确表示不赞同，并有理有据地提出了自己的观点，但这并不影响他与林毓生之间的学术交往与友谊。他的与人辩论，并不是要与人一争短长，而是要表达自己的思想结果。他在阅读朱一新《无邪堂答问》时就专门摘抄了这样的话：“世儒但以博学为贵，思辨之功不讲久矣。善乎陆桴亭之以思辨名其书也。辨，谓辨之于己，非谓与人争胜。”②元化先生虽然广交学界朋友，但并不拉帮结派，他多次表示，在学术上他既不加入“合作社”，也不参加“互助组”，宁愿单干到底。

元化先生还自己创办刊物，将学界也是中国学术的成果介绍到国外，同时提供一个国内外学界共同交流的平台。他还在上海的出版社主持了“海外汉学丛书”，将国际上一些著名的汉学成果引进国内来，这些都是他之所以能取得一流学术成就的重要途径之一。

元化先生不愧是国内一流的学术大师，在中国20世纪末与21世

① 参见《王元化学术年表》，见《庆祝王元化教授八十岁论文集》，华东师范大学出版社2001年版。

② 王元化：《〈无邪堂答问摘抄〉》，见《清园近作集》，第101页。

纪初的学术史上他树立了一杆新的标识，他的学术经验与学术道路给我们诸多的启示，我这篇小文只不过是刚触摸到他巍峨的学术群山的一角。我只希望此文能对当下学界以有益的启发，同时也以此文祭慰先生的在天之灵。

原载《华东师范大学学报(哲学社会科学版)》2008年第6期

“思辨之美”的魅力与形式要素

——黑格尔盲点与王元化启示

陆晓光

小　引

“美是理念的感性显现”——至少在“感性显现”意义上，美学家们很少怀疑过黑格尔美学这个核心命题。然而王元化先生《读黑格尔》①却使我们有理由提问：为什么非感性、纯思辨的理论著作，也能够唤起审美感受？黑格尔著作是思辨理论之典范，《读黑格尔》是对思辨的思辨，后者分明包含深切的审美感动。

《读黑格尔》关于《小逻辑》写道：每次阅读它“都感到心情激荡”②，“领受了从内心迸发出来的欢乐”③，有时甚至“不禁欣喜万分”④；关于黑格尔《美学》又有如此评赞：其中的艺术论“真是胜义纷披精美绝伦”，构成了其思想的“最动人篇章”。⑤作者自述当初读黑格尔的意图是想得到哲学上的启迪，“可是渐渐领受到从艺术鉴赏与审美趣味得来的乐趣”⑥。类似的评赞在该书中频频出现，它们表明，《读黑格尔》从黑格尔著作中所获取的不仅是理论知识和学术教益，更有审美快乐。

笔者管见所及，迄今研讨黑格尔的著作论文可谓众多，但是从中读

---

① 王元化：《读黑格尔》，新星出版社 2006 年版。
② 同上，第 3 页。
③ 同上，第 4 页。
④ 同上，第 5 页。
⑤ 同上，第 13 页。
⑥ 同上，第 14 页。

出审美快乐并发出如此由衷赞叹者,《读黑格尔》却是仅此一家。思辨之美在黑格尔美学中是个盲点,《读黑格尔》提供了讨论这个盲点的启示和范例。通过梳理分析《读黑格尔》审美感动缘以产生的具体因素,我们有可能管窥思辨之美的奥秘。

思辨体系的"纯净明澈"之美

《读黑格尔》把黑格尔哲学整体上比喻为"像一杯不羼杂质的清水一样纯净明澈"①。"一杯清水"是感性形象,"纯净明澈"更是审美意象,这个比喻显然包含了审美感受和鉴赏愉悦。该比喻直接指涉的是《小逻辑》理论风格,而《小逻辑》是黑格尔著作中最缺乏感性形象、最具思辨性的著作。那么,它为什么能够唤起"像一杯不羼杂质的清水一样纯净明澈"的审美感受呢?

《读黑格尔》摘录了《小逻辑》关于"反思"概念的解释。"反思"是对思想的思想。在黑格尔看来,通常所谓"思想"一般并不拒绝感性材料,例如"这片叶子是绿色的",这个判断明显包含感性材料("叶子"与"绿色"),而"反思"则是"将思想本身的单纯不杂作为思考对象"②。这个界定表明,黑格尔所谓"单纯不杂"即完全剥离感性材料,其所谓"反思"即完全剥离感性材料的纯粹抽象的思考。这种纯粹抽象思考(即思辨)正是《小逻辑》显著特色所在。

《小逻辑》是黑格尔整个理论体系"从抽象上升到具体"进程的起点,该书内容完全由纯抽象的理论范畴构成。《小逻辑》基本框架是循序出现的"存在论""本质论""概念论"三大部分,其中每一部分各包含

---

① 王元化:《读黑格尔》,第 11 页。

② 同上,第 90 页。

三个次级范畴，而每一个次级范畴复又包含三个更次级的范畴。例如“存在论”包含“质”“量”“尺度”三个次级范畴，其中“量”的范畴又是通过“纯量”“定量”“程度”三个更次级的范畴而展开。[①]仅此可见一斑，《读黑格尔》之所以比喻黑格尔哲学“像一杯不羼杂质的清水一样纯净明澈”，首先是基于《小逻辑》所有范畴都具有这种完全剥离感性材料的抽象性，这种高度的抽象性把日常语言中通常会携带的感性材料完全过滤掉了。《小逻辑》用“纯粹理念”“纯粹抽象的东西”之类词语说明其不杂感性材料的特质[②]，而《读黑格尔》以“不羼杂质”指谓《小逻辑》的思辨特色。显然，《读黑格尔》“纯净明澈”的审美感受首先是缘于黑格尔《小逻辑》由纯粹抽象概念构成的思辨体系的特质。

中国古典文论有曰“文以气为主，气之清浊有体”[③]，其中包含着对“清”之文章风格的推崇；中国古典诗论又有“清水出芙蓉，天然去雕饰”[④]的比喻，其中“清水”指谓一种较高的诗歌意境。据此，《读黑格尔》以“清水”比喻黑格尔著作之风格，至少就这个比喻本身的用语而言，在中国古典美学中是有承传依据的。曹丕所谓“清浊有体”的“文”，并非专门指谓描述艺术形象的文学性作品，也包括理论思考的文章（其《典论·论文》所论是文章之美）。虽然中国古代罕有黑格尔式的纯思辨理论，但是以“清”（这个汉字的会意构造本身意味着纯净明澈之水）来评价理论作品某种风格之美却是早有先例。这个先例表明，非感性形象的理论作品，也完全有可能蕴涵某种“清”的审美因素；非感性形象的理论与审美感受绝非无缘。

---

① 黑格尔：《小逻辑》，贺麟译，商务印书馆2004年版，第1—3页。
② 同上，第53页。
③ 曹丕：《典论·论文》，见郭绍虞：《中国历代文论选》（第1册），上海古籍出版社1979年版，第158页。
④ 李白：《忆旧游书怀》，见郭绍虞：《中国历代文论选》（第2册），第59页。

思辨概念的“清晰”之美

如果说黑格尔哲学作为整体具有“澄静明澈”的美学风貌，那么这个整体风貌是基于其概念系统的特征。关于后者《读黑格尔》评赞：黑格尔善于“对概念进行清理，淘汰其中模糊不清的杂质”，使之“清晰”乃至“通体透明”。[①] “清晰”与“通体透明”这两个形容词表达的都是视觉上的审美感受，而这两个评语也是黑格尔本人对其概念所提要求。《小逻辑》对概念的“明晰性”这样规定：“在概念中，每一差别不但不引起脱节和模糊，而且是透明的。”[②]我们再从概念层面考察黑格尔思辨哲学的审美因素。

《读黑格尔》集中阐释的概念之一是“知性”（verstand），这个概念指涉一种抽象分析力（它曾被译作“知解力”），对于我们讨论以抽象思维为特征的思辨之美具有代表性。在黑格尔哲学中，认识过程被分析为“感性”（“表象”）、“知性”（“知解力”）、“理性”（“总念”）三个阶段。大体而言，“感性”是指对事物之表象的认识，“知性”是指对事物作抽象分析后的认识，“理性（总念）”是综合抽象分析要素而获得的整体认识。在我们以往占主导地位的认识论中，通常是把认识过程分析为感性和理性两个层面，黑格尔的认识论则是三个层面，后者比前者多了一个“知性”中介。仅此可见，黑格尔对认识过程的分析，其概念不仅清晰，而且更为细致了。在汉语中，“清晰”指谓的是细部的清晰度，从美学角度观之，以“清晰”评赞黑格尔“感性”“知性”“理性”三范畴可谓贴切。

马克思《资本论》曾用比喻说明他的研究方法：分析以商品为细胞

---

① 王元化：《读黑格尔》，第 6 页。

② 黑格尔：《小逻辑》，贺麟译，第 283 页。

的经济形式既不能用显微镜，也不能用化学试剂，而必须借助于“抽象力”；科学的分析类似于“显微镜下的解剖”。[①]马克思在《政治经济学批判导言》中对分析方法的要求是：尽可能“达到越来越简单的概念”和“越来越稀薄的抽象”。[②]

《读黑格尔》借鉴了马克思的观点，认为黑格尔思辨特点之一在于，能够将对象分析为一系列“稀薄的抽象”[③]。“稀薄”是指分析的细致，如果说经过细致分析后，对象才可能呈现细部的“清晰”，那么“稀薄”与“清晰”这两个评语互文足矣。以《小逻辑》关于判断形式的分类为例观之，根据《读黑格尔》所录《小逻辑》研究者韦卓民先生的梳理归纳，该书将之细分为四类12种，分别为：甲、“质的判断”（包括肯定的、否定的、无限的）；乙、“反映的判断”（包括单一的、特殊的、普遍的）；丙、“必然的判断”（包括直言的、假言的、选言的）；丁、“总念的判断”（包括确然的、或然的、必然的）。[④]仅从黑格尔关于判断形式的细致分类可见，其分析确实可谓追求着“稀薄的抽象”。《小逻辑》概念的“清晰”还表现在善于区别两种类似表象的同中之异。例如黑格尔指出，在日常生活中，“真理”与“不错”通常被混淆一谈，但是“某人病了”或“某人偷窃”，这样的判断尽管可能“不错”，却称不上“真理”，因为它仅仅指出对象的事实；只有当人们说出某对象是它们应该所是的时候，这样的判断才可能涉及“真理”。[⑤]同理，当一个人说“这墙壁是绿色的”“这火炉是热的”时，并不意味着他具有对真理的判断力；而当一个人对艺术作品或伦理行

---

① 马克思：《资本论》（第1卷）第1版序，中共中央编译局译，人民出版社2004年版，第8页。

② 马克思：《政治经济学批判导言》，见《马克思恩格斯选集》（第2卷），人民出版社1972年版，第103页。

③ 王元化：《读黑格尔》，第27页。

④ 同上，第71页。

⑤ 黑格尔：《小逻辑》，贺麟译，第291页。

为下判断时，才可能显现他是否具有真正的判断力，因为后者必须依据对象应该所是的尺度即理念下判断。①黑格尔对日常模糊语言的这个分析可谓“清晰”。

《读黑格尔》收录了韦卓民先生早年给作者的通信，其中提到黑格尔对“凡是人皆有死”与“一切人皆有死”这两个判断之间的微妙区别：前者的意思是“如果这是人，他就会死的”，后者的意思则是“在我的经验范围中，所有的人都是要死的”；前者是超出实际经验的普遍性判断，后者则是限于实际经验范围的判断。韦卓民先生据此指出，中文译者由于未能理解黑格尔对这个微妙差别的分析，导致误译恩格斯《自然辩证法》的相关章节。②这个例子表明，《读黑格尔》的“清晰”之评，对于中文语境读者而言尤为警策。

《文心雕龙·论说》曰：“论如析薪，贵能破理。”意谓分析犀利乃理论文章之美的要素；又曰：“锋颖精密，盖人伦之英也。”③意谓能否精细入微乃分析力之优劣的尺度。由此观之，黑格尔概念所追求的“稀薄的抽象”，与中国古典美学的相关论点不无相通。《读黑格尔》的“清晰”评赞，既是阅读感受，也是审美判断。

思辨术语的“准确”之美

理论思维中，概念与术语是既相联系又有区别的两个层面：概念必须清晰，术语要求准确；前者关乎对象之分析，后者属于分析之表达。《文心雕龙》所谓“意授于思，言授于意”④细致区别了思考之“意”与表

---

① 黑格尔：《小逻辑》，贺麟译，第290页。

② 王元化：《读黑格尔》，第73页。

③ 刘勰著，范文澜注：《文心雕龙注》(上)，人民文学出版社1978年版，第328页。

④ 刘勰著，范文澜注：《文心雕龙注》(下)，第494页。

达之“言”。据此，经过思辨分析而获得清晰概念之后，尚有一个如何选择术语以准确表达的问题。关于后者，《读黑格尔》认为黑格尔著作“难懂的只是他特有的名词术语”，如果把它们搞清楚，就会发现他的表述不仅“清晰”而且“准确”。①这个评赞意味着，黑格尔的理论术语也蕴涵着思辨之美的因素。

关于理论术语之“准确”的美学意义，虽然黑格尔在《美学》这本书中没有直接讨论，但在中国古典美学中却早有专论，《文心雕龙·练字》篇曰“缀字属篇，必须炼择”②，强调的就是选字用词对于文章美的意义。《史传》篇又提出选字择词贵在“准当”“辨洽”等与“准确”相关的尺度。③黑格尔《哲学史讲演录》中认为中国语言文字的词义“不确定”④，其《历史哲学》中又批评中国语言词汇众多而每个词汇的意思却是歧异纷纭⑤。这些批评一方面表明黑格尔相当重视语言表达的“准确”性。另一方面也说明他对中国文化认识的局限，在当时的背景下他不可能知道，中国古典美学历来讲究文章用词的“准确”之美，虽然“准确”的具体标准与他有所不同。

在中文语境中，黑格尔术语之准确性的问题，在很大程度上也是中文翻译之准确性的问题。外语原著与翻译读本之间通常难以避免语义隔阂，对于黑格尔著作独创性的专门术语而言尤其如此。如果说黑格尔术语原本是“准确”的话，那么其被翻译成汉语后是否依然“准确”是个问题。反之，如果汉语的相关译词并不准确，那么要发现黑格尔术语的“准确”，其前提是首先发现汉语译词的不恰，乃至找到恰切译词替代

---

① 王元化：《读黑格尔》，第 6 页。

② 刘勰著，范文澜注：《文心雕龙注》（下），第 624 页。

③ 刘勰著，范文澜注：《文心雕龙注》（上），第 286 页。

④ 黑格尔：《哲学史讲演录》（第 1 卷），贺麟、王太庆译，商务印书馆 1983 年版，第 128 页。

⑤ 黑格尔：《历史哲学》，王造时译，上海书店出版社 2006 年版，第 125 页。

之。《读黑格尔》多处研讨黑格尔术语的中译问题。例如“情志”“情致”“情欲”三者相对于黑格尔原著中古希腊词“πάθοζ”何者为恰①,“知性”比之于旧译“悟性”或“理解力”为什么更能妥切传达德文原著“verstand”之旨②,“总念”“概念”之于德文“begriff”的优劣关系③,中国古典美学“气韵生动”“生气灌注”与黑格尔美学“beseelt”的汉译关系④,被英译为“sense”(感觉)的德文“sinn”是否可以译为“艺术敏感”⑤,为什么应该用“宁静”来替代中文旧译的“静穆”⑥。这里我们仅以《读黑格尔》用“情志”翻译“πάθοζ”的一例观之,这个术语在黑格尔原著中本来就是一个源于古希腊的外来词,并且黑格尔本人认为它在德文中很难找到恰切译词。

据《读黑格尔》对“πάθοζ”词的考察:它在英文中译作“pathos”(意为悲哀,哀愁,动情力,悲怆性等),在拉丁语中译作“qual”(意指本原的痛苦),在恩格斯著作中被解释为“苦闷”,而在中文旧译中转成“情致绵绵”。这些译词相互歧异,究竟如何汉译为恰?《读黑格尔》根据黑格尔是在论述古希腊史诗英雄人物性格时使用该词的背景,提出可以借用《文心雕龙》的“情志”翻译之。理由是“情志”由表达情感因素的“情”和表达志思因素的“志”连缀成词,可兼摄情感志思互渗融合之意;刘勰论“志”有“志思蓄愤”之说,包含悲怆性意味,能够涵盖英译所见的“pathos”之义⑦。黑格尔认为荷马史诗英雄性格的最重要特点在于个人情感与时代的伦理意志相融一体,而伦理意志通常通过某位神的形

---

① 王元化:《读黑格尔》,第18页。
② 同上,第27页。
③ 同上,第174页、第272页。
④ 同上,第52页。
⑤ 同上,第178页。
⑥ 同上,第273页。
⑦ 同上,第18页。

象传达。《读黑格尔》由此指出，黑格尔有时将“πάθoς”说成是“神的内容”，既然“神”代表着当时的伦理意志，而这种伦理意志又内化于希腊英雄的性格中，那么“πάθoς”这个词指谓的就不仅只是希腊英雄性格的情感方面，而同时包含“志”的意蕴，它指谓的是一种“合理的情绪方面的力量”。中文旧译“情致绵绵”显然不能传达该词的“志”意，英译“pathos”(悲怆情感)也遗漏了该词的伦理意味。这个例子表明，《读黑格尔》对黑格尔专门术语的把握是经过多方考究和反复斟酌的，其结合黑格尔术语之理论背景而辨析的方法更是超出了一般语言翻译专家的见识所及。值得注意的还在于，《读黑格尔》记载了 1977 年与 1988 年对黑格尔所用该希腊语πάθoς 的两度审思，而在 1996 年写的“读后附释”中继续斟酌这个译词的准确性：“用情志来转译 πάθoς 一词，自然并不是最惬恰的，但由于找不到更妥切的字，只能取这庶几近之的意义了。”①如果我们考虑到黑格尔本人也认为“πάθoς”这个古希腊词在德语中难以找到完全对应的译词，那么相对于黑格尔原著该术语的特殊性，《读黑格尔》对它“庶几近之”的翻译很可能是唯一“准确”的选择了。《读黑格尔》评赞的是黑格尔术语的“准确”，我们从中却可以进一步读出作者本人对术语准确之为美的自觉意识和理论品位。

思辨过程的“逻辑力量”之美

“黑格尔哲学有一种强大而犀利的逻辑力量，使我为之倾倒。”②——《读黑格尔》这一赞叹令笔者想到 20 世纪美国著名学者熊彼得读《资本论》的类似评价，后者称赞《资本论》蕴含着“推理的艺术”③。《读黑格

① 王元化：《读黑格尔》，第 273 页。

② 同上，第 53 页。

③ 约瑟夫·熊彼得：《资本主义、社会主义和民主》，吴良健译，商务印书馆 1999 年版，第 68 页。

尔》为之倾倒的"逻辑力量"无疑也是来自"推理的艺术"。"推理的艺术"意味着推理合乎逻辑规律，在黑格尔《美学》中，"合乎规律"被界定为美的形式要素之一，例如黑格尔写道："椭圆或抛物线中包含着某种规律，因而它的形式是美的。"①可见，以黑格尔美学相关论点推论之，对"逻辑力量"的"倾倒"包含着审美感受和享受。

黑格尔美学命题之一是"知性不能掌握美"，这个命题也是《读黑格尔》特别重视并加以发挥的。我们以黑格尔论证这个命题的基本思路来考察其中的"逻辑力量"。

在黑格尔体系中，哲学包含美学，美学包含文学艺术；从哲学思辨到美学思考再到文学批评呈现为一个从一般原理到特殊法则再到个案分析的进程。这个进程显示了黑格尔体系从抽象向具体推演的特点。在黑格尔哲学中，一个概念通常潜在包蕴一个判断。因为他把概念纳入其"正反合"的辩证发展三段论公式中，每个概念都标志着其所属的正反合三阶段的一个逻辑环节。从而，每个概念都从属于一个更抽象的概念，同时内含着一个更具体的概念；概念与概念之间包含着逻辑联系。"知性不能掌握美"命题包含两个概念："知性"与"美"。就"知性"而言，它是黑格尔认识论"表象—知性—总念"三环节之一。大体而言，"表象"是感性观照的认识，"知性"是抽象分析的认识，"总念"是综合抽象分析要素后而获得的整体认识。因此，只有达到"总念"阶段的认识才是比较完整的认识。"知性"概念蕴含的判断是：它属于对"表象"的分析阶段，尚未达到"总念"阶段。

就"美"这个概念而言，黑格尔将之分析为三阶段循序发展的逻辑进程：(1)抽象"美"的理念；(2)"美"的理念外化为具体感性形式；(3)"美"的感性形式复与抽象理念相结合。"知性不能掌握美"命题中

① 黑格尔：《美学》(第1卷)，朱光潜译，商务印书馆1982年版，第170页。

的“美”概念，是指感性形式与抽象理念相结合的“美”，这个概念潜在蕴含的判断是：“美是理念的感性显现”。由此大体可见，“知性不能掌握美”命题中，在其所使用的“知性”与“美”的概念层面，已经蕴含着黑格尔式的“逻辑力量”。

在黑格尔专门阐释逻辑法则的《小逻辑》中，概念蕴含判断，判断蕴含推理。“知性不能掌握美”这个判断潜在蕴含黑格尔式的推理程序，这个推理程序也包含着哲学思辨、美学思考、文学分析三个层面。

先看哲学层面。《小逻辑》写道：“概括地讲，哲学的工作没有别的，即在于把表象转变成抽象的思想；更进一步哲学还要把仅仅抽象的思想转变成总念。”①这里涉及哲学认识论的“表象”“知性”“总念”三范畴。《小逻辑》进而以对自然有机体的认识为例说明，其大意是：一个生命有机体的诸官能或各肢体不能仅视作相互孤立的各部分，而必须将它们放在整体联系中认识把握。对有机体的感性观照属于认识的“表象”阶段，对它各部分的分析属于“知性”阶段，只有综合分析结果后的认识才可能达到“总念”阶段。黑格尔强调尚未达到“总念”阶段的“知性”认识的局限：“只有在解剖学者的手里这些官能和肢体才是机械的部分。但解剖学者的工作乃在解剖尸体，并不是在处理一个活的身体。”②可见，在《小逻辑》这个最抽象的哲学层面的思辨中，已经包含了“知性不能掌握有机体”的思想。黑格尔把“有机体”视为自然美的基本形式，更把艺术美视为高于自然美的理想美。因而我们可以说，《小逻辑》所表述的“知性不能掌握有机体”思想，已经潜在地包含着“知性不能掌握美”的意蕴。

---

① 王元化：《读黑格尔》，第 105 页。
② 同上，第 129 页。

再看美学层面。黑格尔在“总论美的概念”中明确提出“知性不能掌握美”命题。他指出，任何美的对象都至少具有“差异面的统一”这个形式因素。在最低级的自然物即矿物结晶体上，这个形式因素表现为各部分的“整齐一律”；在较高级的有生命的植物和动物有机体中，“差异面的统一”逐渐具体复杂完善，并且又发展具有“生气灌注”特点；而在人身上，生命有机体不仅达到复杂精致，也不仅具有“生气灌注”，更有精神灵魂的显现。正是针对美的对象这种无不具备的“差异面的统一”之形式美规律，黑格尔强调：“知性不能掌握美，因为知性不能了解上述的统一，总是要把这统一里面的各差异面看成是独立自在分裂开来的东西。”①由此不难看出，“知性不能掌握美”命题首先意味着知性不能掌握自然美，知性不能掌握自然中的无机体（矿物）、有机体（植物动物与人）的美；它的理论依据显然是《小逻辑》所表达的“知性不能掌握有机体”的哲学认识论。

黑格尔在“艺术美”层面继续演绎这个命题。他认为，理想的人物形象既需要性格的独特性和坚定性，也应该具有性格的丰富性和完整性（差异面的统一），这就要求作家在创作过程中避免“知性”方式，因为“知性”方式会肢解人物性格的整体性，过滤其丰富性，人为突出某一单方面特质，导致人物形象缺乏“整体的生气”。黑格尔写道：“知性爱用抽象方式单把性格的某一方面挑出来，把它标志成为整个人的唯一准绳。凡是跟这种片面的统治特征相冲突的，凭知性来看，就是始终不一致的。但是就性格本身是整体因而是具有生气的这个道理来看，这种始终不一致正是始终一致。”②这表明，“知性不能掌握美”命题在艺术理想美层面已经具体化为“知性不能把握人物性格美”。

---

① 王元化：《读黑格尔》，第 162 页。

② 黑格尔：《美学》（第 1 卷），朱光潜译，第 306 页。

黑格尔《美学》继而在作品评论层面进一步展开这个命题。他以法国古典戏剧为例："例如在高乃依的《熙德》中，爱情与荣誉的冲突是写得很辉煌的。这样本身见出差异面的情志（朱光潜旧译"情致"）当然可以导致冲突；如果这种情志表现为在同一性格中的内在冲突，当然也可以产生堂皇典丽的修辞和娓娓动听的独白，但是同一心灵的分裂，时而从抽象的荣誉转到爱情，时而又从抽象的爱情转到荣誉，这样翻来覆去，本身就违反性格所必有的真正决断性和统一性。"①在这番评论中，黑格尔根据人物性格既要显出"差异面"，又应具有"统一性"这个批评尺度，肯定《熙德》主人公形象具有"差异面的情志"（爱情与荣誉的冲突），同时批评其"差异面"被"抽象"地表现，"违反性格所必有的真正决断性和统一性"。一般认为，法国古典主义戏剧在人物性格塑造上追求的是"类型"化，黑格尔的分析切中了"类型"化性格的要害所在，而他的理论依据显然是对"知性"方法之局限的认识。

与此形成对照的是黑格尔对荷马史诗人物性格的赞赏："在荷马作品里，每一个英雄都是许多性格特征的充满生气的总和。"②黑格尔以荷马史诗中心人物阿喀琉斯为代表分析：他既是个英雄，又有普通人的一些品质，并且他的性格不是被抽象地任意地表现，而是"借种种不同的情境将他的这种多方面的性格都揭示出来"③。例如，阿喀琉斯爱母亲，母亲忒提斯被掠夺后，他为之痛哭；他有强烈的荣誉感，荣誉受到损害就以拒绝继续参战抗争主帅阿伽门农；他重友情，朋友帕屈克鲁斯和安惕洛库斯战死后，他为复仇而重新加入战场；他是主人，却与仆人腓尼克斯关系亲昵，后者经常躺在他的脚旁；他是少年英雄，但在朋友帕屈克鲁斯的丧礼中对老人涅斯托表示由衷敬意；他为朋友复仇而凶狠

① 黑格尔：《美学》（第 1 卷），朱光潜译，第 307 页。
② 同上，第 302 页。
③ 同上。

残暴，把赫克托的尸体绑在车后绕特洛伊城拖了三圈，但是赫克托的老父普莱亚姆来到他的营帐，他心软而伸手给哭泣的老国王去握，如此等等。黑格尔由此写道："在这个人物身上显出了其性格的全部丰富性。"①至此我们看到，"知性不能掌握美"命题已经落实到黑格尔对具体作品乃至特殊人物性格的评论中。

由上可见，黑格尔的艺术分析是以其美学法则为依据，在其美学法则后面，又有哲学认识论的支撑。在黑格尔理论体系中，文学批评、美学法则、哲学思辨三个层面贯穿着逻辑一致性。黑格尔理论呈现为一系列从抽象理念向具体表象的逻辑演绎的过程，而我们如果把握了他的理论体系，则通过其对最表象层面的作品人物的评论，可以层层追溯其理论所据、思辨脉络乃至逻辑起点，所谓"沿波讨源，其幽必显"。《读黑格尔》赞叹"黑格尔哲学有一种强大而犀利的逻辑力量"，良有以矣。

思辨表述的"文若钩锁"之美

马克思《资本论》认为，研究方法与叙述方法并非同一回事。研究方法可以从对象"混沌的表象"开始，经过分析而至于"稀薄的抽象"，再经过综合而达到包含多样规定性的"具体整体"；叙述方法则可以相反，采取"从抽象上升到具体"的途径。与此相应，作为研究方法的思辨逻辑之结构与作为叙述方法的文体结构也不是同一回事。如果说黑格尔哲学"强大而犀利的逻辑力量"主要来自其思辨逻辑的结构，那么它在文体结构上采取了怎样的形式？《读黑格尔》评赞："人称佛书'文若钩锁，义若连环'。黑格尔的说明方法也是层层推进，步步深入，一环紧扣

① 黑格尔：《美学》(第1卷)，朱光潜译，第303页。

一环。他一向反对罗列事实作外在的排比，而要求各部分之间必须存在着内在联系。”[①]这个评赞针对的显然是黑格尔文体的结构艺术，其中包含着又一层面的审美感受。《读黑格尔》多处谈论到黑格尔著作的结构特点：黑格尔“很看不起一部书各个章节之间毫无关联，只是把一堆问题杂凑在一起”[②]的那种著作；黑格尔叙述方法重视“范畴和范畴之间的内在联系”，其中包含“可资借鉴和参考的东西”；[③]“黑格尔曾经花费很大力气用在体系思考上”，其叙述蕴藏着“思辨结构的秘密”；[④]这些评赞所针对的不仅是黑格尔哲学的逻辑性，更是其文体中的结构艺术。显然，《读黑格尔》之所以能够感受到“强大而犀利的逻辑力量”，除了黑格尔思辨方法本身的特点外，还在于其文体结构上合乎逻辑的艺术性。

黑格尔哲学具有一整套系统完备的体系，其逻辑基点是最抽象的“绝对理念”。在黑格尔看来，世界的本原是绝对理念，它不断地自我深化和发展，先是外化为具有感性形态的自然界，再由无意识的自然界经过一系列中介阶段而发展到具有精神意识的人，从而绝对理念在人的精神中达到自我意识。在黑格尔哲学体系的表述中，这个发展过程呈现为“逻辑学”→“自然哲学”→“精神哲学”三大部门；其美学属于“精神哲学”环节之一。黑格尔《美学》的叙述方法中也贯穿了这个发展历程。其中首先出现的是“美的理念”，然后由“美的理念”进入到对“自然美”的叙述，再由后者进一步进入“艺术美”叙述。就黑格尔关于自然美的叙述方法而言，如前所述，其顺序是从无生命的矿物结晶体之美，进入到有生命的植物美与动物美，再进入到蕴含理念精神的人体美。就黑格尔关于“艺术美”的叙述方法而言，他也是将之划分为循序出现的三

---

① 王元化：《读黑格尔》，第 214 页。

② 同上，第 6 页。

③ 同上。

④ 同上，第 238 页。

阶段：首先是以埃及金字塔为代表的象征型艺术，其特征是感性物质大于理念精神；其次是以古希腊雕刻为代表的古典型艺术，其特征是感性物质与理性精神相平衡；最后是以诗歌音乐为代表的浪漫型艺术，其特征是理念精神超越了感性物质。[①]黑格尔甚至在论述细部的美学问题时，也坚持了这种三阶段结构的叙述方法，例如众所周知，他分析古希腊史诗人物塑造方法的艺术性时，其叙述顺序为：人物所处时代背景的"情况"→人物所处具体环境的"情境"→引起人物发出的具体动作的"情节"。

由黑格尔体系的叙述方法大体可见，它在形式上与黑格尔的思辨结构具有对应和同构的特点，即贯穿了三环节的推演模式。其特点可以概括为：(1)要求部分与整体的统一(例如其"逻辑学""自然哲学""精神哲学"三大部分构成一个完整体系)；(2)叙述进程上讲究规范严格、伸展有致的逻辑性(例如从抽象上升到具体的进程和前后环节的逻辑联系)；(3)追求参差变化与整齐一律的互文(例如每一部分都有特殊的叙述内容，而每一部分都贯穿三环节的结构形式)。并非偶然的是，黑格尔文体结构中的这三个特点与他本人对美的形式要素的分析恰相吻合。黑格尔《美学》所概括的形式美要素有三，分别是：(1)"整齐一律与平衡对称"(即要求部分与整体相统一)；(2)"符合规律"(即讲究叙述进程要合乎"客观理念"的发展逻辑)；(3)"具有差异面的和谐整体"(即追求参差变化与整齐一律的互文)。[②]

以中国古典美学法则观之，黑格尔叙述方法中显示的三个形式美要素在某种程度上可得印证。例如《文心雕龙》论文章结构安排有"三十辐共一毂"的比喻，指谓的是作品结构中整体与部分的关系，这与黑

① 黑格尔《美学》(第 2 卷)的论述秩序依次是：象征型艺术、古典型艺术、浪漫型艺术。朱光潜译，商务印书馆 1997 年版。

② 黑格尔：《美学》(第 1 卷)，朱光潜译，第 173—180 页。

格尔的“整齐一律，平衡对称”有所相通；《文心雕龙》有“随物宛转，与心徘徊”之说，“随物宛转”包含思考想象要符合客观法则之意，因而与黑格尔“符合规律”的形式美要素有所相通；《文心雕龙》又有“杂而不越”说①，意思是要求作品各部分之间既杂多变化又不破坏和谐一致，这与黑格尔所谓“具有差异面的和谐整体”不谋而合。由此看来，《读黑格尔》以中国佛书推崇的“文若钩锁，义若连环”比喻黑格尔著作叙述结构的艺术性，其原因也许还缘于整个中国古典美学传统。

哲学思辨与“艺术敏感”

哲学思辨需要抽象思维，艺术鉴赏基于感性观照。擅长于前者未必能于后者，反之亦然。在同一个作家身上，这两种能力甚至可能相妨害，例如歌德曾批评席勒文学“观念化”倾向是由于他过于沉醉哲学思辨而导致。②然而在黑格尔著作中，这两者却是相得益彰。《读黑格尔》写道：

> 黑格尔的艺术鉴赏力不仅在学术界是罕见的，就是在艺术领域内也是很少有人可与之匹敌的。③

作者因此使用“感到惊佩”“令人为之叹服”的赞词来表达对黑格尔艺术鉴赏力的服膺。④这表明，《读黑格尔》所获审美享受，不仅与黑格尔的思辨特色有关，也是缘于他卓越的艺术鉴赏力。问题在于，擅长哲

① 分别见《文心雕龙》“总术”“物色”“附会”三篇，见刘勰著，范文澜注：《文心雕龙注》。
② 参见歌德：《歌德谈话录》，朱光潜译，人民文学出版社 1978 年版，第 13 页。
③ 王元化：《读黑格尔》，第 11 页。
④ 同上。

学思辨的黑格尔为什么能够具有甚至超出“艺术内行”的审美鉴赏力？这个问题被《读黑格尔》以“百思不得其解”的夸张方式提出，笔者认为事实上，从《读黑格尔》的相关摘录和阐释中足以找到解答线索。

首先可以确定的是，在黑格尔看来，艺术鉴赏虽然不同于哲学思辨，但是真正的艺术鉴赏却必须同时借助抽象思考力。且看《读黑格尔》下面一段摘录：

> 美的对象具有一种隐蔽的、内在的必然性和协调性。既然只是内在的而不是从外表可以看出的，这种统一性就只能通过思考来掌握。①

美的对象“隐蔽的内在的必然性”只能通过“思考”掌握。这里所谓“思考”显然包含思辨。《小逻辑》指出，对一个感性事实下判断与对它的内在必然性下判断，这两者有重大区别。当人们作出“这墙壁是绿色的”的判断时，仅仅是“不错”地指出了一个感性事实；只有当一个判断触及并揭示对象的内在必然性时，这个判断才可能涉及“真理”。②根据这一观点，在审美领域中，受到审美对象的打动而作出“很美”“很感人”之类判断，至多意味着这个判断指出了一个“不错”的事实，只有当审美者能够说明该作品美在何处及其原因时，即只有当他的鉴赏包含对审美对象“内在必然性”的思考时，才可能作出真正的审美判断。《读黑格尔》正是在这个意义上而赞叹黑格尔《美学》“胜义披纷精美绝伦”，作者特别强调他被黑格尔打动的是“这类论述”——关于“天才”与一般“才能”的区别，关于“真正灵感”与“很坏灵感”的不同，关于发自灵魂的“风

① 王元化：《读黑格尔》，第 176 页。
② 黑格尔：《小逻辑》，贺麟译，第 290 页。

格”与借助模仿的“作风”之差异，关于艺术技巧与艺术家“知觉方式”的联系，以及独创性与艺术家“内在生命”的关系等。①我们仅从这些问题所涉的理论难度就不难看出，它们都属于对艺术之“内在必然性”的讨论，解释这种“内在必然性”必须经过包括思辨在内的“思考”。

但是对美学理论的思考并非等同于对具体审美对象的鉴赏。耐人寻味的是黑格尔在讨论艺术鉴赏问题时对“纯粹思考”的反思。《读黑格尔》于此有另一段摘录：

> 纯粹思考性的研究如果闯入艺术鉴赏过程，它就会把使概念再和现实成为一体的那个手段本身取消了，毁灭了，又把概念引回到它原有的不结合现实的简单状态和阴影似的抽象状态了。②

虽然这段话有点晦涩，其基本含义却是清楚的：“纯粹思考”闯入艺术鉴赏过程会“毁灭”审美对象。问题在于“纯粹思考”的所指。我们已经知道，黑格尔将认识过程划分感性、知性、理性三个层面，感性是对形象或表象的把握，知性是分析个别特征的抽象把握，理性是综合各种个别特征与感性形式的整体把握。所谓“纯粹思考”显然是指剥离形象或表象的抽象思考；进而言之，只要是脱离感性形象的思考，无论是知性分析或理性综合，都属于“纯粹思考”。黑格尔对“纯粹思考”的反思意味着，他认为艺术鉴赏过程中，思考始终不应脱离感性对象或艺术形象。《读黑格尔》的另一段摘录提出的“领悟的思考”可为印证：

> 艺术作品是由思想异化来的，所以也属于领悟的思考领域。③

---

① 王元化：《读黑格尔》，第 14 页。
② 同上，第 144 页。
③ 同上，第 146 页。

所谓“领悟的思考”是指基于感性而不局限于感性、蕴涵理念又不脱离形象的思考，它显然是相对于剥离感性材料的“纯粹思考”而言。

问题还在于，在艺术鉴赏过程中“领悟的思考”如何可能？黑格尔于此提出了“敏感”概念，这个概念也是《读黑格尔》所特别关注并阐释的：

> 审美对象于我们只有一种可能：对象一般呈现于我们的敏感中，我们只有借助充满敏感的观照，才能维持真正的审美态度。“敏感”这个词很奇妙，它包含两种相反的含义：第一，指直接的感受；第二，也指意义、思想、事物的普遍性。①

“敏感”融合着由直观感受而积累的审美经验和对“事物普遍性”的思考。这意味着“敏感”融合着感受与思辨这两种不同的认识方式和能力。在中国古典文论中，关于艺术鉴赏力来源的通常认识是重视经验积累，《文心雕龙·知音》代表性的说法是：“操千曲而后晓声，观千剑而后识器。”②与此比照，黑格尔“敏感”概念的特征是，将思辨能力也纳入了审美可能性之中。黑格尔《美学》之所以引起《读黑格尔》的深永兴趣，看来也是缘于其中有所不同于中国古典美学的思想因素。《读黑格尔》对“敏感”之义作了如下发挥：

> 对于艺术作品的审美态度开头只能是敏感的接受，但又不始终停留在敏感的接受上；否则，对艺术作品的理念就会停留在一种朦胧感受的混沌状态。在潜移默化的过程中，在咀嚼消化艺

---

① 王元化：《读黑格尔》，第 178 页。

② 刘勰著，范文澜注：《文心雕龙注》（下），第 715 页。

术作品的过程中，思考一定要出现，它只是发生在在先的敏感接受之后罢了。①

在黑格尔对“敏感”的解释中，艺术感受与审美思考是融合一体、同时进行的思维活动，而在《读黑格尔》的诠释中，这两种把握对象的能力被分析发挥为前后相续的过程。如果我们承认艺术鉴赏过程确实存在一种感觉其美却一时说不出其何以为美的阶段，那么《读黑格尔》的诠释至少是补充了黑格尔“敏感”概念的未见之义。

黑格尔之所以提出“知性不能掌握美”，理由不仅在于知性是剥离感性的抽象思维，也在于它偏执于对象的某一方面的抽象性质。这个命题意味着，能够洞悉美的对象之奥秘的艺术鉴赏，不仅需要艺术感受力，也不仅需要分析审美对象的抽象思考力，更需要基于并始终不脱离艺术感受的综合思考力。换言之，这个命题意味着，能够洞悉美之奥秘的艺术鉴赏力，融合、统摄着感性、知性、理性三种思考。《读黑格尔》关于曹操形象之艺术性的阐释为我们提供了理解“领悟的思考”的范例。曹操不仅是“乱世之奸臣”，不仅是“治世之英雄”，也不仅是“奸臣”与“英雄”这两种矛盾特征的简单相加。《读黑格尔》指出，这个形象的艺术魅力在于其性格的鲜明、矛盾与丰满：

曹操杀死吕伯奢全家是一面，官渡之战破袁绍从档案中找出一批手下官员通敌信件看也不看付之一炬又是一面；为报父仇攻下徐州杀人掘墓是一面，征张绣马踏青草割发代首又是一面；一方面礼贤下士兼收并蓄，另一方面却容不下一个杨修；一方面煮酒论英雄表现得很聪敏有眼力，另方面又毫不察觉刘备种菜的韬晦之

① 王元化：《读黑格尔》，第179页。

计;一方面在华容道对关羽说“将军别来无恙乎!”显出一副可怜相,另方面当关羽被杀首级送至曹操,他笑曰:“云长公别来无恙!”又显出一副刻薄相。……这多副面孔构成曹操的性格,曹操就立体化了,活起来了。①

在这段阐释中,曹操形象的各性格要素被分别揭示出来(知性分析);每一个性格要素都仅仅是众多性格要素之一,曹操的真正性格在于这些要素所构成的复杂整体(理性综合);更重要的是,无论是曹操性格的某一要素,或其众多要素的整体,都是通过对该形象之具体言行乃至细节的考察而把握(感性观照)。我们从《读黑格尔》这个阐释中可见,朦胧模糊的感性不能掌握美,偏执于单面因素的知性不能掌握美,甚至综合了众多分析要素的理性也不能掌握美。唯有融合、统摄了感性、知性与理性的“领悟的思考”或“敏感”,才可能真正掌握艺术形象之美的奥秘。虽然对曹操形象如此解释最初是出自一位文学家的评论,但是《读黑格尔》的发挥却将之提升到思辨美学的理论高度,我们从中分明可以看到一种潜在的哲学认识论的思辨结构:感性→知性→理性;也分明可以看到一种黑格尔所说的“领悟的思考”。

《读黑格尔》针对轻视感悟能力的旧理论的偏颇写道:“艺术鉴赏力,除了需要学识之外,更需要思维活动中源于禀赋的感悟能力。”②根据黑格尔美学的辩证法,这个真知灼见也潜在蕴涵着另一种意味——艺术鉴赏不仅需要感悟能力,也需要学识乃至基于哲学思辨的把握能力。在当今以图像艺术为主导方式的时代,在思辨能力日益被大众娱乐方式淹没的时代,《读黑格尔》提示的“思辨之美”弥足珍贵,笔者以为

① 王元化:《读黑格尔》,第23页。
② 同上,第61页。

其意义可能不亚于王国维当年在新兴潮流中提出的“古雅美”。

［补　记］　本稿草成后读到王元化先生教示的一篇写于数年前的手稿，其中有评论杨振宁《美与物理学》论文的文字。杨振宁认为物理学中有与美学相通的问题，例如狄拉克的方程式和反粒子理论具有“秋水文章不染尘”的风格，与此鲜明对照的是海森堡研究成果之风格，它“五光十色、错综复杂”“朦胧不清甚至有渣滓”，其构思犹如“在雾里爬山”，因此，狄拉克与海森堡的科学研究代表了两种不同的美学风格。王元化先生于此评论：“杨振宁所谈虽然仅仅是科学和美的关系，但是涉及了美学中一个基本问题，即美学的风格理论问题”“纵使杨振宁没有明确意识到思维方式在风格中的作用，但从他大量具体的分析和阐发中，都可以领悟到这一点。风格理论从风格就是人——到风格来自人的性格与性情——到性格与性情导致思维方式的差异，在这一认识的发展上，杨振宁的观点，对我们是很有启发作用的。如果把他的这些说法运用到文学风格上来，我们就可以更深入地弄清文学风格中的一些问题”。看来，不仅哲学美学中的理论思辨能够唤起审美感受，而且物理学数学中的思维方式也可能是美的。作为人文学者的王元化先生与作为物理学家的杨振宁不谋而合地关注理论思维中的美学问题，这是意味深长的。如果说《读黑格尔》提出的是思辨之美何以可能的问题，那么作者实际思考所及的范围更深广，触及的是人文与科学之间，审美是否有相通、为何有相通、如何可相通的问题。这些问题不仅超出了黑格尔《美学》的视阈，而且也是迄今美学专家们各种理论体系中鲜受关注，甚至尚未被意识到的。

原载《社会科学》2007年第8期

有学术的思想与有思想的学术

——王元化的朴学治学精神

吴琦幸

今人论王元化，均将他的三次反思作为重点论述，因为这可以说是王元化对当代思想学术界的卓著贡献。然而我要讨论的是，王元化在整个治学过程中所使用的研究方法———重视考证史实，又不拘于文献掌故；在形成观点之时，既不轻易肯定，也不轻易否定；甚至在精心研究并形成自己的观点后，经过了一段时间的沉潜往复、从容含玩，经过了大量的资料搜集重新反思，勇于再次否定自己。这种实事求是之学风，骨子里上承汉学，下接清季朴学，也就是秉承了“求真、求实、求证”的传统，使他的学术成就高于当代的学者。

一

王元化从少年开始，就养成了一种好学深思的习惯。当年王元化才华横溢，喜欢读鲁迅的书和西方哲学。经过了20世纪40年代中期、50年代中期和90年代中期的三次反思，到了晚年，王元化思想日趋成熟。他的治学方法，尤以他所常常提及的熊十力语“根柢无易其故，而裁断必出于己”的治学信念在同辈中得到尊敬。更重要的是，他不惮反思自己过去的思想观点，从自己的身上看到历史投下的阴影，也不讳言青年时代的偏颇。基于此，他对于整个时代进行的反思就具有相当大的说服力。他的这种反思，来源于他的实事求是的治学精神和方法。当然，这种方法和精神并不是一蹴而就的，而是经过了早期的名师传授、长时间孤独钻研国学，以及自己沉潜往复、从容含玩之后慢慢形成的。

王元化承认自己在早年的研究中存在着机械化的倾向，这与当时的中国文学青年思想偏激有关，尤其是受到"五四"影响的知识人，容易受到极"左"的偏激情绪影响。这种偏激情绪，甚至左右了一代学人的治学方法。那就是：对于传统学问，尤其是清朝乾嘉学派所提倡的训诂考证、实事求是之学的方法进行排斥和否定，甚至把它作为一种陈旧的学术加以摒弃。病中鲁迅的最后两篇文章是批评乃师章太炎转进国学、不事革命的态度的。他对于章太炎晚年删订年轻时候的革命文章并抛弃激进思想感到遗憾，称太炎"所讲的《说文解字》，却一句也不记得了"①。此语除了强调革命比学术更重要以外，有暗讽章黄之学无用的意思："我的知道中国有太炎先生，并非因为他的经学和小学，是为了他驳斥康有为和作邹容的《革命军》序，竟被监禁于上海的西牢。"②王元化对鲁迅这种激进方式作过委婉的批评："由《訄书》到《检论》，太炎诚然作过多次修订，这是由于他在不长的时间内经过了急骤的思想变化，而并不是由于他隐讳过去，示人以华衮。一位作者不愿让自己已经认识到的误失再在读者中间流传，这本是人之常情，但我们往往喜作过苛之论。"③王元化晚年对于学风浮躁、好搭建空洞的理论框架有很多批评。他在此曲折地批评了鲁迅的"过苛之论"，用意很清楚，章太炎晚年回归学术并没有错，在极"左"的倾向下对他作过苛之论反而不太合适。"'五四'以后，胡适倡导整理国故。他自称具有考据癖，人多说他继承了乾嘉学派。其实，他是反对讲究功夫的。他在逝世前不久口述的自传中，曾明白说到这一点。他认为只在细枝末节上用

---

① 鲁迅：《鲁迅全集》(第6卷)，人民文学出版社1981年版，第546页。

② 同上，第545页。

③ 王元化：《九十年代反思录》，上海古籍出版社2000年版，第359页。

功夫是清人治学之病。此说风行后，违反胡适本人的愿望，遂开后世轻视考据之风。”[①]1949年之后，“钻进故纸堆”成为嘲笑一些不能跟着时代步伐向前的冬烘先生的语言。于是，从50年代之后，训诂考据一门渐近式微，而以论带史的治学方法充斥学界。王元化较早就指出了这一点的偏颇：“多年以来我们对乾嘉学派迄未作出应有的评价，我认为对乾嘉学派人物的思想上的评价尤为不足。目前有些运用新的文学理论去研究古代文论的人，时常会有望文生义、生搬硬套的毛病，就是没有继承前人在考据训诂上的成果而发生的。”[②]

近代的训诂考证之法以清季朴学为最盛。朴学治学传统肇因于中国传统文献的数量和历史变迁。由于中国文献资料历史悠远，典藏浩如烟海；更由于中国语言文字发展的连续性特点，使两千多年之前的典籍经过整理之后至今仍可作为信史阅读研究。从汉代开始以迄当代，历代学者考据古音古训，疏通古典典籍的真义，遂使一般人皆可理解古史，这在世界文化中是罕见的。但是从两汉之后到近世，典籍的真伪歧义纷出，地上和地下的文物交相互证，词义的多样性以及在长期的发展中衍变引申，以致历代学者对同样的文献典籍词义存在不少的分歧，对于古字古义作出不同的解释，甚至相反的义训。从汉代开始，就对先秦诸经从字形错讹、本意溯源以及史实考订诸方面进行了整理，出现了《说文解字》《尔雅》等字书，为当时大规模的古籍注疏、还原古籍的原义起到了开源作用，更开启一代治学方法。到了宋代，思辨哲学和理学特别发达，时人在讲经时流于空疏，汉人提倡的“我注六经”转为宋学的“六经注我”，假经学为我所用，虽在思想见解上超越历史，但是其中不乏穿凿空洞。直到清季中叶，黄生《义府》《字诂》出，于是重振汉学渊

① 王元化：《清园夜读》，海天出版社1993年版，第36页。
② 王元化：《思辨录》，上海古籍出版社2004年版，第286页。

源，逐渐形成以求证、求实、求真为特色的创新学派——朴学，主张学问重史实依据，解经由文字入手，以音韵通训诂，以训诂通义理。后由姚际恒、江永、程瑶田、戴震、金榜继承发扬。朴学的传统继而在乾隆、嘉庆两朝蔚为大观，高邮二王父子、金坛段玉裁，均为一时之选。

虽然朴学的早期学者专注于考证训诂，但他们治经不废宋儒。自戴震开始，摒弃宋儒的空疏缺陷，以汉学为研究的门径，每字必求其义，一字之义必本“六书”。通贯群经后方才下结论，使朴学治学方法集大成。后来者如王国维、章太炎、黄季刚、陈寅恪等，发扬这种治学精神，从而为创立中国独特的文献语言学奠定了基础。这种治学方法，从中国的传统语言文献出发，运用文献材料解决古代典籍的训释，即使抛开他们的具体整理古籍的内容，以方法论，也成为影响中国一代学人的思维方式。

但是，由于这种方式细密烦琐，在 1949 年后往往被人讥讽，尤其是“厚今薄古，推陈出新”的号召也从方法论上影响了学术界、文化界，从而使这一学派在学术界、文化界更不受重视，包括陈寅恪、杨树达等当代的国学大师都受到了不同程度的冷落。王元化比较早地对于这个学派作出客观公正的评价。他说：“乾嘉学派的末流失之于琐碎，但是其治学方法和作风方面有很大的贡献。乾嘉学派偏重于家学和传承，这也使之形成严谨、朴实的治学风格。陈澧、朱一新对此作了比较客观的评价，批评了乾嘉末流的缺点和毛病。”①他对于这种学术风格和精神还是赞赏的。境外的部分学者对于这种拘泥于训诂考据的方法也不甚重视，甚至认为训诂考据无法提出重大原创的思想性问题，是一种解决材料问题的低层次工作。王元化对此作了相当深刻的批评和论述，将训诂考据提高到学术研究和思想研究同等重要的地位：“自然考据和提

① 王元化：《思辨录》，第 286 页。

出重大原创的思想性问题不是一个层次(学术价值)。正如人的器官一样,有重要不重要之分,并不是所有器官都像头脑和心脏那么重要。但是不是因此就把一些不重要的器官都说成是骈拇枝指,可以加以摒弃呢?其次,你把考据训诂斥之为支离破碎,玩物丧志,这只是这项工作中的某种变例(正如提出原创性的重大问题理论工作中,有时也会存在没有价值的变例一样),倘因此一律相绳,这是不公允的。第三,作为几千年留下的古代文献这份文化遗产,倘无前人,尤其是清代考据训诂工作,我们就无法读懂读通。就这一点来说,考据训诂是一项重要工作。"①这是我们了解到的第一个将传统的训诂考据作用提高到解决思想史问题,与提出原创性的重大思想问题相提并论。王元化对于1949年后的只重观点、以论带史的褊狭学风进行了批评,用朴学的治学精神作为坐标,他说:"解放后强调'抓观点',以论带史,甚至沦为以论代史。对于古籍,为我所用,各取所需,以致臆说妄断,据己意歪曲篡改原本成风。在这种情况下,通过考据训诂,还原古人本来面目,以便认清历史真相,就成为一项重要的工作了。"②他从中国现实生活中不讲科学研究方法、为我所用的方法影响了一代人的学风说起,认为这种学风也将会影响社会风气。

二

1937年,17岁的王元化来到上海,后考入大夏大学(今华东师范大学)攻读经济学。他的酷爱中国传统文化的母亲,认为治学当以中国传统学问为基础,于是为他聘请了任铭善教授国学,精讲《说文解字》《庄

① 王元化:《清园书简》,湖北教育出版社2003年版,第355页。
② 同上。

子》《世说新语》等国学基本经典。任铭善曾师从钟泰、徐昂、夏承焘等国学大家，早年治文字、音韵、训诂之学，后专攻经学；长期从事古文献、古代汉语、现代汉语的研究和教学，著有《礼记目录后案》《汉语语音史概要》等，与人合著《古汉语通论》。当时，任铭善正属于青壮年时期，学问根底扎实，他教王元化的时间不长，前后约一年光景，但是他们的教学属于一对一的私人授课，耳提面命，口耳相传，这正是传统小学训诂所要求的书院式教学方法。这种私相传授，听课的学生只有王元化一人，学生随时发问，老师即时解惑，有点像清末的私家传授，也有点像20世纪80年代初中期，中国研究生教育刚刚起步之时的高校研究生讲课方式。讲读《说文解字》自是任铭善的专长，他认真讲学，使王元化受益匪浅。王元化回忆当时听课的情形："每次去他家，他都端坐在书桌前读书，从来没有闲散的时刻。在我和他的接触中，他似乎从未笑过。他教我的时间不长，前后约一年光景，给我讲授了《说文解字》《庄子》《世说新语》三门课程。《说文解字》是依序一个字一个字讲的；《庄子》用的是郭庆藩的集释本；《世说新语》则是他指定我自己读的。任先生讲课时全神贯注，声音洪亮，虽然只有我一个人，他也是用同样洪亮的声音对我讲解。"①尤可注意的是，其中说到"《说文解字》是依序一个字一个字讲的"，而不是浏览一过，任由老师发挥，此为传统朴学的治学方法。《说文解字》是传统文字训诂的滥觞，也是研究国学的基本专著。任何一个小学训诂学者，莫不从逐字研读《说文解字》发端。行文至此，笔者不由回想起1977年师从文字训诂学家罗君惕教授研习《说文解字》的情景。彼时"文革"刚刚结束，喜好文字训诂的几位学子集中到素享盛名的罗君惕教授家中，也是由罗教授面授教学，逐字逐部首地讲解。对于学子来说，不仅学到了有关文字本义的说解，更学到了如何通

---

① 王元化：《王元化集》（第七卷），湖北教育出版社2007年版，第131页。

过研读古代典籍的资料，对一些最基本的字义词义进行科学考证的方法。这种朴学所谓读书须先识字的治学方法，也是当年陈寅恪、黄季刚等朴学大师教授学生的基本功。年轻的时候学习掌握，浸淫其中，无意中可以影响一辈子。它的方法关键点就是先谈继承，后提新说；没有证据不能成论，切忌穿凿附会，勿以己之意强古人之难。这也是黄季刚对他的学生常常说的："师古而不为所役，趣新而不畔其规。"①"训诂"被称为"小学"的原因，皆因训诂之学为人生治学基本之学之谓也。

不过，当年的王元化还没有从他的文学理论转到传统学术，并没有完全成为研究学习任铭善的那一套小学训诂、文献语言方面的学者，但是这门传统学术给他开启了治学、思考的另外一扇重要大门，那就是治学必以小学始。越是到了晚年，王元化越是感到训诂考证的重要。他认为，只有重视中国的语言文字特点，才可能对中国浩如烟海的典籍进行整理，去伪存真。他乐于担任上海古籍整理小组负责人，并领导筹划《古文字诂林》等重要小学类书籍的编纂，这与他早年就接触训诂考证的治学方法是有密切关系的。

从任铭善习小学训诂之后，王元化并没有在纯学术、纯传统训诂的路上走下去，但他也没有放弃这种讲究实事求是治学之精神。他关心时事，热爱文学，当时他开始对文学理论产生浓厚兴趣，并积极参加社会政治活动，在一年后加入了中国共产党，成为中共地下党在文艺战线上的一名活动家。我们把这一年的传统国学的教学，看作是王元化初次接触中国传统学说的起步，也为他日后的治学打下朴学传统的基础。事实上，我们可以看到，王元化追求真实的精神并没有将他完全带到盲从的道路上去。毛泽东《在延安文艺座谈会上的讲话》于 1942 年发表之后，王元化感觉到其中讲到的政治标准第一、艺术标

① 程千帆、唐文编：《量守庐学记》，生活·读书·新知三联书店 2006 年版，第 40 页。

准第二的提法与他自己的想法不一，于是22岁的他就在党内的学习会上提出自己的看法。[①]这种对于学问的较真，与其说是与他骨子里先人的楚蛮血统有关，不如说是他本身习学到的一种疑义相与析的朴学治学传统在此刻发挥的作用。

二

真正使王元化登堂入室、领略国学典奥，并且接受比较系统的朴学传统教育的，是他的导师汪公严。

汪公严，今人已经很少提及这个名字了。他在20世纪40年代任清华大学中文系教授，曾经是晚清广雅书院的高材生。广雅书院是张之洞创办的五大书院之一，位于广州，为贯彻张之洞“中学为体，西学为用”而创办。第二任院长就是著名国学家、学者朱一新，汪公严则是朱一新的高足。朱一新的唯一一部专著，在中国近代书院教育史中非常重要的《无邪堂答问》中有整整一卷就是回答汪公严提问的内容。

广雅书院的创办者张之洞是一个国学传统相当厚实的维新派人士，他的《书目答问》便是研究中国国学的基本入门书。清末的书院制度，在近代教育史上赫赫有名，可称真正的国学教育重镇。自乾嘉学派学者重考证、专训诂，以回避清朝的文字狱开始，学人就以经学研究为治学之本。其时出现了以惠栋、戴震领衔的经学考据流派，直到后来的段玉裁、王念孙、王引之的“段王之学”，更将清代的朴学学风引为一个时代的治学风气。但是，当时仍存在重经轻史的风气，引来一代学人的讥嘲。江藩的《汉学师承记》中叹道：“自惠戴之学盛行于世，天下学者

① 参见《王元化集·学术年表》(第十卷)，第318页。

但治古经，略涉三史。三史以下，茫然不知，得谓之通儒乎？”①可见当时并无国学之名，只是强调“通儒”。当时的苏州、广州等学术重镇也成为培养通儒的中心，人才荟萃，门派纷起。当时的中国式书院，以苏州的紫阳书院、正谊书院以及广州的广雅书院最为学人景仰。苏州紫阳书院由俞樾主讲，正谊书院则由冯桂芬主讲，培养出一大批在后代有影响力的学者，例如吴大澂、陆润庠、潘祖荫、缪荃孙等人。而俞樾的学生章太炎成为当时的国学大师，黄季刚出自章的门下，并继承小学训诂、考据校雠之学，故后人称训诂考据之学为“章黄之学”。

张之洞的广雅书院，虽也强调国学根底，但是与吴门学风略有不同。他创办广雅书院的宗旨，就是要革新学风，培养经世致用的通儒。当时广雅书院的课程分经学、史学、性理之学、经济之学和词章之学。经学，以能通大义为文，不取琐细；史学，以贯通古今为主，不取空论；理学，以践履笃实为主，不取矫伪；文学，以翔实尔雅为主，不取浮靡。广雅书院虽然有志于创新，开创之初，大致仍未跳出传统的“经、史、子、集”四部。直到浙江义乌学者朱一新出任广雅书院第二任院长时，这种情况才得以改变。这对引导学生进一步了解西学，培养时务人才，起了很大的作用。汪公严正是朱一新的高足，不仅旧学根底深厚，而且具有新学造诣。广雅书院除以《书目答问》、小学训诂作为基础之外，更重经世致用，即如何将训诂考据用于解读文献，文献又如何为当代所用，更见其已经开始纠正了江藩所说的重经轻史的风气。汪公严从广雅书院毕业，浸淫其中，所受教育尤甚一般学子。

1946 年，王元化在上海写报纸短评文章惹出了一场官司，于是转而北上到国立北平铁道管理学院当讲师，教授大一、大二基础国文。他选了《文心雕龙》若干篇作为教材。对于一些传统学问和书籍，他曾自

① 江藩：《汉学师承记》，上海书店出版社 1983 年版，第 49 页。

述他母亲叫他读，但没有好好读。后来请汪公严老先生教他《文心雕龙》《楚辞》《文选》，汪先生是教过宣统的，所涉及的古书，他一窍不通。汪先生讲，你不懂这些东西，中国文化没有法子懂。那么，这样他才转过头来，重新研究中国传统的东西。王元化说："我向他问学时他已年逾七十，须发皓然，但精神矍铄""他不仅精通国学，而且于自然科学方面造诣极深，曾教授溥仪化学。当时父亲向他婉商，蒙他概允。他授我《文心雕龙》、《楚辞》、《文选》等，使我终身受益"。①汪公严比起任铭善来，旧学根底更加厚实，而其时王元化对于学习传统文化的要求更为迫切，因为他要研究的《文心雕龙》等古代文论经典著作，正需要深厚的国学根底来诠释。如果说当年的任铭善是给了青年王元化以国学基本常识的话，那么在汪公严这里学到的已经是系统的朴学治学方法。直到60年之后，王元化仍多次谈到汪公严的国学给予他的教益。②

2005年，85岁的王元化撰《说"伫中区"》一文。这篇以文字考据入手转而拈出文学理论的概念进行阐述的小文，是他不多的考释文字之一，同时也体现了王元化经常讲的将考据训诂用于实际解决问题的例证，是非常重要的。③

该文始于对徐复观批评钱锺书《管锥编》中笺释《文赋》的两句对文进行考释。徐复观说钱锺书将《文赋》中的首段"伫中区以玄览，颐情志于典坟"连读为一句是错的，并且认为钱注中将意思解释为"在室中把书卷"也是错误的，并评论曰："当时的书不是帛卷，即是简篇，很难拿在手上站着看。"④为此，王元化考证"中区"一词中的"区"字，认为"区"释"屋"是可以成立的，并引了不少古训古释证明其义。但同时他又指出，

---

① 王元化：《王元化集》（第七卷），第570页。
② 王元化：《王元化集》（第七卷），第140页。
③ 王元化：《沉思与反思》，上海辞书出版社2007年版，第140页。
④ 徐复观：《中国文学精神》，上海书店出版社2004年版，第216页。

"区"可以释为"屋",并非所有的"区"都是"屋"的意思,而在这里,"中区"就不可以释为"屋中",而是地理位置的区域的意思。钱注将两句并为一句,将"区"释为"屋",就使原来易解的文句反而滞碍难通了。他引当时求学汪公严的心得:"我在青少年时曾从公严先生学此文,我觉得这段话是平易的、好懂的。'伫中区以玄览'句,是说属文之道,首在对自然与人生的观察,以积累生活的经验。李善注谓'中区'即'区域之中',乃是确解。只有立于区域之中,而不局囿于一隅,所见者才能全面,而不致陷于一偏。第二句'颐情志于典坟',这是属文之道第二个要旨。要写好文章,就必须钻研前人的典籍,从文化传统中培养自己的文学素养。"①

如此再回过头来看汪公严所具有的背景,为王元化讲学的时间和意义就不一样了。王元化得到汪公严的指点面授,对于中国传统学术开始有了进一步的认识,从研治方法上完全接受了传统朴学的考校古音古义之学,同时他又努力将这种方法用到他所进行的专业理论上去。当时的王元化已经认定了《文心雕龙》作为他的研究方向。其时,汪公严教王元化读《文心雕龙》《楚辞》,王元化回忆到当时"讲《离骚》,全读古音,不看书,背诵如流",以此可窥见汪公严的小学根底。王元化从汪公严那里得益匪浅。最重要的是,他的一生的学术奠基之作《文心雕龙讲疏》的治学方法和寻章摘句广为搜罗大量基本材料,就是在那个时候得到历练的。

四

王元化在任、汪两位学者的国学启蒙教育之下,钻研中国传统学问

① 王元化:《沉思与反思》,第141页。

并开始登堂入室，但是他毕竟是一个受命于党的文化界领导人士，不可能随着自己的兴趣在纯学术的领域中走下去。1949 年以后，王元化承担了上海文化出版的行政工作。他倾心于现代的文学理论，写了大量的现代文论，编为《向着真实》一书出版。但是到了 1955 年初期，一场突如其来的政治风波，使王元化陷入精神危机，他被打成“胡风反革命分子”被隔离审查。这个政治噩运降临到他身上，使他失去自由。两年后虽然得到了读书的自由，但是他的政治命运似乎到此结束。从此，他沉潜于西方哲学和中国古代典籍，遂而一心向学，闭门读书，转向了学术领域。他的遭遇是不幸的，但是这种不幸的个人命运，恰恰使他进入了另外一个纯净的学术领域，在那里他可以任由思想的海洋翻腾，在中外古今典籍的学术领域中驰骋；同时，基于他受到的朴学治学方法熏陶，对任何一个问题寻根问底，这成为他治学的一个重要的转折。他于 2007 年 7 月在瑞金医院跟我的谈话中说：“我不是一个纯学者，我的背景无法使我成为一个纯学者。所以 1955 年之后就成为我读书研究的最好机会。以前我没有用大段的时间和功夫系统地做学问。”

在学术上他得到了当代国学大师熊十力的亲炙，两人经常见面，并且互通学术书信多年。而之后，王元化才真正地纯熟地运通传统考证，用实事求是之学来指导自己的治学。熊十力提倡的治学方法“根柢无易其故，而裁断必出于己”，这种既保持朴学的治学方式，同时又加进宋学的经世致用，无疑使王元化在研究《文心雕龙》中运用自如，考证翔实，迭创新意，而此时也正是王元化第二次反思的关键时刻。在此期间他撰写的《文心雕龙柬释》，曾得到郭绍虞的激赏，其中就是他运用了基本的考释方法，进行古代文论的考订和发挥。

由于王元化已经具备了朴学的治学精神，甚至对于老师熊十力被人讥讽的考证不严、以己意断言、不够踏实等弊病也无不在王元化的学术批评之中。他曾经称赞熊十力在论学时那种张扬不拘的精神。熊十力晚年自佛学转入儒学，“他在论学时往往意气风发，情不自禁。有一次他与张东荪论学，谈得兴起，一掌拍在张的肩上，张逡巡后退。诸如此类传说，不一而足，使他在人心目中成为一个放达不拘的古怪人物。但他也有亲切柔和、平易近人的一面，大概由于太平凡罢，很少为人述及”①。王元化记熊十力自认为要踏实治学，但是熊在治学中有时也无法按照这一原则进行，因此熊“所下定义，所谓踏实者，乃‘必将论主之经验与思路，在自家脑盖演过一番，始能一一得其实解。若致随文生解，不曾切实理会其来历，是则浮泛不实，为学大忌’。在考据训诂方面，十力先生常遭非议，人说他辨真伪多出臆断，任意改变古训，增字解经。这些评骘出自对他诚服崇敬的同辈或友人，不能说没有一些道理。他重六经注我、离识无境之义，于现代诠释学或有某种暗合，可能会受到赞扬。但我以为训解前人著作，应依原本，揭其底蕴，得其旨要，而不可强古人以从己意，用引申义来代替”②。

王元化批评熊十力的这种毛病，实际上也是1949年之后学术界的通病。正像他在其他文章中所说：“目前有些运用新的文学理论去研究古代文论的人，时常会有望文生义、生搬硬套的毛病，就是没有继承前人在考据训诂上的成果而发生的。——事实上，自清末以来，如王国维、梁启超等，他们一面吸取了前人考据训诂之学，一面也超越了前人的界线，在研究方法上开拓了新境界。”③王元化与他的老师熊十力相比，既吸收了熊十力关于佛学的理论，用于他的《文心雕龙》论述之中，同时也对于熊十力的局限进行了超越。他说：“我觉得十力先生所立的原则，即‘根柢无易其故，而裁断必出于己’，是精辟的，可惜他在实践方面未能贯彻始终。”④对自己的老师作这样的一个评价，可见王元化对

① 王元化：《思辨录》，第158页。
② 同上，第159页。
③ 同上，第286页。
④ 同上，第159页。

于资料的解读、训诂和考证是多么的重视了。

五

作为一个宏观研究中国思想文化的学者，王元化身上的朴学治学精神和方法为他治学提供了严谨的学风，但是这并不能代替他突破烦琐考证，从宏观上去思考中国文化、思维模式以及“五四”以来的思潮及学风。清季朴学家有其时代文化的局限，那就是注重语言文字的微观考证研究，忽视文献语言作为一种学术体系的整体性。这一点，到了章黄学派出现之后已经开始有所匡正。早期的朴学比较流于琐碎而烦琐，这也是受到后来学者讥讽的原因。他们蔑视宋代理学的理论探讨，拘泥于文献的考证和字义的训释，这就大大约束了学术的拓展，使得这一门学问仅仅给了人们更多的是方法论的意义，而缺少解决实际问题例如历史、哲学等领域的宏大视野。

王元化既重视朴学治学的学风，严守规矩，但又不仅限于此。他重视考证训诂的治学方法，又认清这种方法的流弊，这使得他在运用考据训诂时有两个与前人最大的不同：(1)凡考据均为解决自己研究的问题所立，不做空洞穿凿之论；(2)凡训诂必考语言之历时性和共时性，也就是顾及当时的语言环境，不以己意断之。如果古代文献歧义纷出，无法解决，宁可付之阙如，也不下断言。

王元化的《文心雕龙创作论》(后增订改为《文心雕龙讲疏》)在训释词义方面严谨精密，每有新意，必用大量同时代文献史料佐证。他在做《文心雕龙》研究之初，其目的就是为《文心雕龙》做注释。而注释正是传统训诂学的一大重要内容。[①]故而王元化在著述中非常注重这方面

---

① 参见陆宗达：《训诂简论》，北京出版社1980年版，第4—6页。

的考证，很多阐述的新意往往就是从词义的训诂入手，当然也不是只找出出处辄止。他在日记中说："近日曾与晓明谈，前人注疏（汉人尤甚），以找出出处辄止。范注《文心》，仍不离此习。但作者何以用前人此一说法，命意何在，是引申本义，还是借喻取譬，而于所用旧说中寄寓新意又如何？凡此种种，有千变万化之情况，皆须探索之，而不能引起旧贯。"[①]这就是王元化重视训诂考证与前人不同之处。他强调有待考证的词语"命意何在"，也就是从训诂考证的结果追溯其立意，探讨的是对于当代文化思想有关联的诸多问题。

他关于"达巷党人"和"子见南子"的两篇考证文章中，就熟练地运用古代文献，进行非常详尽甚至有点烦琐的考证。但是，这两篇考证文章背后的深意常不为人所晓。王元化考释"子见南子"中的"矢"字，几乎将《皇清经解》中所有注家的注疏通读，并找来原文的上下文进行推敲，包括版本的异同、文字的错漏等。但是，这篇考证文字到最后却并没有得出确切的结论，而是重在揭橥世人在解释古代经典时惯有的毛病，那就是"增字解经"的方法。碰到一些难字无法理解古代文献的意义，便用自己的意思去理解古人，曲解古人之意，为达到自己的观点而服务，究其实还是王元化所批评的功利观点以及浮躁学风。值得注意的是，在此文中用了大量的资料，铺陈不同的观点和不同的解释，最后却并没有用自己的观点来下断语。因为这是一个充满歧义的词汇，宁可付之阙如，也不妄为改字解经。这也就是王元化称道陈寅恪的"案而不断，引而不发，倘不细心阅读，极易忽略其中深意"的意义。[②]他的这篇考证文字在这方面作出了表率，以此而实践真正朴学治学的方法。在世人浮躁的心理之下，他提倡的是真正的学术和真正的思想，两者不

---

① 王元化：《王元化集》（第八卷），第136页。
② 王元化：《思辨录》，第288页。

可偏废。王元化谈到陈寅恪在审读报告中论冯友兰哲学史之得失，其弊病跟时人常常尚未能细阅过道藏秘籍，就遽论儒道之关系有关。陈寅恪慨叹没有掌握充分史料，就宏篇大论，失之空泛，对此王元化深为赞许："今冯氏对于尚待研究的宋代新儒学之产生尚不明了，骤以西洋哲学观念加以阐明，岂非谬妄？"①这也是王元化晚年对于王国维、陈寅恪、杨树达等朴学大师治学方法特别赞许的原因之一。

遗憾的是，增字解经和强古人之意，这种方法在学术界、思想界不在少数，流风所被，甚至及于境外。为此，王元化特撰《"达巷党人"与海外评注》一文。先是指出虽然美国汉学家牟复礼是在批评史华慈在汉字的文字训诂方面"常以己意为进退"，也就是常常在理解中国古代经典时为合己意，而不惜强古人之意为己之用，这就是增字解经的症结；但是，牟复礼本人也存在着这个问题。王元化再以对"达巷党人"的考证为例。虽然文字中说是因为海外汉学家对于中国古典文献中的文字训诂疏于了解而以己意进行判断，但实际上也针对了国内的浮夸学风，不重视训诂考证而以论带史的治学方法。传统训诂考据因其根据实证资料来下判语，每得一字一义，必须要有文献材料佐证，故花功夫极多，而所获甚少。当今有些人图省力，用西方的诠释学来套用传统考据。有人以诠释学为名而为诠释的五个层次，最后两个层次，一为"应谓"（即原作者必须说出而未说者），一为"必谓"（即原作者必须说出而未说者）。所谓创造性的诠释学任务，即在于替原作者说出"应谓"和"必谓"两层次内容。这就与传统的训诂的内容相去甚远了。王元化认为，"此项工作不是不可以做，但极易引出逞臆妄说之风。如作为诠释者个人意见或诠释者的批判则可，而硬归派为原作者本身思想则勉强，倘进一步断定如此方得原作者之真谛，则更不可以为训"②。这也就是朴学传

① 王元化：《思辨录》，第288页。
② 同上，第178页。

统中厘清古人之真义，而不作穿凿附会之解的根本方法。如果诠释者站在作者立场，试图为作者说出他想要说的，那就不是诠释，而是一种代圣人立言，转向宋学之流弊中去了。

以此为基准，王元化在中西文化比较研究中，特别反对用比附的方法来罗列中西文化。他认为，中西文化的比较研究应该是对于两种文化进行深度的、从文化思想的方法上比较，经过反复研究，从容含玩之后的一种严肃的研究，"比附"则只是把含有相同性的表面现象进行罗列而已。他对于胡适在《中国哲学史大纲》一书中将西方的"生物进化论"比附到中国古代，认为"墨子以后便有许多人研究生物进化"一说表示不妥，认为是纯粹用比附的方法来研究中国文化。胡适引《庄子》："物之生也，若骤若驰，无动而不变，无时而不移。何为乎？何不为乎？夫固将自化。"胡适在此加以引申说："自化两字，是《庄子》生物进化论的大旨。"又引《寓言》："万物皆种也，以不同形相禅，始卒若环，莫得其伦，是谓天均。"胡再引申称："'万物皆种也，以不同形相禅'，这十一字竟是一篇'物种由来'。"①对于这一说，胡适后来也作了自我批评，认为是一个年轻人的谬妄议论。王元化认为，这就是以中学比附西学，乃治学者之大忌。

同样的，王元化自己也避免用比附来治学。记得美国哈佛大学文化人类学系主任张光直教授1984年在中国出版了第一本自选中文学术论文集《中国青铜时代》，以相当篇幅的考古资料来论证中国古代社会的结构。当时，我被其中论述的很多新颖观点和引用的材料所吸引；尤其他提出的关于中国古代的萨满意识的问题，我觉得是关于人神关系讲得最全面和最深刻的论述。一次，我到王元化家中上课讨论的时候，专门介绍了这一观点。王元化很有兴趣，马上提到："'文革'时期的

---

① 参见王元化：《思辨录》，第289页。

全体人民陷入一种狂热之中，集体无意识的盲目崇拜，是否跟这种萨满有着一定的关系?”他让我继续搜集资料，因为这对于研究当代中国人的思想和宗教意识有着重大意义。后来，我没有如愿将这些资料搜集齐全，因为这是一个重大的文化思维方式问题；而他虽然在《为五四精神一辩》文中提到，但是后来不再使用这些材料，因为他感觉到资料不充分。对于这个问题，他始终没有动笔撰写，只是在四川三星堆出土了“神树”，从考古上分析是鱼和枭两个部落的图腾之后作了一个点评，认为神树的早期信仰和萨满是有密切关系的，未提萨满与中国现当代文化思想的关系。可见其治学之严谨。

原载《学术月刊》2012年12月第44卷

王元化先生留下的思想课题

胡晓明

今年是五四新文化运动一百周年，明年就是王元化先生诞辰一百周年，思考五四新文化运动的影响与得失，正是对先生的最好纪念。

大家都知道先生晚年以反思“五四”而著称。关于“五四”的进步意义，个性解放、人的觉醒、启蒙精神，他是毫不含糊加以肯定的，但他并不以启蒙者自居。他提出要继承“五四”、反思“五四”，明确表示：“‘五四’思潮遗留下来的不都是好的，有的是谬误，有的是真理中夹杂着谬误，还有的是走了样变了形的真理在影响，我们应该把它清理出来”①，“把继承‘五四’解释为完全按照‘五四’一模一样走下去，而不许反思，不许扬弃‘五四’的缺点与局限，我以为这种看法是不足为训的”②，“‘五四’并非是过去人们所想象的美丽乌托邦，它同时也为二十世纪中国的思想界留下了负面的遗产”③。今天中国的主流意识形态，一方面要继承“五四”科学民主进步与爱国主义；一方面业已认识到“五四”的局限性所在，明确提出“文化自信”，以及提出中华文化的复兴等，正是为了纠正“五四”全盘西化和激烈反传统的偏向，接通中华文明几千年延续不衰的内在能量。

先生出生于1920年，他自称是“五四之子”，喝着“五四”的奶长大的一代人，最深切地懂得“五四”的好处，也最真切地感知“五四”的问题。先生与“五四”一辈人不同的是，他有一种“超越二分式”的思考。

---

① 王元化：《对五四的再认识答客问》，载《文艺理论研究》2000年第1期。

② 王元化：《思辨录》，上海古籍出版社2004年版，第39—40页。

③ 罗银胜：《反思理性进步——王元化先生的反思理论与实践》，载《书屋》2006年第6期。

记得有一年，我打印了一篇很长的文章供先生写作时参考，那篇文章的主旨是论证中国20世纪曾走错了路，因为推动这个国家的主导思想，并不代表先进的生产力。文章写得很雄辩。然而先生告诉我，他不能赞成用单一的生产力进步与否的观念来解说历史，这样的论述完全不能懂得历史的复杂性、多样性与人类生存的暧昧性。先生一生表彰19世纪批判现实主义作家对资本主义社会的揭露与抨击，深受西方文学家人道主义思想熏陶，根本看不起20世纪，绝不会赞成资本主义社会，然而先生肯定也不会赞成俄苏式的社会主义。他抄录了《顾准文集》的一段话："斯巴达本身的历史表明，藉寡头政体、严酷纪律来长期维持的这种平等主义、尚武精神和集体主义，其结果必然是形式主义和伪善，是堂皇的外观和腐败的内容，是金玉其外而败絮其中……"；又抄录了顾准1956年6月14日的日记："中国这三十年中（洋务运动到中日战争），没有什么光怪陆离的思潮，而中日战争后生长的一代，只有康有为那一派，与大革命中的国民党左派（原文为右派）。以后，孙中山、鲁迅这一班，就直接走俄国革命之路了，只是旁门左道而已。值得一提的只有胡适，可是他在历史上所起的作用太小了。"①这与先生晚年研究《社会契约论》是一致的，贬低俄苏式的革命为人类历史上的"旁门左道"。所以我们也不要简单给先生贴上左右两派的标签。

复杂地看问题，至少可以有四种进入"五四"的方式。先生开列的"五四"正面遗产，当然是民主、科学、个性解放精神、人道精神，尤其是

---

① 王元化：《思辨录》，第46—47页。顾准的原文为："中国的洋务运动到中日战争，时间不过三十年，俄国洋务运动到1905年经过的时间很长。中国这三十年中（洋务运动到中日战争），没有什么光怪陆离的思潮，而中日战争后生长的一代，只有康有为那一派，与大革命中的国民党右派。以后，孙中山、鲁迅这一班，就直接走俄国革命之路了。五四运动中产生的一些旁门左道，只是旁门左道而已，值得提一下的只有胡适，可是，他在历史上所起的影响作用太小了。"（顾准：《顾准日记》，经济时报出版社1997年版，第93页）。参见杨庙平：《对王元化〈思辨录〉中一则材料的补正》，载《中国图书评论》2009第8期。

他特别指出，以前提到很少的独立精神、自由精神，是比民主和科学更为根本的“五四”重要思想遗产。因为，如果没有独立思考，而只是人云亦云，科学和民主，就只是口号而已，不仅不能真正得到如实而准确的理解，不能真正得到真切而具体的落实，反而会成为对于科学和民主的思想阻碍。当代思想把科学理解为主宰一切事物的科学崇拜，把民主理解为上街游行、民粹主义和激进情绪，正是这样的后果。他反思“五四”，也有一份负面清单，诸如“以西学为坐标”“过度反孔反精英”“意图伦理”“激进主义”“功利主义”“庸俗进化论”，以及“意识形态化的启蒙心态”①等。更重要的是，先生对“五四”的反思，没有像一般学者那样停留在思想文化上，而更借助于反思卢梭学说，步步深入落实到国家创制的观念。今天看来，这是很了不起的。学界承认，“五四是个磨刀石”，是思想训练的有益体操。简单地说，从学术思想的层面，进入“五四”论述的路线至少有四种：一是现代化进程式的进入，即器物—制度—思想；二是后现代式的进入，如汪晖从鲁迅的两重性，论述“五四”的现代性与现代化批判；三是现代文明形态综合式的进入，如陈平原所谓舆论家的梁启超、教育家的蔡元培、政治家的陈独秀、学问家的胡适，四家构成五四新文化所奠定的现代文化基础；四是一种思想辩证式的进入，如林毓生的“‘五四全盘性整体主义’及以传统反传统说”（现代国家制度建设的缺失）与张灏的“五四歧义说”。而先生的进入方式，也是这样的辩证式的，他借反思“五四”的缺失，然后追到卢梭国家学说，最终回到“五四”自由精神与人道精神，回到现代文明立场。他可以说是透过反思“五四”来继承“五四”。说到底，他还是“五四”之子。

---

① 参见王元化：《“五四”时期四观念》《继承“五四”与反思“五四”》《扭曲的启蒙心态》等文，见王元化：《思辨录》，第28、39、40页。

然而他跟林毓生张灏他们不同之处，在于他是先从思维方式这一层，透过个人痛切的存在与生命反思，提出“五四”负面清单，学理纷繁，包孕甚大，尤其是其中所突显的理想主义与经验主义的对列、革命与改良的对列、传统与西学、理性的夸大与理性的自省，然后由此近代思想之门，进入比较政治理论，即关于民主两型、关于大契约与小契约、关于俄法式革命与英美式改良，澄清“五四”关于民主的含混与不成熟思想，然后由此返回文化价值观念，即每一现代思想者都要面对个人/社会/国家/这一根本性的难题。

先生反思的一个鲜明的学术风格，即不是为学术而学术，而是化学术理路而为存在感，将个体生命的存在感融合客观架构。譬如“意图伦理”是借助于马克斯·韦伯的一个学理。简单说，只要自己认定自己的意图是好的，自己有一套自足的理论，那么就不必考虑行为的性质如何、做事的手段如何，更不必对最终结果负责；既然意图是好的，那么行为及其实现意图的手段也应该是好的，结果就应该是好的。意图伦理正是犯了一个基本的逻辑谬误：不能区分主观的意图与客观的事实往往不是一回事；不能区分文学家与艺术家的想象或主体性创造，与政治家的实践操作不是一回事；不能区分是非与利害不是一回事，于是化动机为效果，化政治为文学，将自己认为好的意图当作行为的出发点和判断所有事情的依据，而当这种意图可能造成了侵害与破坏时，他也坚执在意图之中，认为这些侵害与破坏只是暂时的。意图伦理的发动者往往有两项思想特权，一是“结论高于事实”，二是“立场大于是非”。所谓“结论高于事实”，即发动者经常不断地坚执于自己的主观结论，比如社会上存在着一个巨大的敌人，有着巨大危险性，于是，“站在什么立场”就是决定性的前提，后果可以不计，手段可以忽略。先生分析说：“按照认识事物的实际情况来看，恰恰应该是相反的。因为结论要从事实的分析中才能得出，正确立场要经过明辨是非的认识过程才能确立。已有的结论固然可以有助于去分析未经探讨的事实，但不能改变事实，而事实却可以改变过去所获得的结论。同样，原来的立场也必须在继续不断地去明确是非的过程中得到检验，才能证明它是正确的还是错误的。否则就会流入由意志代替真理的信仰主义，形成一种宗派意识。”①

而这种“已有的结论”又是如何来的呢？这与先生所批评的“意识形态化的启蒙心态”有很大的关系。先生说：“今天仍需继承‘五四’的启蒙任务；但是‘五四’以来的启蒙心态，却需要克服。我所说的启蒙心态是指对于人的力量和理性的能力的过分信赖。人的觉醒，人的尊严，人的力量，使人类走出了黑暗的中世纪。但是一旦人把自己的力量和理性的能力视为万能，以为可以无坚不摧，不会受到任何局限，而将它绝对化起来，那就会产生意识形态化的启蒙心态。我生于一九二〇年，从小就受到了‘五四’思潮的洗礼。我的科学信仰以及后来的政治信仰，使我亲身体验过这样一种意识形态化的启蒙心态。这和我所读过的那时被我奉为经典的书籍有关。它们使我相信人的知识可以达到全知全能，从而认定英国经验主义启蒙思想家是不能和欧洲大陆的理性主义启蒙思想家相比的，因为前者往往是不可知论者，有着怀疑主义倾向。所以，休谟、洛克比不上卢梭，而在德国古典哲学家中间，康德又比不上黑格尔。因为前者多了一分怀疑，少了一分信念。这就是所谓偏识。”②

知识的全知全能、价值的唯一绝对、理性的自以为是，这就是意识形态化的启蒙心态的主要特征。意识形态化又译为意谛牢结，指一种思想由封闭而来的观念自我锁定。譬如对“新事物新社会新人类”的崇

① 王元化：《王元化集》（第七卷），湖北教育出版社2007年版，第533页。
② 王元化：《思辨录》，第40页。

尚，对进化的崇尚，对科学主义的崇尚，对市场的崇尚……因而，旧的都要摧毁，所有的人生都可以用科学来指导，市场永远是有办法的，进步只能是直线，大众永远是对的，等等。凡此种种，都把一个东西绝对化成为一种“意谛牢结”，而活泼泼的事物与生动的历史，成为被观念绑架的“人质”，而且逃避了观念与观念之间的内在紧张。

为什么说先生最终回到了“五四”？先生的最后结论，其实是在两个不同的层次上，有不同的区分。一方面，在国家政治上，要建立一种现代文明的新秩序，即尊重个体，权利优先。这是先生这一代人经历了莫大的时代苦痛而得出的结论。这当然是回归了尊人道、崇个人、独立思考自由思想的“五四”精神。黑格尔说，儿童都能懂得的真理，老人却付出了生命的亲证，所得自然大为不同。另一方面，在文化思想上，要强调公民意识即社会意识优先，有一种大人君子之思，关心民生、关怀世道人心，担当知识人天民先觉的使命。这也无疑是回归了“五四”的家国意识与天下关怀。

不能把先生的思想课题想得太简单。当今这个问题仍然尖锐地摆在眼前。群体生存与利益的意识，在不同的历史关头，是否处于不同的位置？表面上的群体利益或国家利益优先，弄不好会不会引入反向，导致深层的危机或意图与实际结果的不一致？或者，是否国家命运如果扎根于个体生命的自觉、个体自由的自决之上，更加牢固坚实？而个体权利的真正保障与有效的国家治理能力、国家远大目标的实现，亦有真止关联。20世纪革命意识形态确实让中国人获得集体尊严与民族自豪，这对于国家进步与富强，确有决定性的意义。当今中国国力取得了举世瞩目的成绩，与此有关。因而似乎这两者又不是那么截然对立的，民族自豪、集体尊严与国家富强，的确也可以为个人的发展、个人的权利争得更多更好的条件；而个人意识、个人权利的增强，也可以为国家的活力与创造性开掘来自底层的生命力源头。先生如果活在今天，相信会有更精彩的思考。这是一个意见纷纭繁杂甚至尖锐、分歧对立却又并不鼓励人冷静思考的时代，然而恰恰又是一个非常需要清明理论的时代。

另一个重要问题是如何建立中国思想学术的主体性。用先生的话来说，即如何“不以西学为标准，而以西学为参照”。所谓“不以西学为标准”，就是要看到，19 世纪以来的知识体系与价值体系，在当今文化思想的新环境下，有相当一部分已明显不能成为固定不变的标准；西方现代思想本身如启蒙，业已产生许多内在的矛盾与修正；而由西方单方面主宰世界与制定规则的局面，业已不适合新时代文化多样性的文明互鉴与文化交流的需要，这就对重新理解与解释中国文化，提出了更高的要求。以文学理论为例，我从 2014 年到去年，共主持两届年会，三次高端论坛，发表五篇“论后五四时代建设性的中国文论”系列论文，旨在发展出一套以大文学观、关联思维、全人宗旨、心的文化、文明素养、道的权威、深层语言、意义治疗等一系列论述①，正是接着先生往下讲。所谓“以西学为参照”，分明又不是一味排斥西学的文化民族主义式的一支独大，而是有区分的智慧、有包容的心态、有时代的新命，既不夸张传统，也不贬抑自我，为具有内在生机的中国文论话语体系而作更有建设性的努力。

今天读来，先生衰年反思，实为不易。他负重而行，强探力索，是在

---

① 参看拙作《略论后五四时代建设性的中国文论》，载《文学遗产》2014 年第 2 期；《再论后五四时代建设性的中国文论》，载《社会科学战线》2015 年第 2 期；《三论后五四时代建设性的中国文论》，中国古代文学理论学会第二十次年会论文，2016 年，汕头大学；《活古化今：接续中华文明体系中的文学思想如何可能——四论后五四时代建设性的中国文论》，载《社会科学战线》2017 年第 12 期；《发现中国文学思想的深层结构：五论后五四时代建设性的中国文论》，北京大学钱锺书思想研究国际讨论会论文。同时参考笔者策划组织的三次高端论坛：《后五四时代建设性的中国文论发展》，2014 年常熟高端论坛；《中国文论与文化大义》，2017 年安庆高端论坛；《古今中西之争与后五四时代建设性的中国文论》，2017 年上海国际论坛。

多种张力之间突围：一方面是革命者自己之所以成为自己的历史结构，一方面又是知识人生命在其自己的存在感受；一方面是深深悉知传统的暗黑与冤曲，一方面又是真切承受了现代的压抑与悖反；一方面是法苏式的民主左翼，以公意取代个人，另一方面是英美式的民主右翼，以大众牺牲精英。先生的一生，用他的话来说，是在“荆棘丛生的理论之路上跋涉”的一生，近现代学人中不多见，颇有某种文化英雄的悲壮意味。先生缠绵病榻之时，有一次慎重对我说，希望我不要学××或×××，要关心大问题，研究大问题。他后来又明确说，你们建立学馆，不是为了纪念我这个人，更重要的是要把我开了一个头的课题，再继续做下去。

我自2017年接任主事王元化学馆，也在此简单汇报一下我们做的事情。我业已日渐清楚地意识到，先生所说的开了一个头即反思“五四”的事情，有三个方向：一是由反思“五四”，到反思我们的政治与文明的基础，兹事体大，有待于更多从事比较文明与比较政治学的专家。二是由反思“五四”，重建传统价值、文化秩序与文明信心，这是由学术文化回馈社会与世道人心的事情。2018年我在孔学堂主持辩论大赛，题目是《个人意识与社会意识，孰为优先?》，以及今年参加加州大学圣迭戈分校举办的“百年五四暨王元化先生思想研讨会”，正是从先生的思想再出发。这一点，我们还会通过王元化系列讲座，逐步做下去。三是由反思“五四”到重启中国古典学术，尤其是古典文学理论与研究的后“五四”时代。学馆去年出了一本书，书名就是《后五四时代与中国思想学术之路》①，两大册，其中很多文章涉及这一方向，大家可以参看。今年7月即将在上海举办的《中国哲学社会科学话语体系建设·浦东论

① 胡晓明主编：《后五四时代与中国思想学术之路》(上、下)，华东师范大学出版社2017年版。

坛——“文学理论话语体系建设·2019”》，旨在推进中国特色文艺理论的建设，也是继续先生后“五四”的思路。总之，先生晚岁反思规模宏大，内涵深厚，具有很强的思想启示意义与学术文化建设意义，深入阐发与发扬光大，仍有较长的路要走。本文戋戋小言，不过为抛砖引玉之论尔。

原载《华东师范大学学报(哲学社会科学版)》2019 年第 4 期

在学术与思想之间

——重读王元化先生的《文心雕龙讲疏》

戚良德

自黄侃的《文心雕龙札记》诞生以来，在近百年的“龙学”史上，如果要找一部影响最大的著作，可以说非王元化先生的《文心雕龙讲疏》莫属了。①牟世金先生认为：“《文心雕龙创作论》是本期理论研究方面影响最大的重要著作。”②张文勋先生说：“王元化用现代科学的方法去发掘《文心》创作论的意蕴，无疑是一种重大的突破。”③张少康等先生亦指出：“该书自出版以来，不仅受到学术界高度的评价和赞誉，而且本书的学术内容、研究方法及其扎实严谨的学风，对新时期以来《文心雕龙》研究的繁荣兴盛产生了非常特殊的重要作用。”④李平先生亦谓：“《文心雕龙讲疏》……成为先生学术研究中一道最亮丽的风景线。”⑤应该说，这些评价都是非常中肯的。但正如陆晓光先生所指出：“王元化先

---

① 据笔者统计，该书目前至少有11个版本：1979年初版时名为《文心雕龙创作论》，1984年修订版书名仍为《文心雕龙创作论》，1992年改订更名为《文心雕龙讲疏》，这三个版本均由上海古籍出版社出版；2001年收入《清园文存》第一卷(江西教育出版社)，题为《〈文心雕龙〉篇》；2004年由广西师范大学出版社出版“定本”，书名为《文心雕龙讲疏》；2005年日本汲古书院出版日文版，书名亦为《文心雕龙讲疏》；2007年收入《王元化集》(第四卷)，由湖北教育出版社出版，仍以《文心雕龙讲疏》为名；2007年12月新星出版社以《读文心雕龙》为名出版；2012年上海三联书店复以《文心雕龙讲疏》出版；2017年华东师范大学出版社再以《文心雕龙讲疏》出版。另外，1993年台湾书林出版公司翻印出版了《文心雕龙讲疏》。总体而言，该书以《文心雕龙讲疏》之名最为通行。

② 牟世金：《“龙学”七十年概观》，见《雕龙后集》，山东大学出版社1983年版，第28页。

③ 张文勋：《文心雕龙研究史》，云南大学出版社2001年版，第226页。

④ 张少康、汪春泓、陈允锋、陶礼天：《文心雕龙研究史》，北京大学出版社2001年版，第383页。

⑤ 李平：《文心雕龙研究史论》，黄山书社2009年版，第210页。

生改革开放初期出版的《文心雕龙创作论》迄今有六次修订改版，贯穿其中的是曲折而漫长的‘思想轨迹’，以及烙印人格的学术‘情志’。王元化的研究始终以马克思(引用的)‘走你的路，让人们去说’的‘良箴’为引导，它首先提示的是著者在特殊年代‘求真知，忌虚妄’的信念。王元化的研究历程表征了不同时期思想与学术之进程的艰难，也展示了一种勇于质疑自身‘偏颇’乃至‘心爱观念’的学术范型的锻造过程。”①笔者以为，晓光先生的这段话意蕴深厚，对王先生“龙学”的理解和评述更为深刻而求实；从中不难体会，所谓“进程的艰难”，所谓“锻造过程”等，也决定了研读和评价王先生的《文心雕龙》研究，实在不是一件简单的事情。惟以王先生“勇于质疑自身‘偏颇’乃至‘心爱观念’的学术范型”及其“烙印人格的学术‘情志’”为念，凡为真诚之探求，必当有益于“龙学”、学术与思想也。

一部“喜忧参半”的“龙学”经典

王先生的《文心雕龙讲疏》一书不仅在“龙学”领域是公认的经典，而且其知名度远远超出一般的“龙学”著作，在比较文学、美学、文艺理论、古典文论、国学等众多研究领域都是被经常提到的经典之作；同时，作为著名的文化学者和思想家，王先生在众多研究领域亦均有独到的建树，其很多研究成果较之《文心雕龙讲疏》显然具有更大的包容性和受众面，但就其影响而论，似乎无出这部看起来更为专业的“龙学”著作之右者。然而，我们又不能不说，关于这部“龙学”名著和经典，从其诞生之时开始，就一直有批评的声音存在，就一直有着不同的看法。王先

① 陆晓光：《有情志有理想的学术——王元化的〈文心雕龙〉研究》，见《王元化人文研思录》，华东师范大学出版社 2015 年版，第 306 页。

生曾用“喜忧参半”来描绘自己面对这部书的心情，我觉得这个词在一定程度上概括了这部产生在特殊时代的经典之作的历史特点。

关于《文心雕龙讲疏》一书的著述缘起，王先生不止一次地作过或详或略的表述，其“日译本序”云：“本书的酝酿是在四十年代，写作是在六十年代，出版则是七十年代。八十年代本书重印时，又作过一些增补。至于重订本《文心雕龙讲疏》的出版，则是九十年代初了。”①因此，阅读和评价王先生的这部经典，要有一个重要的前提和思想准备，那就是必须明白这部著作虽初版于1979年，但实际上产生在半个世纪以前的特殊思想和人文环境中，有着不可磨灭的时代印记。王先生特别指出：“这本书基本完成于四十年前，倘根据我目前的文学思想和美学思想去衡量，是存在差距的。”②又说：“从今天来看，其中很多观点都是需要重新思考的。今天应该更加解放思想。”③即使在后来出版的“定本”中，王先生也再次申明：“这本书基本完成于四十年前，倘用我目前的文学思想和美学思想去衡量，是存在较大的差距的。但要将我今天的看法去校改原来的旧作，那是不可能的，除非另起炉灶，再写一本新书，由于这个缘故，我对现在这个定本的出版，怀有一种喜忧参半的心情。”④

吴琦幸先生也曾谈到：“先生坦诚说……事实上，我的研究还是有不少遗憾的，这本书中的有些观点呢，也没有脱离机械论，尤其是在立场观点上，延续了当时的说法。……如果要重新修订的话，要脱胎换骨了。不过我无法再花大力气去修订了。有待于后人的评价吧。”⑤这一

① 王元化：《〈文心雕龙讲疏〉日译本序》，《文心雕龙讲疏》，广西师范大学出版社2004年版，第359—360页。该书“新版前言”中亦有类似说明。

② 同上，第360页。

③ 吴琦幸：《王元化谈话录》，上海人民出版社2015年版，第49页。

④ 王元化：《文心雕龙讲疏·新版前言》，第2—3页。

⑤ 吴琦幸：《王元化谈话录》，第279页。吴先生说，王先生此处所说的“定本”指的是广西师范大学出版社1992年版的《文心雕龙讲疏》。

再的提醒说明，王先生的确意识到这本“基本完成于四十年前”的著作与自己“对中国文论的新看法”之间，“存在较大的差距”，这是我们不能忽略的。一方面，无论评价高低，首先我们应当对这样一部著作表示由衷的敬意，这是大前提。这并非因为王先生是大家，而是因为这部著作自身所显示的力量，自身所取得的成功，是因为其历经半个世纪之后仍展现出的学术、思想魅力。可以说，这部著作实现了郭绍虞先生的预言，“其价值决不在黄季刚《文心雕龙札记》之下也”①。另一方面，这部产生在那样一个特殊时代的学术著作，必然有着不可回避的一些问题，这是今天评价它不能不正视的。在这方面，我们同样不能因为作者是大家，就只有顶礼膜拜，而是应当实事求是地指出其不足和遗憾，也只有这样做，才是真正符合王先生自己的要求和意愿的。吴琦幸先生曾谈到王先生自己对鲁迅的态度：“我批评鲁迅是有一点，实际上我是很尊敬他的……但对他的缺点我一定要指出来，这才是一个真正的治学态度嘛，迷信什么你就让我全部说好，我是做不到的。”②笔者以为，王先生能够在特殊的年代留下这样一部影响巨大的经典之作，与其独特的学术人格和胸襟是分不开的。正是出于这种考虑，笔者希望虔诚地寻找王先生所意识到的“较大的差距”，更多地注意王先生所谓“在释义中是不是有做得过头或做得不足的地方”③，但由于个人的理论水平所限，一是未必能找到，二是找到的也未必是对的。

笔者觉得，从《文心雕龙柬释》到《文心雕龙创作论》，再到《文心雕龙讲疏》和《读文心雕龙》，这部规模不大而一再修订乃至不断更名的著作，代表着整整一个时代的“龙学”特点及其是非功过。应该说，作者的写作、结构方式，显示了极为严肃认真的学术态度，正如牟世金先生所

① 王元化：《备考》，见《文心雕龙讲疏》，第 363 页。

② 吴琦幸：《王元化谈话录》，第 449 页。

③ 王元化：《〈文心雕龙〉创作论八说释义小引》，见《文心雕龙讲疏》，第 92 页。

指出，其“值得注意的，首先是严谨审慎的治学精神”①，这种态度堪为后世楷模。首先是作者所采用的“释义”和“附释”的方法，体现出其实事求是的著作态度，令人敬佩。其云：“有人不大赞成我采取附释的办法，建议我把古今中外融会贯通起来。这自然是最完满的论述方式，也正是我写作本书的初衷。但是限于水平，我还没有能力做到这一步。为了慎重起见，我觉得与其勉强地追求融贯，以致流为比附，还不如采取案而不断的办法，把古今中外我认为有关的论点，分别在附释中表述出来。”②其次，其“严谨审慎的治学精神”，还有牟世金先生所指出的另一方面：“据笔者所知，王著本不止‘八说’，还有几‘说’既不愿收入其书，虽几经要求，至今仍不愿付梓，原因就是自认为‘不成熟’。”③这样的著述态度，尤令今天急功近利的我们感到汗颜。

然而，这种“严谨审慎的治学态度”却无法逾越时代的樊篱，从而摆脱历史的局限。笔者以为，最根本的问题有两个：一是所谓“清理和批判的原则”，所谓“在批判地继承我国古典文艺理论遗产方面提供一些新的研究方法”，所谓“用科学观点去清理前人理论”；④二是对《文心雕龙》基本性质的判断，认为《文心雕龙》是后世所谓的文学理论。显然，这两个问题在研究者那里，基本不是问题，是理所当然、毋庸置疑的前提。但王先生也清醒地意识到：“用科学观点去清理前人理论是一项困难的工作。……我们不应该把这种用科学观点清理前人理论的方法，和拔高原著使之现代化的倾向混为一谈。自然，运用这种方法而要做到适如其分是很不容易的。”⑤因而，尽管作者要求自己“在阐发刘勰的

① 牟世金：《文心雕龙研究的回顾与展望》，见《文心雕龙学刊》（第二辑），齐鲁书社 1984 年版，第 46 页。

② 王元化：《〈文心雕龙创作论〉初版后记》，见《文心雕龙讲疏》，第 344 页。

③ 牟世金：《文心雕龙研究的回顾与展望》，见《文心雕龙学刊》（第二辑），第 46 页。

④ 王元化：《〈文心雕龙〉创作论八说释义小引》，见《文心雕龙讲疏》，第 90—92 页。

⑤ 同上，第 92 页。

创作论时，首先需要以实事求是的态度揭示它的原有意蕴，弄清它的本来面目”[①]，但在对《文心雕龙》基本性质的认识尚有问题的情况下，对它所作的“清理和批判”，便可能在某些方面产生理论判断上的失真。这在今天看来是令人感到遗憾的，而这又是由时代所决定的，是个人所无法超越的历史局限。应该说，把《文心雕龙创作论》改为《文心雕龙讲疏》，虽仅是一个书名问题，但对笔者所说的这两个问题而言，显然有着一定程度的弱化，也就意味着向着《文心雕龙》的本来面目靠近；不过总体而言，这两个问题始终是存在的，这也就整体决定了其所代表的一代“龙学”的基本特点。我想，王先生所谓“感到不足的方面”，所谓“我没有将我十多年来所形成的对中国文论的新看法表述在本书中”[②]，不知是否与此有关呢？

三

对《文心雕龙》的基本认识

《文心雕龙》是一部什么书？王先生说：“《文心雕龙》是中国古代文论的集大成者，它在内容上将史、论、评兼综在一起，读了这部书可以了解我国从先秦到南朝齐代的文学发展史，文学理论的原则与脉络，文学体裁的分类与流变，文学批评与文学鉴赏的标准和风格。总之，它可以说是当时的一部文学百科全书。”[③]应该说，这段话明确肯定了《文心雕龙》在中国古代文论中的崇高地位，代表了20世纪八九十年代人们对《文心雕龙》的基本认识和评价，这里突出强调的一点是，《文心雕龙》具有“史、论、评兼综”的特点。对此，王先生曾不止一次地作过说明，如

① 王元化：《〈文心雕龙〉创作论八说释义小引》，《文心雕龙讲疏》，第89页。
② 王元化：《文心雕龙讲疏·新版前言》，第3页。
③ 王元化：《一九八七年在瑞典斯德哥尔摩大学的演讲》，《文心雕龙讲疏》，第311页。

谓："在写作方法上，刘勰把'史'、'论'、'评'糅合在一起。"①这正是对其地位所作评价的根本所在，所谓"当时的一部文学百科全书"，着眼点应该就在这里。

但在笔者看来，与"《文心雕龙》把史、论、评糅合起来，成为一部具有系统性的专著"②这一认识相比较，更能反映王先生对《文心雕龙》一书之独特认识，还有后来他关于《文心雕龙》文体论的评价。据吴琦幸先生回忆，王先生曾明确指出，《文心雕龙》"这部书不仅仅是一部重要的文艺理论书，也是一部重要的中国文体学的书"，这应该是王先生在写完《文心雕龙创作论》之后，对《文心雕龙》的一个新认识。这个认识以对中古时期中国社会发展的总体认识为基础，认为"尤其是在文学艺术方面，各种文体都已经成熟，从先秦的《诗经》、《尚书》、铭文等到民间的歌谣、传说等，都用优美的文字记录下来。因此，有待一部巨著来进行分门别类，将文学的概念、文体的划分以及文学规律性的东西加以总结……刘勰在那种历史条件下成为撰写这一文学理论的大家"。③应该说，这是一个较为成熟的想法了。

而且，王先生还把对《文心雕龙》文体论的这种重视同它的系统性和逻辑性联系在一起，这就更是一个独特认识了。其云："刘勰《文心雕龙》的系统性、逻辑性，恐怕是中国古籍中最值得瞩目的。逻辑性和系统性是关联在一起的。没有逻辑性，就不可能构成一个完整的系统。……只要研究一下《文心雕龙》文体论各篇，就可看到，其组织之靡密，结构之严谨，在当时堪称创举。"④笔者觉得，这种对文体论的重视

① 王元化：《〈文心雕龙〉创作论八说释义小引》，见《文心雕龙讲疏》，第 88 页。

② 王元化：《一九八八年广州〈文心雕龙〉国际研讨会闭幕词》，见《文心雕龙讲疏》，第 337 页。

③ 吴琦幸：《王元化谈话录》，第 48 页。

④ 王元化：《一九八八年广州〈文心雕龙〉国际研讨会闭幕词》，见《文心雕龙讲疏》，第 337 页。

和强调，是写作《文心雕龙创作论》前后的王先生所没有或不明确的。他曾经说："《文心雕龙》关于文学创作的理论在当时的世界范围内可以说是首屈一指的，这部前无古人后无来者的奇书到今天还是中国古典文论的宝山，值得发掘。"①又说："他在这个书中切实分析了历代文体演变的过程以及功能，主要是从教化伦理的观念来分析各种文体。他从文学创作、写作的技巧等各方面分析和论述，形成了中国第一部系统的文学理论著作。"②虽然这里谈到了刘勰对"历代文体演变的过程以及功能"的分析，但这和上述对文体论的强调是完全不同的，这里重视的是刘勰"从文学创作、写作的技巧等各方面分析和论述，形成了中国第一部系统的文学理论著作"，这也正是王先生要写作《文心雕龙创作论》的原因。他说："创作论是侧重于文学理论方面的。释义企图从《文心雕龙》中选出那些至今尚有现实意义的，有关艺术规律和艺术方法方面的问题来加以剖析，而这方面的问题几乎全部包括在创作论里面，这就是释义以创作论作为主要研究对象的原因。"③可以想见，假如王先生早就认识到《文心雕龙》这部"系统的文学理论著作"不仅仅体现在创作论方面，"其组织之靡密，结构之严谨"更体现在文体论上，那么王先生对《文心雕龙》的研究可能决不仅仅是《文心雕龙创作论》，我们后来看到的《文心雕龙讲疏》也就可能具有更丰富的内容了。因此笔者设想，王先生把《文心雕龙创作论》改成了《文心雕龙讲疏》，有没有这方面的想法呢？王先生后来一再表示的对《文心雕龙》的新想法，有没有对文体论的新认识呢？

王先生重视《文心雕龙》的另一点，是上述已经谈到的"刘勰《文心雕龙》的系统性、逻辑性，恐怕是中国古籍中最值得瞩目的"，而笔者更

---

① 吴琦幸：《王元化谈话录》，第50页。

② 同上，第48—49页。

③ 王元化：《〈文心雕龙〉创作论八说释义小引》，见《文心雕龙讲疏》，第88—89页。

感兴趣的是，刘勰何以有这个“最”呢？王先生认为，这是因为刘勰受到了因明学的影响。他1983年在日本说：“我认为《文心雕龙》与佛学的关系，不是直接的影响，而是在一定方面受到了间接的影响。简言之，主要就是他在方法论上受到了因明学的潜移默化的启示。”[①]又说：“刘勰的《文心雕龙》体大虑周，组织靡密，能够形成一个完整的系统，有一个很严密的体系，以至被章实斋誉为‘成书之初祖’。这跟他受到了因明学的影响，是很有密切关系的。”[②]并具体指出：“佛家的重逻辑精神，特别是在理论的体系化或系统化方面不能不对他起着潜移默化作用。因此，只是在他所采取的方法上可能受到了佛家因明学的一定影响。”[③]五年之后，王先生再次申述了这样的看法：“《文心雕龙》把史、论、评糅合起来，成为一部具有系统性的专著。我认为，构成这种重逻辑的特色不能说没有因明学的影响。我还认为，刘勰也受到先秦名家乃至玄学家思辨思维的影响。”[④]应该说，《文心雕龙》之成为“体大思精”的理论巨著，有着多方面的原因，但其因在“系统性、逻辑性”上的突出特点而成为“最”者，的确是一个值得探讨的问题，王先生抓住因明学的影响不放，并一再作突出强调，这在一定程度上解释了其所以为“最”的独特原因，是有着重要贡献的。虽然王先生没有更进一步地作出因明学影响刘勰思维情况的具体说明，但却启发后来的研究者关注这个问题，进一步研究这个问题，这对认识刘勰的思想也是有帮助的。

王先生对《文心雕龙》的基本认识，还谈到过一个令笔者格外感兴趣的问题，那就是他认为《文心雕龙》不仅仅是文学理论，而是有着刘勰

① 王元化：《一九八三年在日本九州大学的演讲》，见《文心雕龙讲疏》，第296页。

② 同上，第297页。

③ 王元化：《〈日本研究文心雕龙论文集〉序》，见王元化选编：《日本研究文心雕龙论文集》，齐鲁书社1983年版，第282页。

④ 王元化：《一九八八年广州〈文心雕龙〉国际研讨会闭幕词》，见《文心雕龙讲疏》，第337页。

对社会的分析。他说:“我对《文心雕龙》有兴趣的时候,正是我在一次政治运动中被隔离之后,思想处于非常低落的时候。这部书的内涵不仅是文学理论,更有着对社会的分析,尤其对六朝之前的文学的深刻认识。”①但令人遗憾的是,王先生没有对此多谈,没有进一步跳出文学理论的范围,阐述刘勰对社会的分析。而且笔者觉得,这段话的记录可能也有点问题,“更有着对社会的分析”与“尤其对六朝之前的文学的深刻认识”这两者之间应该不是这样的逻辑关系。笔者总是觉得,晚年的王先生对《文心雕龙》的认识,不仅已经跳出了“创作论”的圈子,已经着眼于与创作论同等重要的“文体论”,而且跳出了“文学”的圈子,看到了刘勰及其《文心雕龙》的社会思想和文化意义。而这应该是隐含着这样一个逻辑:作为一个著名文化学者和思想家,何以选择《文心雕龙》这样一部著作进行解剖;或者反过来,从文学理论研究起步的王先生,何以走向文化思想的研究和建设,而且在这样一个过程中,他始终没有放弃对《文心雕龙》的思考。无论哪个方向和过程,似乎都能说明这样一个问题或结论:《文心雕龙》“不仅是文学理论”。如上所述,王先生《文心雕龙讲疏》这本书的影响已远远超出了文学理论的范围,也可以说是一个佐证。

因此,笔者认为,王先生对《文心雕龙》的基本认识和评价,更重要的不在于他指出“《文心雕龙》是中国古代文论的集大成者”,甚至“是当时的一部文学百科全书”,尽管这也是重要的,而在于王先生对《文心雕龙》的认识经历了一个过程,从重视其“创作论”到重视其“文体论”,从重视其在“文学理论”上的创见,到重视其超出“文学”的文化思想乃至社会意义。从《文心雕龙创作论》到《文心雕龙讲疏》这一书名的变迁,似乎也有所表征,但毋庸置疑的是,王先生留下的这部论著主要还是一

① 吴琦幸:《王元化谈话录》,第38页。

部文学理论著作，则上述所谓“喜忧参半”者，是否也有这一方面的原因呢？王先生所谓“另起炉灶，再写一本新书”[1]，这本“新书”的面貌我们虽难以想见，但其基本的思想倾向是否会延续笔者所说的这样一种趋势呢？

对《文心雕龙》创作论的阐释

对《文心雕龙》创作论的研究，显然是《文心雕龙讲疏》的中心内容。笔者以为，在“《文心雕龙》创作论八说”中，最成功的是《释〈体性篇〉才性说》，如区分风格的主观因素和客观因素，其云：“刘勰提出体势这一概念，正是与体性相对。体性指的是风格的主观因素，体势则指的是风格的客观因素。”[2]又如对刘勰风格论的基本评价，王先生说：“我以为刘勰以后的古代风格理论，总不及刘勰对风格问题的剖析那样具有丰富的内容和深刻的见解了。”[3]正如程千帆先生所说：“王元化讲我国古代文论中的风格，比别人讲得都好，这是由于他对德国古典美学体会深。不是硬用黑格尔套刘彦和，或者反过来。”[4]程先生可谓一语中的，目光犀利。如果要找一篇不太成功的，笔者觉得应该是《释〈比兴篇〉拟容取心说》，而其姊妹篇《再释〈比兴篇〉拟容取心说》一文虽其观点未必尽是，但从文章本身而言则相当成功，不仅有力地补充了前文，而且其逻辑思维严密，文风敦厚练达，展现了一代大家的文章风范，不可多得，令人向往。有鉴于此，笔者即以这两篇为重点，探讨一下王先生对《文心雕龙》创作论阐释的得失。其实，早在

---

① 王元化：《文心雕龙讲疏·新版前言》，第2页。
② 王元化：《释〈体性篇〉才性说》，见《文心雕龙讲疏》，第146页。
③ 同上，第151页。
④ 王元化：《备考》，见《文心雕龙讲疏》，第379页。

《刘勰的文学起源论与文学创作论》一文中，王先生已经表达了对比兴问题的基本认识。其云："《比兴篇》是探讨艺术形象问题的专论，篇中所提出的'拟容取心'的命题，就是在艺术形象问题上分辨神形之间的关系。心和容亦即神和形的异名。"①这里明确地提出了对《比兴》篇的两个基本认识，一是探讨艺术形象问题的专论，二是重视其中的"拟容取心"说。王先生还指出："他所说的'拟容取心'就包括了心和容（即神和形）两个方面。拟容是指摹拟现实的表象，取心是指揭示现实的意义。他认为要创造成功的艺术形象，拟容和取心都是不可缺少的条件，既需要摹拟现实的表象，以做到形似，也需要揭示现实的意义，以做到神似。"②

正是从这一基本认识出发，王先生把对《比兴》篇的研究概括为《释〈比兴篇〉拟容取心说》，充分表明了他对刘勰"拟容取心"一语的高度重视。而之所以如此，笔者觉得这和王先生把"比兴"理解为艺术形象密切相关。他说："根据刘勰的说法，比兴含有二义。分别言之，比训为'附'，所谓'附理者切类以指事'；兴训为'起'，所谓'起情者依微以拟议'。这是比兴的一种意义。还有一种意义则是把比、兴二字连缀成词，作为一个整体概念来看。《比兴篇》的篇名以及《赞》中所谓'诗人比兴'，都是包含了更广泛的内容的。在这里，'比兴'一词可以解释作一种艺术性的特征，近于我们今天所说的'艺术形象'一语。"③一方面，王先生认为刘勰的"比兴含有二义"，另一方面王先生把侧重点放在了后一种意义上，即"近于我们今天所说的'艺术形象'一语"。他进一步解释说："我国的'比兴'一词，依照刘勰'比显而兴隐'的说法（后来孔颖达曾采此说），亦作'明喻'和'隐喻'解，同样包含了艺术形象的某些方面

① 王元化：《刘勰的文学起源论与文学创作论》，见《文心雕龙讲疏》，第74页。

② 同上，第75页。

③ 王元化：《释〈比兴篇〉拟容取心说》，见《文心雕龙讲疏》，第158页。

的内容。《神思篇》‘刻镂声律，萌芽比兴’，就是认为在‘比兴’里面开始萌生了刻镂声律、塑造艺术形象的手法。”①

从而，王先生得出这样的结论：“《比兴篇》是刘勰探讨艺术形象问题的专论，其中所谓‘诗人比兴，拟容取心’一语，可以说是他对于艺术形象问题所提出的要旨和精髓。”②应该说，把“比显而兴隐”理解为“明喻”和“隐喻”，并认为“包含了艺术形象的某些方面的内容”，是没有问题的；但所谓“刻镂声律，萌芽比兴”，却并不是说“在‘比兴’里面开始萌生了刻镂声律、塑造艺术形象的手法”，而只是说文章的写作从比兴开始而已。比兴确实是写文章的一种艺术手法，但在刘勰的理论体系中，还不是“塑造艺术形象的手法”，这是并不相同的两个问题。原因很简单，《文心雕龙》所研究的“为文之用心”，是立足于当时所谓“文章”之写作的。这个“文章”虽然包含后世所谓的文学作品，如诗歌散文等文体，但其中大量的文体是实用性的。所谓《文心雕龙》的创作论也是基于这些文体的文章写作论，而不是以塑造艺术形象为中心的文艺创作论。正因如此，王先生由此出发对“拟容取心”所作的一段经典解释，在笔者看来也就与刘勰的本意相去甚远了。其云：

> “拟容取心”这句话里面的“容”“心”二字，都属于艺术形象的范畴，它们代表了同一艺术形象的两面：在外者为“容”，在内者为“心”。前者是就艺术形象的形式而言，后者是就艺术形象的内容而言。“容”指的是客体之容，刘勰有时又把它叫做“名”或叫做“象”；实际上，这也就是针对艺术形象所提供的现实的表象这一方面。“心”指的是客体之心，刘勰有时又把它叫做“理”或叫做“类”；

① 王元化：《释〈比兴篇〉拟容取心说》，见《文心雕龙讲疏》，第159页。
② 同上。

实际上，这也就是针对艺术形象所提供的现实意义这一方面。“拟容取心”合起来的意思就是：塑造艺术形象不仅要摹拟现实的表象，而且还要摄取现实的意蕴，通过现实表象的描绘，以达到现实意蕴的揭示。①

这一段对“拟容取心”四字的阐释得到了不少《文心雕龙》研究者的赞同和欣赏，也因此经常被引用。如果说王先生借助“拟容取心”这一说法来阐释自己对文艺学上“塑造艺术形象”这一重要理论问题的认识，那么笔者也觉得这番论述是非常到位和经典的，可以说是对刘勰“拟容取心”一语的推陈出新和再创造。但若就刘勰使用这四个字的本意而论，则笔者觉得王先生的解释已经不是刘勰的想法了。如上所述，这与王先生对刘勰“比兴”一词的基本认识是密切相关的。

正像王先生所指出，刘勰把“比训为‘附’，所谓‘附理者切类以指事’；兴训为‘起’，所谓‘起情者依微以拟议’”②，这可以说是《比兴》篇的基本思想，因此，所谓刘勰的“比兴含有二义”，这一理解本身已经不尽符合“比兴”之旨，或者说已经超出了刘勰的想法，而进一步把合起来的“比兴”一词理解为“艺术形象”，甚至把这一个含义当成了《比兴》的主旨，这就一步步离开了刘勰的本意。来自《比兴》篇“赞”词的“拟容取心”一语，确是刘勰用以概括“比兴”一词的，但并非概括作为“艺术形象”的“比兴”这样一个合成概念，而是分别解释“比”和“兴”的一个形象说法。其原文为：“诗人比兴，触物圆览；物虽胡越，合则肝胆。拟容取心，断辞必敢。”③所谓“拟容”，所指正是“附理者切类以指事”；所谓“取心”，所指正是“起情者依微以拟议”；所谓“拟容取心”，不过是刘勰用来

① 王元化：《释〈比兴篇〉拟容取心说》，见《文心雕龙讲疏》，第161页。

② 同上，第158页。

③ 刘勰著，戚良德辑校：《文心雕龙》，上海古籍出版社2015年版，第214页。

总括《比兴》篇开始提到的“比”“兴”的含义，并没有什么新的思想，这是《文心雕龙》各篇赞词的通例。实际上，在笔者看来，刘勰所讲的“比兴”主要就是“比”和“兴”，是文章写作的常用手法，它们当然不能和艺术形象无关，但由刘勰对“文章”的基本认识和《文心雕龙》的基本性质所决定，它们主要不是塑造艺术形象的手法。这也就是笔者觉得《释〈比兴篇〉拟容取心说》一文不够成功的原因。

不过，作为这一篇的补充，《再释〈比兴篇〉拟容取心说》一文则有着极高的学术价值。如关于“六义”，王先生以高屋建瓴之势，对这一传统的学术问题作出了要言不烦的概括。其云：

> 郑注六义是兼赅诗体、诗法而言，《孔疏》六义则是把诗体、诗法严格区别开来，从而指明两者区别所在。然而，这并不等于说要否定《孔疏》的价值。从探讨六诗或六义的原始意义方面来看，自然当以《郑注》为长，《孔疏》是不足为训的。不过问题并不这么简单。……撇开诠释六义的原旨这一点不论，单就阐述诗的表现方法来说，《孔疏》自有它的积极意义。它更明确地提出了诗法问题，把赋、比、兴列为三种表现方法（实际上也就是兼综了叙述和描写两方面），对后人有着很大影响，开启了此后对于诗的表现方法越来越深入的研究，这都是不容抹煞的。①

这段话举重若轻，充分展示了王先生精密的理论思辨能力和通达的学识，其结论令人折服。他又说：“刘勰生于南朝，是汉代以后唐代以前的人物。他对六义的看法，可以说是《郑笺》《孔疏》之间的过渡环节，起着承前启后的作用。他比《郑笺》更进一步侧重于诗法的探讨，但

---

① 王元化：《再释〈比兴篇〉拟容取心说》，见《文心雕龙讲疏》，第183页。

又不像《孔疏》那样把诗体和诗法截然区分开来。总的来说,他仍保持了《郑笺》那种体即是用、用即是体、诗体与诗法相兼的观点。”①笔者觉得,这一对刘勰关于“六义”思想之历史地位的评价也是极为得体而令人心悦诚服的。正因有此基础,王先生对刘勰“比兴”的认识,与上一篇便有所不同了。其云:“《比兴篇》列入创作论,自然把重点放在创作方法上,但由于刘勰仍保持着汉人体法相兼的观点,既把比兴当作艺术方法看待,又把比兴当作由艺术方法所塑造的艺术形象看待,所以篇中才有‘比体’‘兴体’之称。”②尽管这里还是认为刘勰的“比兴”有两个含义,但却明确指出了刘勰“自然把重点放在创作方法上”,实际上也就对上述所谓“塑造艺术形象”问题之于刘勰《比兴》篇的意义有所修正。

实际上,王先生对比兴问题从未停止过自己思考的脚步。他不仅一再阐释《比兴》篇,而且在对其他问题的思考中也联系比兴问题,以深化或校正自己的理解和认识。如王先生一直重点思考的一个问题是中国古代关于言意关系的论述,他说:“《文心雕龙》在言意之辨问题上,屡次申明了言尽意的主张。如《神思篇》所云‘意授于思,言授于意,密则无际,疏则千里’可为明证。”③但他后来指出:“我一直采取这种看法,但也一直未能惬恰于心。因为《文心雕龙》还有另外一面,如其中所说的‘思表纤旨,文外曲致,言所不追,笔固知止’,‘物有尽而情有余者,晓会通也’等等,这些话似乎又表示了语言并不能完全涵盖思想的意思。”④这样,王先生自然地联系到了刘勰的比兴理论,他说:刘勰的言意之辨在于说明什么问题呢?依我看,他是企图阐明文学的写意

① 王元化:《再释〈比兴篇〉拟容取心说》,见《文心雕龙讲疏》,第184页。
② 同上。
③ 王元化:《一九八三年在日本九州大学的演讲》,见《文心雕龙讲疏》,第294页。
④ 王元化:《一九八八年广州〈文心雕龙〉国际研讨会闭幕词》,见《文心雕龙讲疏》,第335页。

性……中国诗学中的比兴之义，贯串历代文论、诗话中，形成一种民族特色。倘从比兴之义去探讨《文心雕龙》的言意问题，也许过去讨论中的各种矛盾、分歧都可以迎刃而解了。①

从刘勰“企图阐明文学的写意性”这一角度认识他的“言意之辨”，确乎是一个崭新的角度，这不仅不必再纠缠于“言尽意”或“言不尽意”的争论，而且从“写意性”与“想象”的联系出发，认识到“中国诗学中的比兴之义，贯串历代文论、诗话中，形成一种民族特色”，这一对“比兴”的认识即使不是全新的，也肯定不同于上述“塑造艺术形象”的理解了；尤其是其中所谓的“民族特色”，显然与“塑造艺术形象”是非常不同的问题。以此而论，则王先生对以探讨《文心雕龙》创作论为中心的《文心雕龙讲疏》一书的遗憾，乃至因此想写一本新书，所谓“亦喜亦忧”者，亦可从此略窥一二了。

理论观念与阐释方式

黑格尔曾经说过：“哲学史的研究就是哲学本身的研究，不会是别的。”②他认为：“哲学史将不只是表示它内容的外在的偶然的事实，而乃是昭示这内容——那看来好像只属于历史的内容——本身就属于哲学这门学科。换言之，哲学史的本身就是科学的，因而本质上它就是哲学这门学科。”③正因如此，黑格尔主张“通过哲学史的研究以便引导我们了解哲学的本身”④。应该说，黑格尔的这种认识和主张是一把双刃

① 参见王元化：《一九八八年广州〈文心雕龙〉国际研讨会闭幕词》，见《文心雕龙讲疏》，第335—336页。

② 黑格尔：《哲学史讲演录》(第1卷)，贺麟、王太庆译，商务印书馆1983年版，第34页。

③ 同上，第12页。

④ 同上，第9—10页。

剑。一方面，哲学史的研究确可以引导人们了解哲学本身，甚至成为哲学本身的研究，从而达成一种良性互动，使得哲学史的研究具有充分的现实实践品格和理论深度，哲学本身也因此更具历史纵深感；但另一方面，有时会因对历史和现实理论形态及观念所存在差距的忽视，导致不符合甚至违背历史事实的情况出现。正如文德尔班所指出，黑格尔哲学史的那些"'范畴'出现在历史上的哲学体系中的年代次序，必然地要与这些同一范畴作为'真理因素'出现在最后的哲学体系(即：按照黑格尔的意见，是他自己的体系)的逻辑结构中的逻辑体系次序相适应。这样，本来是正确的基本思想，在某种哲学体系的控制下，导致了哲学史的结构错误，从而经常违背历史事实"①。

作为黑格尔的服膺者，写作《文心雕龙创作论》时的王先生可以说是踌躇满志地希望通过《文心雕龙》的阐释，探寻文学的发展规律。他说："当我开始构思并着手撰写它的时候，我的旨趣主要是通过《文心雕龙》这部古代文论去揭示文学的一般规律。在文艺领域内，长期忽视艺术性的探索，是众所周知的事实。"②然而，正像黑格尔关于哲学史与哲学关系的命题一样，王先生面对同样的两难之境。显然，作为中国古代空前绝后的文论巨典，《文心雕龙》肯定包含许多"文学的一般规律"，王先生之所以选择它作为研究对象，良有以也。然而，产生在齐梁时期的这部著作毕竟又是中国古代文论中一个早熟的体系，如上所述，其与后世所谓"文学理论"原本就有巨大的差距，则所谓"文学的一般规律"，其普适性就是一个问题了。我们上文所谈到的王先生关于"拟容取心"的阐释问题，正是这样一个例子。

当然，以王先生的理论素养和思想勇气，他自然能够发现并努力解

① 文德尔班：《哲学史教程》，罗达仁译，商务印书馆1997年版，第20页。

② 王元化：《文心雕龙讲疏·序》，第2页。

决其中的问题。他说:“在经过‘文革’之后,我有机会对黑格尔的哲学进行清理,对这种规律观念作了反思。我准备作一些调整。”①这些反思和调整就是:“我对于黑格尔的哲学作了再认识再估价。以前我认为规律的存在是不言自明的,而理论的工作就在于探寻规律也是不容置疑的。现在我的看法改变了,我认为事物虽有一定的运动过程、因果关系,但如果以为一切事物都具有规律性那就成问题了。”②王先生指出:“从历史的发展中固然可以推考出某些逻辑性规律,但这些规律只是近似的、不完全的。历史和逻辑并不是同一的,后者并不能代替前者。黑格尔哲学往往使人过分相信逻辑推理,这就会导致以逻辑推理来代替历史的实证考察。从事理论研究一旦陷入这境地,就将如同希腊神话中的安泰脱离了大地之母一样,变得无能了。我读黑格尔以后所形成对于规律的过分迷信是,使我幻想在艺术领域内可以探索出一种一劳永逸的法则。当我从这种迷误中脱身出来,我把这经验教训写进了《文心雕龙讲疏》的序中。”③应该说,王先生对黑格尔思想的反思,比文德尔班的批判更为形象生动而深刻,但对《文心雕龙讲疏》这部产生在特定时代的著作而言,他除了在“序”中予以说明之外,能做的工作就是“删削”了。他说:“《文心雕龙创作论》初版在论述规律方面所存在的某些偏差,第二版中仍保存下来,直到在这新的一版里,我才将它们删除。但这只是删削,而不是用今天的观点去更替原来的观点。”④这就是一些学者所指出的,王先生生前一直在对《文心雕龙创作论》做减法,⑤其良苦用心和思想家的虔诚与执着,是令人敬佩的。但正如王先生所强

① 吴琦幸:《王元化谈话录》,第 40 页。

② 同上,第 375 页。

③ 同上,第 313—314 页。

④ 王元化:《文心雕龙讲疏·序》,第 5 页。

⑤ 参见刘凌:《王元化“规律”反思与〈文心雕龙创作论〉“减法”式修订》,见《古代文化视野中的文心雕龙》,吉林大学出版社 2010 年版。

调的，“这只是删削，而不是用今天的观点去更替原来的观点”，而且，“删削”有时也只能是有限的，这大约正是这部书令王先生感到“喜忧参半”的根本原因。

一个典型的例子是王先生对《镕裁》篇的阐释。他说：“但我对这一版也有于心未惬的所在，这就是《释〈镕裁篇〉三准说》这一章。现在我不能对它进行过多修改，使之脱胎换骨，但我又认为这一问题是值得重视的，因而就索性让它像人体上所存在的原始鳃弧一样保存下来了。”①王先生对这一章不满意的是什么呢？我们不妨略加分析。《镕裁》篇所谓“三准”，刘勰是这样说的：“凡思绪初发，辞采苦杂；心非权衡，势必轻重。是以草创鸣笔，先标三准：履端于始，则设情以位体；举正于中，则酌事以取类；归余于终，则撮辞以举要。然后舒华布实，献替节文。”②其意是说，大凡临文之始，往往苦于辞采繁杂，也就容易取舍不当。所以提笔为文，首先要遵循三项原则：一是确定适用的文体，二是选择征引的事类，三是概括文章的要点。然后再展纸落墨而抒情言志，推敲音节而修饰文采。也就是说，“三准”属于文章写作的准备阶段。所谓“履端于始”“举正于中”“归余于终”云云，只是借用《左传·文公元年》所谓“正时”③的说法作为论述的顺序词，犹言“首先”“其次”“最后”，基本不具有先后步骤的意义。但在《释〈镕裁篇〉三准说》中，王先生则认为刘勰的“三准”“表明文学创作过程可分为‘设情’‘酌事’‘撮辞’三个步骤”④，并说：“从‘情志’转化为‘事类’，再由‘事类’发挥为‘文辞’，这就是刘勰所标明的文学创作过程中的三个步骤。”⑤从这一

---

① 王元化：《文心雕龙讲疏·序》，第5—6页。

② 刘勰著，戚良德辑校：《文心雕龙》，第197页。

③ 《左传·文公元年》：“先王之正时也，履端于始，举正于中，归余于终。”见杨伯峻编著：《春秋左传注》（修订本），中华书局1995年版，第510页。

④ 王元化：《释〈镕裁篇〉三准说》，《文心雕龙讲疏》，第217页。

⑤ 同上，第222页。

认识出发，王先生对所谓“三个步骤”的阐发虽深入文学创作之理，却未必是刘勰《镕裁》篇的本意了。如对所谓第二步的“酌事”作了这样的解释：

> 紧接着上面一步，作家凭借生活中的记忆唤起了想象活动，逐步摆脱了开头萌生在自己心中的情志的普泛性和朦胧性，使之依次转化为具体的事类，然后再听从情志的指引，把它们熔铸成鲜明生动的意象，使“事切而情举”。这就是刘勰所说的“酌事以取类”。所谓“酌事以取类”，意思也就是说，作家经过“权衡损益，斟酌浓淡”的过程，把原来分散开来的纷纭杂沓的事件，变成“首尾圆合，条贯统序”的意象……这些意象是个别的“事”，又是普遍的“类”。①

这里描述的显然属于文学创作的一般规律，却与刘勰所说的“为文之用心”颇为不同。所谓“作家凭借生活中的记忆唤起了想象活动”，并“使之依次转化为具体的事类”，再“熔铸成鲜明生动的意象”，这与刘勰所说的怎样在写作中征引合适的典故事类，基本不是一个问题。尤其是所谓“这些意象是个别的‘事’，又是普遍的‘类’”，这已经完全不是刘勰所说的“事类”了。

也正是从文学创作过程的“三个步骤”的理解出发，王先生在这一章的“附释二”以“文学创作过程问题”为题专门介绍了别林斯基关于文学创作过程的“三个步骤”②，以及黑格尔阐述的“理念经过了怎样自我发展的过程而形成为具体的艺术作品”的“三个步骤”③。显然，他们的“三个步骤”，所论都是以人物形象的塑造为中心的叙事文学，其与刘勰

① 王元化：《释〈镕裁篇〉三准说》，见《文心雕龙讲疏》，第220页。

② 同上，第225—226页。

③ 同上，第228页。

关于文章写作准备阶段的“三准”不是一个问题，也就很难相互生发了。

这里便再次涉及《文心雕龙讲疏》一书的体例问题。如上所述，王先生所采用的“释义”和“附释”的方法，首先体现出其实事求是的著作态度，但也不能不说，其中经常有着如释《镕裁》篇一样的难以贯通，而不得不采取这样的方式。王先生自己也承认，“把古今中外融会贯通起来”“这自然是最完满的论述方式，也正是我写作本书的初衷”。[①]但为什么仍然坚持用“释义”和“附释”的方式呢？除了严谨的求实作风，我想其中还有一个客观上很难贯通的无奈。“附释”中谈到了不少西方文学理论，而谈西方文论则必以人物形象的塑造为中心，这对于《文心雕龙》来说，却是基本未涉及的问题。一个是中心问题，一个却基本不涉及，这怎么能融为一体呢？这也充分说明，他们的研究对象原本有很大不同，因而其话语方式和理论体系是有重大区别的。如《释〈附会篇〉杂而不越说》，其“附释二”介绍黑格尔《美的理念》对“整体与部分和部分与部分之间的必然性和偶然性关系”的论述，并概括云：“艺术创作一方面要把生活真实中各个分散现象间的内在联系这种必然性直接表现出来呈现于感性观照，另一方面又必须保持生活现象形态中的偶然性，使两方面协调一致，这是艺术创作的真正困难所在。在成功的艺术作品中，生活的现象形态保持下来了，但它们彼此分裂的片面性被克服了；偶然性的形式也保持下来了，但必然性通过偶然性为自己开辟了道路。”[②]我们不能说这些深刻的揭示与刘勰的“杂而不越”说没有一点关系或启示，但它们之间确乎并没有什么必然的联系和瓜葛，因为它们原本谈的不是一个问题。这样一来，也就只能作为“附释”而不太可能与正文的“释义”融会贯通了。

---

① 王元化：《〈文心雕龙创作论〉初版后记》，见《文心雕龙讲疏》，第344页。
② 王元化：《释〈附会篇〉杂而不越说》，见《文心雕龙讲疏》，第252—253页。

研究方法与文风问题

王先生《文心雕龙讲疏》的一个重要成就是提供了一套切实可行的研究方法，从而在《文心雕龙》与中国古代文论的研究上作出了示范，甚至可以说开辟了《文心雕龙》研究的一个新时代。因此，与《文心雕龙讲疏》一书中所论述的一些有关刘勰文艺思想的具体观点相比，该书在研究方法上的启示意义或许是更为重要的。对此，牟世金先生是较早认识到并进行概括的，他说："《文心雕龙创作论》值得重视，就在于它早就用新的方法取得了丰硕的新成果……可得而言者，是本书创造了一整套行之有效的综合研究法：第一是宏观研究和微观研究相结合，第二是文史哲研究相结合，第三是古今中外的比较、联系相结合。"①

值得注意的是，牟先生的概括与王先生自己的说明略有不同。王先生在谈到自己的研究方法时说："我首先想到的是三个结合，即古今结合、中外结合、文史哲结合。尤其是最后一个结合，我觉得不仅对我国古代文论的研究，就是对于更广阔的文艺理论研究也是很重要的。"②显然，王先生所说的"三个结合"，被牟先生概括为两个，另外加了一个"宏观研究和微观研究相结合"，仍然是三个结合，但内容更为丰富了，也可以说更为符合《文心雕龙讲疏》一书的实际了。牟先生所重视的"宏观研究和微观研究相结合"，确为王先生这本"龙学"名著的突出特点。王先生虽未作这样明确的概括，但实际上从不同的方面均有提及。如谓："释义对刘勰理论的阐述，力求'根柢无易其固，而裁断必出于己'。笔者尝试运用科学观点对它进行剖析，把写作过程作为自己

① 牟世金：《"龙学"七十年概观》，见《雕龙后集》，第28页。

② 王元化：《〈文心雕龙创作论〉第二版跋》，见《文心雕龙讲疏》，第350页。

的学习过程。”[①]王先生所倡导的“根柢无易其固，而裁断必出于己”的著述态度得到许多研究者的赞赏，而其要义正是强调“微观研究”之于“龙学”的根本意义。王先生又说：“在阐发刘勰的创作论时，首先需要以实事求是的态度揭示它的原有意蕴，弄清它的本来面目，并从前人或同时代人的理论中去追源溯流，进行历史的比较和考辨，探其渊源，明其脉络。”[②]这里仍然强调了“微观研究”对阐发刘勰创作论的重要性。

王先生同时又指出：“如果把刘勰的创作论仅仅拘囿在我国传统文论的范围内，而不以今天更发展了的文艺理论对它进行剖析，从中探讨中外相通，带有最根本、最普遍意义的艺术规律和艺术方法……那么不仅会削弱研究的现实意义，而且也不可能把《文心雕龙》创作论的内容实质真正揭示出来。”[③]这应该便是牟先生所指的“宏观研究”了。王先生曾说：“笔者还怀有这样一个愿望：经过清理批判之后，使我国古典文艺理论遗产更有利于今天的借鉴，也更有利于使它在世界文学之林中取得它本来应该享有的地位。像《文心雕龙》这部体大虑周的巨制，在同时期中世纪的文艺理论专著中还找不到可以与之并肩的对手，可是国外除了少数汉学家外，它的真正价值迄今仍被漠视。这原因除了中外文字隔阂，恐怕也由于还没有把它的理论意蕴充分揭示出来。”[④]这正是从微观入手而着眼宏观的一种考量，同时，他还要求“把《文心雕龙》创作论去和我国传统文论进行比较和考辨”“把它去和后来更发展了的文艺理论进行比较和考辨”，而且“这种比较和考辨不可避免地也包括了外国文艺理论在内”，[⑤]这种古今中外的比较也正是一种“宏观

① 王元化：《〈文心雕龙〉创作论八说释义小引》，见《文心雕龙讲疏》，第 89 页。
② 同上。
③ 同上。
④ 同上，第 91—92 页。
⑤ 同上，第 90 页。

研究和微观研究相结合”的方法。

在“三个结合”的研究方法中，王先生格外重视和强调的是“文史哲结合”的研究方法，他说：“尤其是最后一个结合，我觉得不仅对我国古代文论的研究，就是对于更广阔的文艺理论研究也是很重要的。……关于这些问题的思考逐渐使我认识到在研究上把文史哲结合起来的必要。”在30年前，王先生明确强调文史哲的结合，指出“今天在我们这里往往由于分工过细，使各个有关学科彼此隔绝开来，形成完全孤立的状态，从而和国外强调各种边缘学科的跨界研究的趋势恰成对照”①，这实在不能不说是一种高瞻远瞩之见。尤其是王先生所谓“跨界研究”，在今天已成为一个颇为流行的词语，仅此便足以说明王先生以其深厚的理论功底，为《文心雕龙》以及中国古代文论研究提供了何等重要的方法论启示。

至于比较研究的方法，王先生也有自己的理解。他曾经说道：“后来有文学评论者说我这本书属于比较文学研究。季羡林先生也是这样评价。实际上我对于比较文学并没有研究。我觉得比较文学的研究需要精通几种文字，并要能够读通原著，精通原著，必须要在本国语言的基础上进行双向的比较研究，这种研究包括了创作理论、思维、美学和语言。比较文学不是比附文学。”②王先生虽谦言自己对于比较文学并没有研究，但他并不反感人们把他的《文心雕龙创作论》视为比较文学研究著作。只是他对所谓比较研究有自己严格的理解，这些认识可以说正是比较文学的精髓，即使在今天仍然具有重要的指导意义。王先生尤其强调“比较文学不是比附文学”，他说：“我国古代文论具有自成系统的民族特色，忽视这种特殊性，用今天现有的文艺理论去任意比

---

① 王元化：《〈文心雕龙创作论〉第二版跋》，见《文心雕龙讲疏》，第350—351页。

② 吴琦幸：《王元化谈话录》，第55页。

附，就会造成生搬硬套的后果。”[①]又说：“摒弃比附的方法，用比较的方法，就是要用科学的文艺理论的观点和概念阐述古代朦胧的尚在萌芽中的观点。我始终反对用比附的方法。事实上，我在近来的报刊和杂志上，包括一些人给我的论文中，看到了用比附的方式来研究古代文论，这是要不得的。”[②]可以看出，王先生对比较文学有自己深刻的理解，其比较方法的运用也就避免了简单的“比附文学”，从而不仅使其《文心雕龙讲疏》在古今中外的比较中取得了不少重要理论成就，而且其比较的方法也成为《文心雕龙》与中国古代文论研究的重要收获。

王先生在自觉运用“三个结合”研究方法的同时，还格外重视与研究方法密切相关的学风问题，这是值得我们注意和重视的。首先是他强调乾嘉学风的重要性，强调“小学功夫”以及考据训诂在古代文论研究中的重要性。他说：“小学功夫确实是做古典文论的基础之一，但是更重要的是养成朴实的治学风格，也就是不要人云亦云，或者不下苦功夫，甚至丢弃这种功夫。这在乾嘉学者中是非常鲜明的治学特点。……目前有些运用新的文学理论去研究古代文论的人，时常会有望文生义、生搬硬套的毛病，就是没有继承前人在考据训诂上的成果而发生的。”[③]可以说，王先生在数十年前指出的这些问题，无一不是我们学术研究中始终存在的学风问题，同时，他还要求“回到认真总结传统学问的轨道上来”，我们在王先生之后所走过的学术道路倒也在一定程度上应验了这样的呼吁和导向。作为一个有影响的思想家，王先生却特别强调实证研究的必要性，这实在是令人肃然起敬的。他说：“真正的训诂考证都是用来解决历史疑难问题的，同时在其治学方法和作风方面有很大

---

① 王元化：《〈文心雕龙〉创作论八说释义小引》，见《文心雕龙讲疏》，第 89 页。

② 吴琦幸：《王元化谈话录》，第 56—57 页。

③ 同上，第 104 页。

的贡献。乾嘉学派偏重于家学和传承，这也使之形成严谨、朴实的治学风格。……解放后，大陆学术界以论带史，臆说妄断取代了认真的考证，逐渐形成一种议论愈多内容则愈是空疏的文风。史学家贵在有识，这是谁也不会反对的，但是，观点必须建立在实证上，历史事实是不能靠逻辑推理去演绎的。从中国当代学术研究实况中可以看出不讲科学研究方法，学术研究用功利主义、为我所用，影响了一代人的学风，这种学风将影响整个社会风气。所以学风的问题是一个时代的问题，它会影响社会的各个方面。”①作为著名的理论家，王先生特别强调“观点必须建立在实证上”，强调“历史事实是不能靠逻辑推理去演绎的”，这正是其《文心雕龙讲疏》以其深厚扎实的历史功底而成为“龙学”经典的重要原因之一。应该说，王先生所批评的“学术研究用功利主义、为我所用”等不良风气，数十年来始终不绝如缕，是值得学术界认真反思的。

其次，王先生特别指出的另一个学风问题是如何对待别人学术观点的问题，这看起来是一个很具体的小问题，但王先生不止一次地提到过，笔者觉得这是一个应该引起我们注意的重要问题。他说：

> 我曾经说，我们时或可以看到，有人提出一种新观点或新论据，于是群起袭用，既不注明出自何人何书，以没其首创之功，甚至剽用之后反对其一二细节加以挑剔吹求，以抑人扬己。这种学风必须痛加惩创，杜绝流传。我们应该对古往今来提出任何一种新见解的理论家，都在正文或脚注中一丝不苟地予以注明。我们必须培养这种学术道德风尚。②

① 吴琦幸：《王元化谈话录》，第104—105页。

② 王元化：《〈文心雕龙创作论〉第二版跋》，见《文心雕龙讲疏》，第358页。又见王元化：《文学沉思录》，上海文艺出版社1983年版，第60页。

王先生这儿谈到了密切相关的两个问题，一是引用别人的学术观点不加注明，二是不仅不加注明，而且顺带吹毛求疵，以显示自己的见解高人一等。这确乎是学术研究中一种令人厌恶的作风，却又是一种经常能够见到的现象。就笔者所见，指出这种现象的人并不多，但王先生却一再痛加针砭。对此，著名史学家胡厚宣先生曾深有同感，他引用上述王先生的论断说："上海著名学者王元化教授在他的著作《文心雕龙讲疏》中恳切谈到'当前文风中的一个问题'……王教授谈的是文学界的问题，其实历史考古古文字学界也都是一样。"①可见，这是一个带有普遍性的学风问题，值得我们警醒；换言之，我们必须牢记王先生的期许：培养良好的学术道德风尚。

王先生研究《文心雕龙》，倡导"根柢无易其固，而裁断必出于己"，这一态度得到许多研究者的赞赏，这两句话可以说已成为王先生的"龙学"名言。王先生在《清园夜读》中曾谈到过这两句话的来历。他说："我觉得，十力先生在治学方面所揭橥的原则：'根柢无易其固，而裁断必出于己'，最为精审。我自向先生请教以来，对此宗旨拳拳服膺，力求贯彻于自己治学中。"②对这两句话的理解，研究者已经谈得很多了。不过，现代著名文艺理论家钱谷融先生曾有一段话，虽非专门就此而言，但笔者觉得可视为对王先生服膺这两句话的一个独特阐释。钱先生说："譬如王元化，你看他无论谈什么问题，都要穷根寻柢，究明它的来龙去脉，然后一无依傍，独出心裁，作出自己的判断。尽管他的态度十分谦虚，决不说自己的主张就是绝对正确的，而且也真诚地欢迎别人提出不同的意见来与他商榷，但在骨子里，他是十分自信的，他的主张

① 王元化：《备考》，见《文心雕龙讲疏》，第384页。

② 王元化：《熊十力二三事》，见《清园夜读》(增订版)，中国社会科学出版社1997年版，第112页。

不是轻易动摇得了的。”[①]笔者只有幸专程拜访过王先生一次，实在不敢说先生“骨子里”是什么样的人，但仅以研读王先生著作之感，亦可说钱先生之论堪为知言。我想，这其实才是王先生以一本并不很厚的“龙学”著作而成为20世纪“龙学”大家的根本原因吧。

原载《暨南学报（哲学社会科学版）》2018年第9期

① 钱谷融：《谈王元化》，见钱钢编：《一切诚念终将相遇——解读王元化》，湖北教育出版社2003年版，第4页。

王元化第三次反思与当代文论的内在转型

杨水远

王元化是我国当代著名的文艺理论学者和思想家，其《文心雕龙》研究和晚年思想反思对20世纪80年代以来的中国文艺理论界和思想界产生了深远影响。2004年在《记我的三次反思历程》一文中，王元化详细地回顾了对其影响深远的三次反思，这三次反思分别发生在20世纪40年代初、50年代中期以及整个90年代。其中第三次反思广为学界所称道，标志着王元化从文艺理论学者向思想家的成功转型。对王元化第三次反思的研究，国内已有多篇文章进行研究，这些文章多侧重于王元化第三次反思的某一个侧面，取得了可喜的成果，但是从思维方式层面把王元化第三次反思放到中国当代学术史及文艺理论思想史的发展中来进行考察的研究并不多见。众所周知，王元化第三次反思是在重读黑格尔哲学的基础上，以大量的篇幅集中反思了五四运动遗产和卢梭《社会契约论》及其对国家学说的影响。然而王元化第三次反思的重要意义并不仅仅在此。深入地探讨王元化第三次反思的背景、契机及其在思维层面上的转型，就会发现贯穿20世纪90年代的第三次反思不仅是王元化个人思想的集中喷发，更在一定程度上引领了中国当代思想在90年代的转型；反映到文艺理论层面，则通过王元化所引领的本土思想转型与后现代思潮的融合，对中国21世纪初文艺理论的反本质主义之争产生了积极的影响，对之后中国文艺理论研究的多元化奠定了思想基础。

王元化反思概说与第三次反思的背景与契机

王元化所说的“反思”并不是指伦理道德上的忏悔，而是以知识分子的责任感和时代的忧患意识对自己的思想和曾经的信念所进行的反省和检讨，并从这种反省和检讨中寻求真知。王元化是在严格的意义上使用“反思”一词的。王元化一生经历了三次反思，其中第一次发生在 20 世纪 40 年代初期，这一次反思属于个人层面的成长反思，影响较小。

王元化的第二次反思发生在 20 世纪 50 年代中期，其时王元化受到“胡风反革命集团”案牵连，被隔离审查，这给王元化的心灵带来了极大的震荡，认为需要对自己已形成的价值观念和伦理观念重新认识、重新估价。通过广泛地对比阅读《毛泽东选集》、马恩著作以及黑格尔著作，王元化逐步认识到之前深信不疑的权威理论的错误，逐渐打破对权威的盲目信仰和个人崇拜，得到思想的大解放，找到了“抓要害”“以阶级斗争为纲”等错误命题的哲学基础。这一时期的王元化对黑格尔哲学极为称道，并向韦卓民等老一辈哲学家请教黑格尔哲学。正是黑格尔对理想的执着、对理性的自信给处于黑暗中的王元化带来了智慧的光芒，他说：“黑格尔哲学那强大而犀利的逻辑力量，却使我为之倾倒。我觉得它似乎具有一种无坚不摧、可以扫荡现象界一切迷雾而揭示其内在必然性的魔力。黑格尔哲学蕴含着一股清明刚毅的精神。”①对黑格尔人格力量的皈依以及黑格尔逻辑力量的笃信，王元化逐步走出人生低谷，并且运用黑格尔的逻辑方法从事文学理论研究。定稿于 60 年代初期、出版于 1979 年的《文心雕龙创作论》正是王元化融汇黑格尔的

---

① 王元化：《九十年代反思录》，上海古籍出版社 2000 年版，第 26 页。

逻辑方法演绎中国古典文学理论的重要成果。这一成果的出版为“文革”后的王元化带来了极高的荣誉和地位。

深入到王元化第三次反思前夕的思想现场，带动王元化第三次反思的契机至少有三个。首先是顾准的重新发现。顾准是新中国成立前王元化在上海的领导。在 1989 年为顾准遗著《从理想主义到经验主义》写序时王元化说：“由于作者这本书的启示，我对自己一向从未怀疑的某些观点发生了动摇，以致要考虑把这些章节删去或改写。这本书就具有这样强大的思想力量。”①顾准在书中对终极目的“乌托邦”的批判在一定程度上刺激了王元化对黑格尔“绝对理念”“绝对真理”的怀疑。第二件事是 1992 年参与朱学勤博士论文《道德理想国的覆灭》的答辩。从对朱学勤论文的阅读中，王元化发现国家学说所承续的卢梭《社会契约论》中对“公意”“众意”“私意”的划分与黑格尔的“普遍性”“特殊性”与“个体性”相合，并且黑格尔和卢梭都认为普遍性可以囊括特殊性和个体性在自身之内，这是当代以来个体、个性被消解的重要思想来源。第三件事是 1993 年王元化为《杜亚泉文选》写序时所带来的震动，正是对杜亚泉等“五四”另一面的发现让王元化回归了真正的“五四”，他对“五四”庸俗进化论、激进主义、功利主义和意图伦理等四个方面的反思在海内外引起了广泛的关注。

王元化第三次反思在一定程度上都指向了过去王元化自己习焉不察以及中国当代思想的偏误，他“抛弃了长期形成的既定观念，用自己的头脑去认识世界，考虑问题”②，把其矛头指向了黑格尔为代表的同一性原则及理性主义。如果说王元化第二次反思涉及对黑格尔的皈依和崇拜，属于“黑格尔化”；那么第三次对规律、历史与逻辑相统一的同

---

① 王元化：《顾准文集・序》，贵州人民出版社 1994 年版，第 225 页。
② 王元化：《九十年代日记》，上海古籍出版社 2008 年版，第 400 页。

一性思维的反思则涉及对黑格尔的重新估价，属于“去黑格尔化”。

王元化第三次反思的内容

1992年《〈文心雕龙讲疏〉序言》的写作标志着王元化90年代反思的全面启动，这一反思几乎贯穿了整个90年代，21世纪初王元化的两部著作《九十年代反思录》（2000年上海古籍版）和《九十年代日记》（2001年浙江人民出版社版）是研究其90年代反思的双璧。在哲学和文艺理论方面，王元化第三次反思主要侧重清算“绝对规律”、反思“历史与逻辑相统一”以及反思理性主义等方面。

首先王元化对普遍规律进行了清算。王元化对文学规律的清算主要体现在1992年版的《文心雕龙讲疏》对1979年、1984年版的《文心雕龙创作论》的修订上，这一次修订不仅仅体现在书名的调整，更在于具体内容上的修订。根据王元化研究专家夏中义先生等的考证，在92年版的《讲疏》中，王元化对79版《创作论》进行了“三去”，即“去阶级分析”“去偶像语式”“去规律标签”，其中最为引人注目的是“去规律标签”。在92版《讲疏》中王元化不仅毫无遗漏地对“规律”“一般规律”“普遍规律”“创作规律”等字眼进行了大量的刈除，更是对有的段落进行全面删除。我们只要对照1992版《讲疏》和1979版《创作论》就能清楚地感知到这一切。夏中义等在《论王元化“文心雕龙研究”版本修订———从“心史裂痕”到“潜反思”》一文中对两个版本中“规律”的修改进行了统计，发现大面积对“规律”进行修订的地方有七处之多，可见王元化对“去规律”的决心。

而在第三次反思之前，王元化对把他从第二次反思迷雾中拔擢出来的黑格尔哲学深信不疑，黑格尔哲学对规律性、普遍必然性的寻求为王元化的文论写作提供了方法论基础，胡晓明说：“在相当多的文学教授、哲学史专家那里，讲黑格尔就是诠解规律、必然，他们都没有谁真正反思黑格尔与中国现代思想史的奇妙关系。”①王元化写作《文心雕龙创作论》的主要目的是“通过《文心雕龙》这部古代文论去揭示文学的一般规律”②。王元化试图通过对《文心雕龙》论创作的考察，集中探讨创作活动中的主客关系、艺术想象、创作个性、意象、情志、创作过程、艺术结构、创作的直接性等八个方面的规律，揭示以往极为神秘的创作活动。然而规律是否普遍存在，规律是否能达到一劳永逸的效果，答案显然是否定的。在第三次反思中，王元化特别提到了现代科学技术的发展对他的启示。物理学中量子力学的测不准定理让王元化联想到社会科学和艺术创造也是不能准确测量的，王元化不得不感慨“宇宙万物中所认识的规律是微乎其微的”，爱因斯坦的“上帝不掷骰子”对规律的强调显然也应该受到怀疑，量子力学在微观世界为人类切割出一块无法认知的“物自体”世界，康德在某种程度上重新降临。

其次是对历史与逻辑相统一的反思。历史与逻辑相统一的思想来源于黑格尔，黑格尔几乎全部著作都贯穿了历史与逻辑相统一这一基本原则，《精神现象学》的意识发展史与逻辑的进展相一致，哲学史和概念自我生成的《逻辑学》相一致，可以说历史与逻辑相统一是黑格尔整合其庞大体系的基本方法。恩格斯在《卡尔·马克思〈政治经济学批判〉》一文中对这一原则作了明确的概括，他说：“历史从哪里开始，思想进程也应该从哪里开始，而思想进程的进一步发展不过是历史发展过程在抽象的、理论上前后一贯的形式上的反映。”③恩格斯充分肯定黑格尔思维方式中的历史感，对黑格尔在《精神现象学》《美学》和《哲学史》中对这一原则的运用给予了极高的评价。由于后来思想界对恩格

① 胡晓明：《王元化画传》，文化艺术出版社 2007 年版，第 172 页。

② 王元化：《九十年代反思录》，第 25 页。

③ 马克思、恩格斯：《马克思恩格斯文集》(第 2 卷)，人民出版社 2009 年，第 603 页。

斯的某种误解和曲解,历史与逻辑相统一一度成了当代人文社科研究的基本原则。

王元化不仅从德国古典哲学那里接受了这一原则,而且从自然科学那里了解到,人类从受精卵到成人的发展几乎重复着人类从动物到人的进化逻辑,社会科学和自然科学的事实让王元化对逻辑与历史的统一深信不疑。而对这一原则信仰的反思来源于王元化对现实生活的思考,尤其是中国当代学术界以论带史研究方式所带来的偏误和对"文革"定罪方式所带来的伤害,这两者都是概念先行,先有一定的概念,然后寻找相应的史实和事实来加以证明。人们相信既然逻辑与历史是同一的,那么从历史事实出发还是从概念出发应该都是一样的,都能得到同样准确的结论。事实表明,这种方法不断在学术领域产生谬误。王元化认为:"从历史的发展中固然可以推考出某些逻辑性规律,但这些规律只是近似的,不完全的。历史与逻辑并不是同一的,后者不能代替前者。"①在另一处王元化说道:"在历史的进程中虽然也可以发现某种规律性,但历史与逻辑毕竟不是同一的。逻辑推理不能替代对历史的实际考察,史家的史识必须建立在对历史的事实的实证上。"②对逻辑与历史相统一的原则提出了明确的质疑。

事实上,恩格斯已经注意到历史和逻辑是不能完全统一的,恩格斯说:"历史常常是跳跃地和曲折地前进的,如果必须处处跟随着它,那就势必不仅会注意许多无关紧要的材料,而且也会常常打断思想的进程……因此逻辑的研究方式是唯一适用的方式。"③有人据此概括出历史与逻辑相统一,甚至完全同一,这其实并不符合恩格斯的本意,在这篇文章中,恩格斯虽然强调了历史与逻辑存在一定的同一性,但历史的

---

① 王元化:《九十年代反思录》,第 228 页。

② 同上,第 303 页。

③ 马克思、恩格斯:《马克思恩格斯文集》(第 2 卷),第 603 页。

研究方法显然会使政治经济学的研究显得芜杂，而逻辑的研究势必会舍弃相当多的历史事实。俞吾金就明确主张“必须放弃寻求逻辑与历史一致的无谓游戏，必须终止逻辑向历史的还原，而把探讨的基点真正地移到逻辑上来”①。这才是符合恩格斯原意的。21世纪以来，一些文学学者也对历史与逻辑相统一的原则提出了质疑，他们认为逻辑与历史相统一是文学史研究的伪命题，因为黑格尔逻辑与历史相统一的逻辑前提是强调哲学、哲学史的独特性，所以这一原则并不具有普适性，而文学史界恰好忽略了这个前提，伤害了文学研究的多样与活泼。②可见，对这一原则的放弃已经成为哲学界和文学界的共识，而王元化的反思是这一共识形成的基础。

再次是对个人力量和理性力量的新认识。西方自启蒙运动以来，中国自五四运动提倡“科学”以来，理性就被认为是解决一切问题的不二法宝。事实上，在科技理性的辅弼下，人类近一两百年所获得的物质财富超过了过去几千年的总和。但是当理性崇拜走向极端的时候，也造成巨大的灾难，出现了这样一种吊诡的现象：作为世界上唯一理性的生物运用理性非理性地屠杀着自己的同类。对科学和理性的反思在西方形成了人本主义哲学思潮，他们强调人的存在，人的价值，挖掘人生在理性遮蔽之下的非理性情绪，产生了深远的影响。王元化在反思中认为：“把人的精神力量和理性力量作为信念的人，往往会产生一种偏颇，认为人能认识一切，可以达到终极真理，但他们并不理解怀疑的意义……所以，一旦以为掌握了真理，就成了独断论者，认为反对自己的人就是反对真理的异端，于是就将这种人视为敌人。”③王元化将对理

---

① 俞吾金：《重新理解马克思：对马克思哲学的基础理论和当代意义的反思》，北京师范大学出版社2013年版，第349页。

② 田义勇：《历史与逻辑统一：文学史研究的伪命题》，载《南京师范大学学报》2007年第2期。

③ 王元化：《王元化文论选》，上海文艺出版社2009年版，第397页。

性的反思深入到中国当代的社会文化现象中去，反对终极真理和真理化身的个人崇拜。

理性并不万能，它是一把双刃剑，在如何看待理性的问题上也应该从多角度加以考虑。王元化是一分为二的，一方面他认为应该限制理性的绝对化，防止悲剧再次发生；另一方面，王元化认为理性精神是人文知识分子的尊严所在，对知识和文化的信念，对真理和道义的担当，对人的自由命运的关心是人文学科的全部意义。“总之，既有积极的理性精神，又对理性的限度和责任有真实了解的知识人，才是二十一世纪真正有力量的知识人。”①一方面理性精神是人类前进的动力之源，另一方面必须清楚理性绝对化的危害，限制理性万能异化。

王元化第三次反思在思维方式层面上的变革

综合考察王元化对普遍规律、历史与逻辑相统一以及理性绝对化的反思，我们不难发现王元化的反思触角已经涉及思维方式，即反思同一性思维以打破原来统治中国数十年之久的同一性思维范式。这一变革在 20 世纪 90 年代极大地解放了人们的思想。

中国当代同一性思维的主要来源是黑格尔的同一哲学，王元化写道：“我从黑格尔那里发现了这种同一哲学，再从他的前辈卢梭那里认识到这种同一哲学运用在国家学说中的危险性，这是我在第三次反思中一个重要的收获。”②王元化在 1993 年 7 月 1 日的日记中也写道：“朱学勤曾向我谈及，认为我说的不能用逻辑推演历史，他很赞同。今

① 王元化：《王元化集》（第十卷），湖北教育出版社 2007 年版，第 96 页。
② 王元化：《王元化文论选》，第 396 页。

天我再向朱学勤谈到这一看法，批判过去自己也十分相信的逻辑与历史一致的观点。此说之根源乃来自黑格尔的同一哲学。”①这些材料显示，王元化把历史与逻辑相统一与同一哲学联系起来并且都指向了黑格尔。追根溯源，同一性思维是西方传统形而上学的主要思维方式，柏拉图用理念世界统治物质世界，亚里士多德寻求万物背后的“终极因”是同一性思维的源头，黑格尔思维与存在的同一、历史与逻辑的统一、现象与本质的同一则是同一性思维的最高表现形式。

同一性逻辑与理性主义的优势是明显的，它带来西方科学技术的突飞猛进，使西方逐渐强大成为世界的宰制者和世界秩序建立者。与此同时，同一性原则的局限也逐渐显露，正如阿多诺所说：“在奴役一切的同一性原则之下，任何不进入同一性的东西、任何在手段领域逃避计划的合理性的东西都成为同一性带给非同一性的灾难而进行的可怕的报复。”②“集权政治”和“奥斯威辛”是同一性在现实中的极端表现，在《否定的辩证法》一书中，阿多诺对黑格尔的同一性哲学进行了全面的解构，他认为同一性哲学以主客二分为前提，强调主体的无上全能和概念的辩证运动，是对个性、差异和非同一性进行概念的强制和褫夺，为了解构黑格尔的同一性哲学，提出了“星丛”和非同一性概念。法兰克福学派之后，后现代理论继承了阿多诺的这一批判，把矛头直指黑格尔，德里达以差异性取代了同一性，德勒兹则以块茎思维对抗树状本质思维，为彻底告别黑格尔的同一哲学做出了重要贡献。

黑格尔同一性思维是通过列宁、斯大林的著作影响中国当代思维方式的，在一定程度上，反思同一性触及中国当代思想的核心问题。同一性思维通过一系列的政治运动和思想改造渗透到思想文化的方方面

① 王元化：《九十年代日记》，第136—137页。
② 阿多诺：《否定的辩证法》，张峰译，重庆出版社1993年版，第319页。

面，并在新中国成立后30年中得到广泛的认同和普及，成为人们基本的思维范式，王元化亲身经历了这一过程。王元化认为当代思想中强调“共性之外无个性”“共性与个性相等”是同一性思维的一种表现，由此引申出“没有抽象的非阶级性的人性”“只有阶级性的人性”等口号，造成了阶级性(共性)对个性的侵透。在极“左”思潮的影响下，《矛盾论》中所合理论述的“互相渗透、互相贯通、互相依赖(或依存)、互相联结或互相合作”①的二元论同一性被歪曲和庸俗化为一元论的同一性。正如周宪所指出的：“二元思维的运用很容易堕入一元思维的窠臼，最终把二元归并为一元，取消了差异、对立、转化和互渗，而且整个排除了二元范畴之间复杂的关联和过渡形态。”②这一论述正中中国当代同一性思维之要害。

在新中国成立后的30年中，同一性思维模式渗入到整个社会的各个方面。在社会政治层面，同一性思维倾向于全体人民向着一个固定的社会目标整齐划一地有计划地前进，“不以人的意志为转移的客观规律”抹杀了人生的其他可能性。在经济上，打击地主富农，实现人人平等，通过同工同劳同食，实现财富均衡，取消个体财富差异。在话语上，强调一元政治话语，剥夺多元平等交流，牺牲了个人价值、思想自由。在文艺领域，加大知识分子的思想改造，建立样板戏。孟繁华指出：“当代文艺学的建立和发展，也就是这一学科的学者在政治化规约下，不断统一认识、实现共识的过程。”③“香花/毒草”模式成为衡量文艺作品的唯一公式，并以前者压倒后者的同一化实现了这一过程。

王元化认为绝对的同一其实是不存在的，规律只在一定的范围内

---

① 毛泽东：《毛泽东选集》(第一卷)，人民出版社1991年版，第327页。

② 周宪：《从一元到多元》，载《文艺理论研究》2002年第2期。

③ 孟繁华：《中国20世纪文艺学学术史》(第三部)，中国社会科学出版社2007年版，第5页。

起作用，切除了历史、现象等本身的丰富性，强求它去符合理念本身只会造成思想暴力和专制。王元化通过对规律、历史与逻辑相统一、理性主义为核心的同一性哲学的反思，梳理出了中国同一性思维的生成逻辑，也逐渐展露出他在思维方式层面变革中国当代思想的努力。经历风雨而思考的王元化老人不再追求完美的绝对理念和“乌托邦”理想世界，放弃了宗教狂热般的信仰崇拜，重新定义和调整对于真理的看法。对照第二次反思的“黑格尔化”，在第三次反思的过程中，王元化在思维层面上发生了重大的转型，他试图对中国影响深远的同一性思维作出彻底的批判和反思，从而从根本上扭转这种思维模式。

王元化第三次反思的文论史意义

1978 年以来，随着国门的打开、思想的解放，中国的政治、经济、文化、思想都在进行全面的自我反思和自我拯救，并在各个层面谋求突破和转型。文艺理论的转型到 20 世纪末 21 世纪初取得了初步的成果。可以说，前 30 年建构的同一性思维范式被逐渐清除，但多元的文论新格局尚在形成之中。20 世纪 90 年代以来，王元化对同一性的反思在这一转型过程中极具代表性，虽然王元化还没有能够建立一种新的思维范式，但他对同一性崇拜的破除为后来文艺理论打破主客二元对立思维、对接中国传统美学思维范式、融合西方资源、开创多元文论新格局奠定了思想基础。

首先，王元化以自我经历和思想变化来反思整个时代，促进了思想解放，为当代文论的内在转型奠定了思想基础。作为一个忠诚的共产主义战士和思想家，王元化的思想始终与时代保持着紧密的联系。他思想之所得，大多来自时代的馈赠，他既是当代史冷静的旁观者，也是当代思想偏颇切肤之痛的亲历者。从某种程度上来说，以王元化为代表的一代人是中国当代思想发展史的化石。在1994年的答问中，王元化说到他的反思："不是从书本那里得出的或从别人那里学来的，而是完全出于个人的自觉。"①他把触动自己反思的主要原因归结于实际生活中思想所受到的冲击和痛定思痛。胡晓明也说："王元化从自己开刀，从营垒中突围。很少有谁像他那样认真严肃，将自己也当做思想材料。"②王元化首先拿自己最得意的著作《文心雕龙创作论》开刀，反思规律性，打破规律的唯一性和永恒性，这一反思对开启21世纪初文学的本质与反本质讨论产生了一定的影响。

其次，更进一步，如果说后现代思潮是中国当代文论转型的外在契机，那么王元化等本土思想家的反思则成为这一转型的内在动力。20世纪八九十年代，西方的后现代思潮开始影响到中国的文艺理论，文艺理论逐渐呈现出多元化倾向，这一倾向的出现与后现代思潮消解认识的明晰性、反中心、反元话语、反整体性的思维向度是一致的。关于后现代思潮对中国文论的积极影响，朱立元在《试论后现代主义文论思潮在当代中国的积极影响》一文中认为，后现代的反思性、批判性促推了中国当代文论走向多元化，而后现代对形而上学思维方式的有力冲击给中国文论的思维方式以积极影响。与此同时，朱文还富有创建地指出后现代思潮的积极影响之所以能产生作用主要归功于中国本土文艺理论工作者"敏锐的眼光、宽广的胸怀、本土化的态度，紧密结合中国语境和中国问题，对它进行批判性审视、改造和吸收，使之融入中国文艺学的创新建构过程之中"③。王元化并不讳言他对后现代思潮的不了解。2001年9月法国著名后现代思想家德里达访问中国，王元化应法

① 王元化：《九十年代反思录》，第78页。

② 胡晓明：《王元化画传》，第172页。

③ 朱立元：《读论后现代主义文论思潮在当代中国的积极影响》，载《上海大学学报》2014年第1期。

国驻沪总领事郁白夫妇的邀请与德里达会面。虽然王元化曾谦虚地说“我对西方现代哲学几乎是一无所知的，担心对话很难进行”①，但是从王元化对德里达解构哲学的评论来看，却又是切中肯綮的。王元化不被外来五光十色的思潮牵着走，始终立足本土问题，“不游戏、不回避、不滑头”，他的反思与后现代思潮是平行着影响中国当代文论的发展的，王元化的反思为后现代文论的接受提供内在土壤，后现代思潮的进入在一定程度上也促进了王元化的反思。

最后，王元化反思思维方式，指明了文论内在转型的方向。王元化认识到转变当代人们思维方式的急迫性和重要性，在其著作中，不止一次涉及变革思维方式的努力。王元化曾指出：“思维模式和思维方式，是比立场观点更具稳定性和持久性的东西。它在相当长的时间内，不会随着时代的不同和社会条件的更易而变化，因此成为文化传统的一个重要基因。在一定条件下，相同的思维模式和思维方式也会出现在立场观点完全相反的人身上。”②可见他对思维方式的稳定性、延续性和时代性有深刻的体悟；与此同时，王元化也深感固化的思维方式之弊病，对“五四”以来的思维方式的变迁做了必要的清理。王元化直指庸俗进化论，他认为“五四”时作为思维方式的进化论对反帝反封建具有一定的促进作用，但庸俗进化论对中国当代思想产生了极其恶劣的影响，作为庸俗进化论的一种表现：新的总比旧的好，这一口号导致了“文革”对传统文化的极大破坏。功利主义作为一种思维方式，曾经普遍存在于“五四”先锋人物钱玄同、陈独秀身上，这种思维方式对学术的独立性造成了极大的伤害，“文艺为政治服务”就是功利主义的一种极端表现。

---

① 王元化：《王元化文论选》，第398页。

② 王元化：《九十年代反思录》，第146页。

20世纪以来，中国文论的发展从20世纪初的多元走向一元，再由一元走向世纪末的多元。前一过程对作为认识论的反映论、黑格尔同一性思维的接受才得以完成，这一过程为实现民族的统一、思想统一和社会主义建设做出了重大的贡献；后一过程则对机械反映论的弊端进行了必要的反思，对绝对同一性思维方式进行了彻底的清除，回归马克思主义本身的开放性和发展性，以更加包容和吞吐万有的豪情迎接挑战。王元化呼唤尊重个体差异，尊重思想自由，兼容并包，百花齐放，为文论发展建立多元格局指明了方向。

结　语

把王元化的第三次反思与中国当代文论的内在转型结合起来，符合我们对“内在转型”的规定。这里所说的“内在转型”可以从两个层面上来加以说明，首先“内在”是本土资源的运用，而不是外来思潮的搬用；其次“内在”是指不停留于现象表层，而是从思维方式层面更为深层的层面上来把握这一转型。可见文艺理论的转型有内外之别，其中本土思想家以解决本土问题为宗旨，通过自我反思深入思维层面和具体问题的各个领域，为中国当代思想的内在转型贡献了自己的力量，王元化无疑是这一过程最重要的代表。

王元化第三次反思站在自身和整个当代思想史的基础上，他几乎以一己之力带动了20世纪90年代中国大陆思想界的前进。王元化孤勇地直面自己的内心，直面整个不合理的时代，并试图在这种反思中建立一种新的思维秩序、避免悲剧的重新发生，王元化的学术勇气和道德良知至今具有意义。王元化弟子胡晓明是这样评价王元化的，他说：“他在研治古今文学理论的巅峰时期，忽然停止了，进而扩展到思想史、文化评论。这着人先鞭的举动，吸引了不少青年人。尤其是在今天，

‘文学评论’的范围，渐已经扩大到一切作品，包括哲学、社会理论、学术思想等等，早已不是旧的‘文学’的概念所能容纳的时代。先生的学思历程，尽管没有尽其能事，致其曲折，却也不期然而然地暗合了学科的内在生命。”①这一评价是中肯的。王元化从文艺理论进入思想史，从其对思想史的反思来看又处处关怀着文艺理论，可以说，文艺理论的发展只有建立在思想史的地基上才能从根本上解决文学理论的问题，王元化对文学的思考从思想史的角度深入到文学思维方式，虽然这一思维方式的转变还没有建立一种新的思维范型，但王元化立足自身、立足本土资源的深切反思已经成为中国当代文论转型的重要路标。

原载《中国文学研究》2016 年第 1 期

① 王元化：《九十年代反思录》，第 306 页。

试析基督教背景对王元化的影响

胡顺琼

爱的精神与爱的文学的影响

在中国现代思想史上，王元化先生是一位特立独行的大家。他出身于基督教家庭，却又转向对共产主义的信仰；他走上革命道路，却在革命队伍中保持着知识分子的清醒和思考；他曾为中共高官，又受"胡风案"牵连身陷囹圄，仕途上大起大落，却在困境中于学问上开出一片新天地，成为一代学问名家。他的思想历程也反思不断，襟怀真诚而博大。在他坎坷而丰富的人生旅程中，基督教文化的背景起到了怎样的作用，本文拟对此作一初步的探讨。

这样的探讨并非易事。王元化不同于一般严格意义上的虔信的基督徒，正如他自称的，在加入共产党后他就不再信仰基督教了。他的言论中与基督信仰直接相关的并不多，但基督教文化对他的影响始终是其生平中时隐时现的一抹底色。因此，本文拟从最能直接体现王元化受基督教文化影响的相关言论入手，结合其生平经历，就基督教文化对其思想和经历的种种影响做一个大致的爬梳。在此必须指明的是，一个人思想观念的形成来源于多方面因素的综合影响，不同的理念也许会结出相似的果实，其行为也往往是其总体价值观指引下的产物。这样的例子并不罕见，例如"宽恕"的观念，在基督教精神中有，在儒家思想中亦是基本观念，而这两种思想精神都存在于王元化的精神世界。所以，为了客观起见，我们不能轻易断言王元化生平的某些言行与经历就是基督教文化影响下的产物；同时，也不可否认，基督教作为其思想背景中的一种,存在着影响他的诸多可能。

王元化的基督教背景首先来源于家族传承。他的大家庭深受西方教会教育影响:父亲王芳荃少时家贫,在教会资助下成为上海圣约翰大学首届毕业生,后赴美留学,获芝加哥大学硕士学位,1915年在清华任教;母亲桂月华曾在上海圣玛丽学校就读;外祖父则为一名传教士,曾为沙市圣公会第一任会长;妻子张可出身于苏州书香世家(亦是基督教家庭),毕业于暨南大学外文系。1948年,王张二人的婚礼在上海以基督教仪式举行;1986年与2006年,王元化先后在同一个地方——上海衡山路国际礼拜堂,为母亲、妻子送别。王元化出生即受洗,成长于基督教及中国士大夫传统教育的家族氛围之中,其人格、学术、思想难免受其影响。

从家族影响方面看,王元化似乎对他身上的母系文化血统更为看重。母系亲族中,三姨母桂德华是他小时候最亲近的。三姨母酷爱文学,曾去欧洲求学,回国后任圣约翰大学等校教授,教外国文学。王元化自小喜爱文学,一是母亲的熏陶,一是三姨母的影响。三姨母去世时,四姨母在她门口写了一个大大的"爱"字,王元化和所有的表姐弟们,一个个进去和她告别。三姨母对王元化很好,这个大大的"爱"字,连同三姨母温和的神情,一直留在他的记忆里。后来他回忆三姨母以及童年家庭基督教影响时,说过这样一番话:"三姨母正是一个很能体现基督教仁爱的人。我觉得基督教家庭对我的影响有两个重要方面,一是知道人人都是有缺点的,莎士比亚也说过类似的话,虽然他不信基督教而是异教,但他的话也体现了这种精神,他说:'上帝造人,为什么要他先有了缺点,才成为人?'基督教有原罪说,每个人身上都有与生俱来的罪,所以人不可以成为一个神。恰恰因为如此,对人身上的缺点,可以采取一种谅解、宽恕的态度,而不是非得嫉恶如仇。其次,基督教给人们的好处，是人应该谦虚，人不可以和神一样。”①

由此可见，爱、宽恕、谦逊，这是基督教家庭给王元化的主要影响。在基督信仰中，基督的降临是为罪人受苦受死。基督的舍身救赎因此成了人类向着爱追寻的标准与规范。在爱中，宽恕是不会单独出现的；宽恕与爱本是一体两面，没有爱不会有真心的宽恕，没有宽恕也谈不上爱。《圣经》记载的神，并不单是爱与恕的神，更是公义的神，这见于对不义的惩治；正是由于他的公义，惩治了耶稣才有救赎，爱与恕就完整地体现于人世间；因着爱，这不单是慈爱怜悯的神，也是公义的神。毫无疑问，《圣经》要求信徒彼此相爱互相宽恕，是伦理上的必须，更是出于信仰上的要求。

基督教文化对王元化的影响不仅来自家庭氛围的熏陶，亦深受他所热爱的 19 世纪文学名著的浸染。王元化的三姨母，也是他在文学上的引路人。在 1999 年 1 月接受学者李辉采访时，他这样说道：“如果基督教对我有什么影响，那恐怕就是《新约》中的基督教精神吧。西方 19 世纪，无论是俄国的、法国的、英国的、德国的……大抵都浸染了这种精神。这些作品是我喜爱的。这一点，我曾经在一篇文章中回忆日伪统治时期说到过：‘……浸透着人文精神的西方 19 世纪文学，几乎成为我当时的唯一读物，引发了我的浓厚兴趣。也许这是由于小时在家庭受到邻人爱的基督教义的影响，使我对这些文学作品产生一种认同感吧。’直到今天，西方 19 世纪文学仍是我最喜爱的读物……我谈到过的是莎士比亚、费尔丁、狄更司、白朗底姐妹、果戈理、陀思妥耶夫斯基、契诃夫、巴尔扎克、罗曼·罗兰等，自然还有许多我喜欢而没有在文章中涉及的作家，也大多是 19 世纪浸染人道主义精神的作品。”②

---

① 胡晓明：《王元化画传》，文化艺术出版社 2007 年版，第 32 页。
② 李辉：《王元化谈基督教家庭与清华学风》，载《博览群书》2000 年第 2 期。

文艺理论家夏中义曾经用这样一个整合理想人格要素的公式概括王元化的精神英雄情结：契诃夫＋罗曼·罗兰＝别林斯基。在这里，“契诃夫”是标志圣洁品性对灰色庸众的天才警觉，“罗曼·罗兰”是隐喻坚韧意志在孤独中守望信念，“别林斯基”则是意味着一种甘为真理而献身的殉道者的生存方式。①这一个公式实质上亦可视为19世纪文学对王元化的主要影响。虽然基督信仰的本质是神本主义，然而，原始基督教和《圣经》本身所倡导的仁爱、忍让、宽恕等博爱思想，又体现了宗教人本意识，这种思想在本质上体现出对人的个体的尊重和爱护(尽管这种尊重和爱护最终指向的是对造物主的信仰)。兴盛于文艺复兴时期的人文主义思想，吸收了希伯来基督教文化中的合理成分。因而，以人为本的人文主义与以神为本的基督教人文主义思想虽然并非同出一辙，但都强调了对人的生存与发展的维护。基督教精神与自文艺复兴时期以来兴起的人文主义思想，这两种看似对立的思潮，在对“人”的关爱这一点上异曲同工，融合于19世纪文学中，以文学的熏陶晕染出王元化独特的信仰底色：这就是发源于仁爱之心，对“人”的生存处境的深切关怀，对理想人格不懈追求，对真理的殉道者般的坚守和探寻。

信仰与平视

综观其生平，王元化毕生对“人”之尊严的高度重视，宽恕论敌，不拜偶像等言谈事迹，无不闪动着信仰的光芒。

鲁迅是王元化终身崇敬的巨人，当年在战乱中逃离京城时，年轻的王元化舍弃了众多珍爱之物，唯独将自己临摹的一幅鲁迅肖像随身携带。对鲁迅的文章更是不断研读，写下了《鲁迅与尼采》《鲁迅与太炎》

---

① 参见夏中义：《王元化思想—学术襟怀解读》，载《上海文学》2004年第2期。

等一系列颇有分量的研究文章。然而即便他对鲁迅是有一些崇拜的，也没有到偶像的地步。愈是对崇敬之人，愈对其思想精神认真探寻、分析，强调“不能以单纯的顶礼膜拜之情，更不能以意气用事的褊狭之见来代替科学的论断”①。他一生不断反思，也包括了对自己尊崇的思想巨人的再思考和再认识。在晚年之作《和而不同　群而不党》中他还这样写道：“鲁迅也不是超凡入圣的神明，他也有他的缺点和局限。他曾自称身上存在着韩非的峻急和老庄的随便。如果我们看不到他的宽阔胸怀，只把他在愤激时所说的意见，如称吃鱼肝油不是为了所爱的人而是为了所恨的人，又如说自己不惜从最坏方面去看人等等，作片面的理解，那就失之于一偏了。”②

无论对自己敬仰的思想巨人，还是面对身居高位的政治领袖，在不盲目崇拜这一点上，王元化都一视同仁。与这种对在上者不崇拜、不谄媚的态度相映的，是王元化对论敌、对手的宽恕、包容、求同存异。他与林毓生、余英时等著名学者的交往，都是始为论敌，终成知己。对这些“不打不相识”的交往，他在《九十年代日记》中有过这样的论述：“虽然那时我们的意见并未达到一致，但心灵的相契有时比观点的分歧更为重要。”③要做到这一点，“双方都必须有追求学术民主和自由讨论的原则的尊重，这才能够虚己服善，平等待人，而不是居高临下，意在求胜”④。这既是他对于友人相交经历的回顾总结，也是他为学、为人一贯秉持的原则，在批评社会上频频出现的那些“酷评”现象之时，在反思激进主义的破坏力之际，王元化所坚持的都是这样一种民主、公正的标

① 王元化：《关于鲁迅研究的若干设想》，转引自张梦阳：《王元化对鲁迅和鲁迅研究的反思——〈中国鲁迅学百年史〉断片》，载《书屋》2010年第9期。

② 王元化：《人物·书话·纪事》，人民文学出版社2006年版，第278页。

③ 王元化：《九十年代日记》，上海古籍出版社2008年版，第59页。

④ 王元化：《九十年代日记》，第85页。

准。这其中所体现的，一方面是“宽恕”和“包容”，另一方面，更是一种对真理的执着和真诚。

王元化就如同他热爱的别林斯基一般，终生坚持着一种甘为真理而献身的殉道者的生存方式。在他75岁高龄之际，曾写下一篇文章《你要做世上的盐》，文中说道：“研究中国文化，现在更需要的是多做些切实的工作……记得小时候一位学圣品人(基督教牧师)的长辈冯传先姨夫对我说，《圣经》上说的‘你要做世上的盐’比‘你要做世上的光’更好，因为光还为自己留下了形迹，而盐却消融到人们的幸福中去了。作为中国的一个学人，我佩服那些争做中国建设之光的人，但我更愿意赞美那些甘为中国文化建设之盐的人。”①“做盐”“做光”的典故，出自《新约·马太福音》第五章13至16节。

“盐”比喻基督徒在世上具有双重的功用：一是如盐调和口味一样去制造和睦，二是像盐能防腐一般防止并消杀罪恶和败坏的因素。“盐”重在说明基督徒的性质如何，而“光”则强调基督徒的行为如何。光是基督徒的见证——彰显基督。光能照耀指引；基督徒应有光的功用，能照亮在黑暗中的人，并见证神的荣耀。基督徒行事为人当像光明的子女，显明、光照并消除所有暗昧的事。“盐”需要溶化自己才能发挥作用，“光”必须靠燃烧自身才能发出；二者都需要完全地奉献自己，才能成为合格的基督徒。由此可见，在《圣经》原文中，二者并无高下之分。而王元化的理解，显然是多少掺入了中国式人生哲学，强调献身而不留形迹，不计功利。这分明是在利益至上的今天，逆潮流而唱出的对上一个时代的纪念，也是表明自身在这利欲滚滚的时代对“真理”与“光明”的坚守，不惜殉身。他的一生历经多次反思，从早年对左倾教条主义的醒觉，到20世纪50年代被卷入“胡风案”中对黑格尔

① 王元化：《思辨录》，上海古籍出版社2004年版，第17—18页。

认识论的再认识，[1]直到在世人眼中早已功成名就，足以退隐而安享晚年的90年代，他仍在积极思考，由反思激进主义而进入对“五四”的重新认识，即便冒着被批判为“倒退”“落后”的风险，也绝不放弃对真理的探求，为此而从不惜否定自身的错误认知——哪怕那是曾被自己奉为圭臬的“规律”；也从不畏否定权威、领袖——哪怕身败名裂，困于囚牢数十载。

晚年的王元化喜欢引用黑格尔的话：“老人讲的那些宗教真理，虽然小孩子也会讲，可是对于老人来说，这些宗教真理包含着他全部生活的意义。……构成理念的内容和意义的，乃是整个展开的过程。(《小逻辑》“概念论”)”[2]他的一生，就是一个在信仰光照下孜孜不倦于探索真理的历程，几度大起大落，历尽艰辛终无悔。他在《九十年代日记》中这样概括自己的一生：“我无法避开生活的苦恼，一九五五年的政治运动，精神的受伤；六十年代初撰写文心朿释时突然旧疾(静脉周围炎)复发，右眼失明，只得辍笔；‘文化大革命’再一次被隔离，心因性疾病再一次袭击了我；‘文化大革命’结束后，政治处境好转，平反在望，可是张可突然中风了；晚年又因另一种不幸，使我不断咀嚼痛苦，我是希望家庭幸福的……命运使我一生坎坷，不是政治打击，就是痛苦的折磨，幸而都过去了，可是又失去了生活的宁静……我要忍受命运的颠簸，像《旧约》中的约伯一样……”[3]《圣经》中为了信仰屡遭磨难考验和历练的约伯，或者说，就像俄罗斯思想家舍斯托夫笔下“以头撞墙”的精神探求者，这无疑是王元化一生追寻真理的最佳写照。

原载《社会科学论坛》2015年第12期

---

① 王元化：《沉思与反思》，上海辞书出版社2007年版，第1—9页。

② 胡晓明：《王元化画传》，第202页。

③ 王元化：《九十年代日记》，第281页。

王元化与儒家思想之分合

胡晓明

王元化先生是当代中国杰出的思想型学者，中国共产党党内少有的反思者。

1987年，先生作为兼任教授，在华东师范大学中文系招收第二届中国文学批评史专业博士研究生，那年我考入了先生的门下。面试的那天，我由蒋述卓师兄陪同，往上海吴兴路一幢高楼的十层寓所，第一次见到先生。知道先生从上海市委宣传部部长的位置下来不久，我潜意识中，不免有高官威严的想象。然而先生家的客厅非常明亮整洁，浅黄色的地板与木质简易沙发，以及书房里厚厚的地毯，给我一种很亲切透明，又很洋派现代的感觉；墙上王蘧常先生的一幅章草"萍洲燕语"，又给我一种非常古典而温婉的美。先生坐在靠电视机旁的那只沙发上，神情安详而尊严，操一口舒缓厚实、带着浓厚京腔的普通话。那天所谈无非是近读何书、有何计划之类的随意晤谈，然而印象中先生的气质，又西方又中国，又古典又现代，近而不浮，远而不尽，竟伴随了后来我与先生学习的整个岁月。后来我的三位师兄或南下广州，或远渡重洋，先生到1992年才又招了师弟傅杰，先生身边最亲近的弟子，就我们两人。21年的相守相随，我切近地见证了中共党内罕见的博学与思想型人物，如何越来越回归中国文化精神的生命历程。

元化先生生平大要

(一) 从基督徒到革命者

先生生于湖北武昌，祖籍江陵。号清园，与少年时期居于北平清华大学有关。他生长在一个基督教家庭，自小受过洗。父王芳荃，字维周(1880—1975)，少时得教会资助，就读上海，1906年东渡日本，在东京志诚学校教英语，1911年返国进清华留美学堂授英语，后赴美留学，在芝加哥大学获得教育学硕士学位，又回到清华任教。母桂月华，基督徒，生于传教士家庭。外祖父桂美鹏，曾做过沙市圣公会的第一位中国会长，并负责长江一带的传教会务。正如教会史的常识：近代基督教入华，深刻促成中国教育学术发展。桂美鹏曾于光绪十一年(1885年)创建沙市第一所分班授课的新式学校——美鹏学堂。舅舅桂质庭、四姨桂质良，先后均以第一名的优异成绩，考取清华留美学堂赴美，均取得博士学位(四姨后来嫁给闻亦传，即闻一多的堂兄)；三姨桂德华，曾去欧洲求学，回国后任圣约翰大学等校教授，教外国文学。先生属于近代知识程度甚新、混合着基督教精神与传统中国士大夫特点的大家庭。后来，他家所有成员的婚丧大事，都在上海衡山路的国际礼拜堂举行。当然，正如湖北沙市的圣公会当时竟也是孙中山的同志们开会演说、策动革命的基地之一，先生走上革命的道路也是有家庭背景的。此外，他还谈到这个背景的另外两个方面的影响：

我觉得基督教家庭对我的影响有两个重要方面，一是知道人人都是有缺点的，莎士比亚也说过类似的话，虽然他不信基督教而是异教，但他的话也体现了这种精神，他说："上帝造人，为什么要他先有了缺点，才成为人?"基督教有原罪说，每个人身上都有与生俱来的罪，所以人不可以成为一个神。恰恰因为如此，对人身上的缺点，可以采取一种谅解、宽恕的态度，而不是非得嫉恶如仇。其次，基督教给人们的好处，是人应该谦虚，人不可以和神一样，所以我年轻时没对什么人有崇拜，对鲁迅我是有一些崇拜的，但没有到偶像的地步。二次文代会，我到北京第一次见到毛泽东，许多人都怀着虔诚膜拜的神情拥过去，我觉得自己没有这个情绪，只有我在原地站着，内心不免有些惶恐。这大概就跟基督教精神的影响有点关系，因为在神的面前，人人都是平等的。①

(二) 从战士到罪人

先生1930年代开始写作。1940年代他在中共地下党江苏文委领导下工作，孙冶方是文委书记，顾准是文委副书记。这两个人，后来一个是中国自由经济思想之父，一个是中国现代民主思想之先知，影响中国20世纪八九十年代的思想与历史。先生曾任中共上海地下文委委员、代书记，主编《奔流》等中共地下党的文艺丛刊。曾在1940年代出版深受苏联文艺思想影响的《文艺漫谈》《向着真实》等文学批评论著，然而，这个中共年轻有为的文艺理论工作者、地下党的战士，却因其性情之真，不久成为新的共和国的罪人。

1955年，时任复旦大学兼职教授、新文艺出版社总编的王元化，遭到肃清"胡风反革命集团分子"的牵连。新文艺出版社当时是胡风集团"窝点"，先生因为与他们有过通信往来，遭受抄家、停职、隔离、审查。屈辱中曾自杀未遂，后患上心因性精神病。1959年问题即将"结案"时，查明先生并不属于"胡风分子"，但是上面要求他，只要承认胡风是个反革命分子，即可作人民内部矛盾处理。但他坚持认为这个结论缺乏有说服力的证据，不予接受。结果被开除党籍，行政降六级。②

---

① 胡晓明:《王元化画传》，文化艺术出版社2007年版，第32页。

② 参见笔者根据王元化口述撰成的《跨过的岁月——王元化画传》，第三至第七章相关的小节；彭小莲为其父撰写的传记《他们的岁月》，其中大段引用王元化回忆(集中于91—98页、158—160页、201—207页等处)，上海文艺出版社2000年版。

（三）从部长到学人

1981年平反昭雪后不久，即以文章、活动投身解放思想运动，胡耀邦曾批示“人才难得”，被任命为上海市委宣传部部长。但是他担任部长期间，思想界、文化界遭遇大规模的所谓“清除精神污染”运动，先生以不作为消极应对。不到两年（1982—1984），即从部长位置退下来。

先生后来将部长身份描述为“迷途”，并庆幸能很快回归学者身份。他年轻时曾从汪公严（鸾翔）先生读《文心雕龙》《文选》，从任铭善（心叔）先生读《庄子》《说文解字》《世说新语》等，①在隔离期间读了大量中外著作，尤其是将阅读范围集中于马克思、黑格尔、莎士比亚以及中国古典文学理论名著《文心雕龙》。后来与父亲的朋友、德国古典哲学名家韦卓民长期通信②，多年研读黑格尔《小逻辑》《美学》等。厚积而薄发，在拨乱反正后，出版了他融会中西诗学的代表作《文心雕龙创作论》（1979）、《文学沉思录》（1982），这两本书，在当代中国文学批评史上，具有决定性的贡献。尤其是潜心写作于六七十年代的《文心雕龙创作论》，运用中西文论美学相参证的方法，结合中国文史考证与诗文评传统，发人之所未发，使中国古代文论的内涵得到了前所未有的清晰解读，大大提升了传统文论的现代言说能力，开辟了新路，并影响了整整一代学者。先生在理论建设上，提出文艺学综合研究法、知性不能把握美、将人提高、心的光明等极富当代意识的文学观，深刻地影响了改革

---

① 汪公严（1871—1962）：字鸾翔，广西桂林人，曾是广雅书院的高材生，朱一新弟子，出入张之洞幕府，1918年至1928年间为清华大学教授，1953年被聘为北京文史馆馆员。汪先生生平及其与先生的交往详见王元化：《人物小记》，东方出版中心2008年版，第78—85页。任铭善（1913—1967）：字心叔，江苏如皋双甸人。1935年毕业于之江大学国文系，曾任之江大学讲师、浙江大学教授。任先生生平及其与先生的交往详见王元化：《人物小记》，第73—77页。

② 韦卓民（1888—1976）：原名韦钜，字勛奥，广东香山县（今属珠海市）人，早年留学欧美，曾为华中大学校长，著名教育家、康德哲学研究专家。从事中西文化比较而卓有建树。韦卓民先生与元化先生交往详见王元化：《人物小记》，第69—72页。

开放30年以来文学理论重建的进程。自1980年代始，先生成为华东师范大学教授、博士生导师；其后历任复旦大学中国古代文学研究中心名誉主任、浙江大学名誉教授、国务院古籍整理小组上海组长、国务院学位委员会第一第二届学科评议组成员、中国《文心雕龙》学会名誉会长、中国文艺理论学会名誉会长等。1996年，先生与巴金老人一道，获上海市文学艺术杰出贡献奖；1998年，他的论文集《思辨随笔》被评为国家图书奖；2006年获上海市学术杰出贡献奖。

（四）从文论家到反思者

先生在当代思想史上有持续的影响力。尤其是他倡导的学术史反思，提出对“五四”的五项反思，以及有限理性、以西学为参照而不以西学为标准、有学术的思想与有思想的学术、再认近代学术思想史上的独立人格与自由思想等观念，都深深引领了中国当代思想的进一步发展。先生临终时说，很多方面都只是开了一个头，殷切盼望着后来的学人能够将一些重要的问题继续发覆祛疑。他晚年对“反思”的坚执与愿力，突出地定格了一个人文思想者的形象。

先生几十年的写作，几乎没有离开过叩问理性究竟是什么，理性有什么形式，在不同的领域有什么不同的表现、功能，以及理性在探索真理的途中，有什么危险，等等问题。这都是他一直萦心在念的大问题。如果用一条线索穿起来，从1980年代的“知性不能把握美”，到1990年代的“理性不能把握真理”，持续关心理性本身的局限性、复杂性，以及中国当代精神生活与政治生活中理性的滥用问题，这可以说是变中的不变。这一点尤具思想家的锐感。其中变化的一面是，“知性不能把握美”是关注于文艺美学领域创作论鉴赏学以及形象思维的问题，作者最早对教条主义文风学风深层次的思维方式开刀，提出知性思维的片面、僵硬、静止、孤立，有害于文学创作与思想探索，这对于新时期解放思想，起到了很大的作用。

“理性不能把握真理”则是关注于更大的问题，即“五四”新文化传统中，一种对理性过于坚执、过于相信，并滥用了理性中的理想性，或理性的一元化、独断论、权力中心化的思想心态与思维方式。其中不变的东西，正是十分可贵的对于理性的怀疑、询问态度。我们知道，20 世纪西方不少重要思想家从不同的角度进入这一问题。其中如伯林、哈耶克的思想可以参证。譬如伯林从积极自由与消极自由的区分来提问，为什么积极自由对理性的极端崇拜会导致不自由？原因即在于相信一元（所有的人生目标中只有一个真，理性对所有的人都是一样的）、理性至上（所有的冲突都由理性与非理性、不够理性的冲突所引起；人最终服从理性，所以改造合理），有了这样的信仰，于是就有了人性改造工程，思想改造工程，并视为当然。更可怕的是洗亿万人之脑而为一人之脑子，还说是回到了真理和自由。而先生在 1990 年代花大力气对黑格尔理性主义同一哲学的反思、对卢梭国家学说、启蒙理性的反思，与哈耶克对西方理性主义传统中的另一支传统，即从柏拉图、笛卡尔、卢梭、黑格尔等人的理性建构主义传统的大力批判，也是完全一致的。先生并没有受哈耶克等的影响，却与他们殊途同归，正表明了中国现代思想所具有的现代性，以及真正的思想家的慧觉。

基督徒、革命者、罪人、教授、宣传部长、文学理论批评家，最后是反思的知识人——先生对自己最终的自我认同——这表明：(1)先生是“在其自己的思”（牟宗三）、“抉心自食”（鲁迅）、“事上磨炼”（王阳明）的知识人。不同于一般书斋型学者，他化生命为学养，融智慧于实践，特具传统儒家所主张的生命的学问、学思并进的成己成物路向。因而，儒家思想究竟于何种意义上，在他的学思历程中，发生一种学问与生命的缘助？(2)先生人生经历曲折、身份变化多样、思想冲突与张力复杂，因而，他对于儒家与儒学的考论、史述、解释、发挥、论辩，一则往往有自己立身与处世的情境，需要作脉络化的理解；二则其解释本身，也成为中国当代思想史的一个有机部分，应有全域与通贯的把握。(3)先生论域广泛，学兼新旧，是中共党内罕有的熔俄国现实主义及左翼文论、中国文史之学、汉宋兼采之学、英伦莎剧美学、德国古典哲学，以及近现代西方自由哲学于一炉的知识人，其中，儒家传统资源，有无表现？如何回应？处何位置？以何种方式发生影响？这是一直不甚清楚的疑点。发覆祛疑，不仅可推进一当代学案之研究，更可增进儒家思想资源在中国当代思想史上作用之真了解。

元化先生与熊十力先生的交往

我跟先生念博士时，常常课后陪他在他家附近散步。1990年代，有一次，走得稍远，到了复兴路，车水马龙，灯影婆娑，先生一路说熊十力，从性情到学问，一时兴起，索性又带我去看淮海路熊十力先生的故居。我们踏着吱吱作响的楼梯拾级而上，敲开那早已换了主人的房门……先生与当代新儒家熊十力先生的交往，在他思想中有一个很深的痕迹。

1960年代，晚年熊十力先生寓居上海。韦卓民与熊十力素识，当知道先生有意向熊十力先生问学时，即为他写介绍函。当时，先生正在研治《文心雕龙》，刘勰思想与魏晋玄佛，有不少待问之处。先生1962年秋首访熊十力先生，交往三年，“文革”发生后即中断。据先生说，他们有相当多的通信，然而“文革”中付之一炬。“文革”初，熊十力先生曾亲往先生家，请求托书，未果。①后来撰文回忆初见场景，不仅留存熊十力先生极珍贵的晚年画像，而且，亦是冥冥之中，先生学思历程中开启

① 王元化与熊十力曾孙女熊明心的谈话。见熊明心：《窗明几净读书天——与王爷爷相处的日子》，载《新民晚报》2008年7月9日。

重要机缘：

> 一九六二年秋，我持韦卓民先生介绍信，往淮海中路二六八号拜见十力先生。……他的身材瘦弱，精神矍铄，双目奕奕有神，留有胡须，已全白，未蓄发，平顶头，穿的是老式裤褂。我表示了仰慕之意，他询问我在何处工作，读什么书等等。这天他的心情很好。他的态度柔和，言谈也极儒雅，声调甚至近于细弱。当时我几乎与人断绝往来，我的处境使我变得很孤独。我觉得他具有理解别人的力量，他的眼光似乎默默地含有对被侮辱被损害者的同情，这使我一见到他就从自己内心深处产生了一种亲和力。这种感觉似乎来得突兀，但我相信它。在我们往来的近三年内，我从未谈过自己的遭遇，他也从未询问过。直到他去世十多年后，我才从他的哲嗣世菩夫妇那里得悉，十力先生对我的坎坷经历和当时的处境十分清楚，并且曾为之唏嘘。
>
> 我觉得他颇有魏晋人的通脱旷达风度。有一次，我去访问他，他正在沐浴，我坐在外间，可是他要我进去，他就赤身坐在澡盆里和我谈话。他不是性格深沉内向的人。他的感情丰富，面部常有感情流露，没有儒者那种居恭色庄的修身涵养。卓民先生说，这次沪上相会，一见面他就号啕大哭……。①

熊十力先生分明有一种人格的感召力。然而与其他描述不同，先生感受到熊十力先生的仁者气象与真性情，②前者在有关熊十力先生

① 王元化：《读熊十力札记》，见《十力丛书·序》，上海书店出版社2009年版。

② 王元化似并未将熊十力先生视为纯粹的儒家人物。另一处谈到："我探访他不久，有一次，他很认真地给我看相，可能他把这当作识人的一种方法。我觉得他的神秘主义是和儒家思想有距离的。"亦见《读熊十力札记》。

的同时代记忆实录中，是比较独特的。其次，从熊十力先生那里，先生真诚服膺并自觉承传一种儒者气质，即一种非纯粹哲学，而是兼有自家生命反思的独特思想风格：

> （一月二十一日）晨阴冷。读熊氏书使人引发出一种精神力量，此近人著作所无也。①
>
> 他并不只重义理，而是兼综踏实与凌空二义。据先生所下定义，所谓踏实者，乃"必将论主之经验与思路，在自家脑盖演过一番，始能一一得其实解。若只随文生解，不曾切实理会其来历，是则浮泛不实，为学大忌"。所谓凌空者，乃"掷下书无佛说，无世间种种说，亦无己意可说。其唯于一切相，都无取著，脱尔神解，机应自然，心无所得，而真理昭然现前"。这见解倘加细玩，必得读书之要领。我觉得，十力先生在治学方面所揭橥的原则："根柢无易其固，而裁断必出于己"，最为精审。我自向先生请教以来，对此宗旨拳拳服膺，力求贯彻于自己治学中。自然能否达到是另一问题，不过在我至少是虽不能至，心向往之。②

简言之，此即中国儒家学术传统中"六经注我"与"我注六经"的老问题。熊十力先生本来更偏向于"脱尔神解"之"我注六经"，但是对于"根柢"之坚"固"的注重，却是要将两种路向综合为一的。记得有一年，我陪先生及林毓生教授往上海图书馆，先生在那里有一工作室。当时，先生展示了熊十力先生的一幅语录，大意似乎是流露了治学与思想中很强的生命主体精神。林毓生教授读后沉吟，然后说："西方学人不是

① 王元化：《九十年代日记》，浙江人民出版社，第108页。
② 王元化：《思辨录》，上海古籍出版社2004年版，第159—160页。

这样的。康德完全没有自己，但仍旧成为第一流学人。”言下之意，似不赞成熊十力先生在学问中投入浓厚的个人生命意味。然先生常常表彰此项特色，只不过，他又强调另一面即“六经注我”，即“根柢”的张力，强调虚己、不夸张自我，这一面在晚年熊十力那里被先生所特意加以发掘，不能不说是本身富有张力的儒家传统在现代学术中仍在产生重要作用的一个具体例证。

除了学术方法之外，更重要的是儒家主张的独立不倚的学术精神。先生在学术界长期以来是两面受敌。一面是盘踞深固的极“左”唯马列的教条主义，一面是随开放时代汹涌而来的各种西方新理论新思潮。这种时代思潮与时尚八面来风的激荡，没有几个学人能够静下心来回归真实不妄的清明心智。①而熊十力先生的学术思想，恰逢其时，成为他抵抗的资源，由此自信自尊，开出一条思想独立的道路。如云：

> 唯新唯洋是从的风气与四十年来教条主义的感染不无关系。教条主义与趋新猎奇之风看起来相反，实则相成。两者皆依傍权威，援经典以自重，而放弃自己独立见解。沿习既久，惰性已成，个性日丧，创造力终于斫伤尽净。殆至无权威依傍时，则不能创一说立一论，沉迷其中，而不知自省。十力先生《尊闻录》批赶时髦者说：“不知而信之，惊于其声誉，震于其权威，熔于社会上千百无知之徒辗转传说。天下唯浮慕之人最无力量，决不肯求真知。”熊十力提倡一种“孤往”或“孤冷”精神。他说：“凡有志根本学术者，当有孤往精神。”“人谓我孤冷，吾以为不孤冷到极度，不堪与世和谐。”……清自乾嘉后，陈澧、朱一新辈，曾着力阐述

① 王元化多次在其赠人著作的扉页手书郑板桥《竹石》诗：“千磨万击还坚劲，任尔东西南北风。”背景正是此意。

治学态度与治学精神，倡导一种优良学风，但均为人所忽略。当时学术界偏重政治之改革，无暇顾及学术自身问题。康梁严复诸人，变法维新之书，世相争阅。陈澧、朱一新之论虽精，但风尚所偏，终为所掩。①

孤冷，是喧热的反义。整个20世纪最为“喧热”的思潮，都是西方压倒性的思潮，无论是俄苏，还是欧美。熊十力先生的“孤往”“孤冷”，当然是抵抗他那个时代占统治地位的西方思潮，但是更具体的思想目标，不仅在回到中学，而且要回到他个人孤明先发的大易生生之学。而先生拈出熊十力先生的“孤往”与“孤冷”，除了抵抗来自两种方向的西学之外，并不是回到自己独创的某个立场，也不是要完全回归到传统的中国思想，而更多的是“抵抗”本身，即如何在“左的”和“新的”两面夹攻之下，保持学术自身的尊严。但是，“西学”并不是负面的，只有走马灯一样的西学与压制性的西学，才是负面的。他明确说过：“近读《十力语要》，其中有些话虽针对当时，却也适用于今日。如称：‘知识之败，慕浮名而不务潜修。品节之败，慕虚荣而不甘枯淡。’这是指一些人对于未经深探的新学新说……袭取外人的皮毛，其后果则是毁弃了自己的本性，从而渐渐失去了‘独立研究与自由发展之精神’。”②

“独立自主”即思想的真正创造力。从《王元化集》中可以看出，先生始终不变的一个学术思想方向，即透过一种深度的融会中西文化的功夫，最终回归中国思想的创造力。他反复论证从魏晋时期佛经翻译、玄佛并用，到宋代文化消化外来文明的思想史实，从考察中得到一个富于当代意义的启示：中国文化对于西方文明的真正消化、融合，是需要

① 王元化：《思辨录》，第155页。

② 同上，第499页。

一个比较长的时期才能达到的。他越来越认识到，在这个过程中，光秃秃的理性的认识是不够的，还需要直觉、冥会、无意识的沟通，民间、实践、日常、生活化的沉淀。而后者的达成，则要靠时间的积累，尤其要靠传统自身的动力。因此，早期偏重于以西化中，在20世纪中国向世界寻求合法性的大潮流中，他以极富中西参证特色的文艺学研究，活转中国诗学；后期则中学渐渐凸显，文化关注的幅度增大，从戏剧传统到政治、社会，意脉相关，皆有考察。在全球化与中国化碰撞的复杂语境中，他更偏重于重估中国文化主体、中西互证互补。反对“以外来文化为标准”，主张“以外来文化为参证”。以外来文化为标准，轻则失去思想的独立，变成时代风尚的墙头草；重则失去文化主体，变成越来越没有自信和创造性，甚而以外来和尚为绝对真理，行生杀予夺之大权。这是他得出来的重要结论之一，因而区别于新老西化派。因此诸如家庭、道德、人文传统等问题上，他都得出了与“五四”先驱们不尽相同的观点。而不相信制度万能论、移植万能论，又是他区别于新自由主义的地方。主体性、传统性、精神体验性渐显，这是熊十力先生在他思想历程中最具有亲和力的地方。这也十分微妙地表明儒家资源如何透过个人生命实践，在一个认真的思想者身上的复苏。

“孤往”“孤冷”精神，还有一层意涵，即学术与政治的关系。熊十力先生学术中的政治性，先生颇有细心抉发。如熊十力先生的《明心篇》中，将孟子所主张的以圣王治天下称为“谬想”，先生认为“是含有反对专制主义深意的”。但是“孤往”精神，即不主张太直接太热切地进入现实政治，毋宁是保持了适当距离的一种“非政治的政治性”，这确实是儒家的一项论学特色。他引熊十力说：

《十力语要》说：“吾国人今日所急需要者，思想独立，学术独立，精神独立，依自不依他，高视阔步，而游乎广天博地之间，空诸依傍，自诚自明，以此自树，将为世界文化开发新生命，岂唯自救而已哉？”“五四”时期，倡导独立思想，自由精神，这一点似比简单地以西洋为师的主张为高。王国维、陈寅恪、熊十力等，皆主张空诸依傍、精神独立，决非泥古不化、墨守传统。观熊对传统文化之批判可知。又，熊十力于五十年代初《与友人论张江陵》书中称：“学术思想政府可以提倡一种主流，而不可阻遏学术界自由研究、独立创造之风气。否则，学术思想锢蔽，而政治社会制度何由发展日新？”熊老在五十年代有此等议论，足证翟志诚指摘熊十力解放后谄媚当道之说，实属诬枉。学术与政治关系问题，迄今仍在争议。我赞成熊老所谓学术衰敝将影响政治不振之说。《十力语要》有这样一段话：“哲学有国民性，诸子之绪，当发其微。若一意袭外人肤表，以乱吾之真，将使民性尽毁，渐无独立研究与自由发展之真精神，率一世之青年，以追随外人时下浅薄之风会。”此语发自半个多世纪以前，但今日这种风习依旧，此实可悲。①

翟志诚指摘熊十力一案，已经有郭齐勇等人撰文驳斥。②先生当时借此辩诬，更引出端正学术与政治之间的论述。此种学术独立之要义，即复杂看待学术与政治的关系。(1)学术不是手段，以自身为目的，空诸依傍，自树自立。(2)学术思想又是政治的基础，学术思想锢蔽，政治社会制度也得不到真正的发展日新。(3)因而，学术既独立于政治、又回应于政治。这正是先生整个反思路向的一个重要来源。

---

① 王元化：《思辨录》，第162页。

② 参见翟志诚：《长悬天壤论孤心——熊十力在广州(1948—1950)》，载《当代》1992年8—10月号；郭齐勇：《为熊十力先生辩诬——评〈长悬天壤论孤心〉》《某人“审定”之〈熊十力佚文九十六封纠谬〉》，分别载于《鹅湖》1994年2、3月号。

然而不可讳言，熊十力先生哲学的深处，先生并不能真正进入。他在《熊十力先生二三事》一文中，也曾谈到熊的核心思想：

先生所服膺的二王之学，我没有好好钻研，不敢妄议。我只能谈谈自己的一些粗浅的看法。十力先生早岁忿詈孔子，中期疑佛，最后归宗大易。他曾对龙树的大雄大勇、无所不破的精神深表敬服。由佛入儒后，一反以往，以大易立人极之旨对此加以批驳。他恪遵"天行健，君子以自强不息"之义，演大易翕辟成变之论，从而构成一完整的思想体系。我以为，不论他的哲学经过怎样的发展与变化，其核心仍在"本心"这一概念。有的学者认为，十力先生的《体用论》出，乃一大转变。由于他的《体用论》有摄体归用、万物真实之旨，于是说他"接近于唯物论"。但是，细察十力先生本心说之根柢，则不得不承认贺麟辨析《明心》章之明澈。贺评写于一九四七年，至今读来，仍觉深邃有据。十力先生所谓本心，即仁，即生生不息、凝成众物而不物化、新新不已的"绝对本体"。这个刚健的本体(或本心)之显现，如贺氏所说，"有其摄聚而成形象的动势，名曰翕；有其刚健而不物化的势用，名曰辟。所谓心物即是辟翕两种势力或过程"。一辟一翕，恒转不已。心与物交参互涵，不可分而为二，而是一个整体的相反相成的两个方面。十力先生既不承认唯物论，也不承认唯心论，贺氏称他为泛心论者，庶几近之。他认为有物即有心，纵使在洪荒时代，心的势用即随物而潜在。体用一如，心物不二，这就是十力先生哲学的真谛。他不墨守二王之学，而有所发展。他参照柏格森的生命哲学，而有所批判。他的哲学是称得上为一家之言的。①

① 王元化：《思辨录》，第161页。

这一番话写于1991年。如果与写于1979年的《记熊十力》一文对读，最重要的变化即对儒家思想有了一番同情的理解。尽管，王元化的认知图式，还是唯心唯物这样的传统思路，然而同情的重心，已经偏离唯物。比较而言，早几年的《记熊十力》一文只是强调了熊的身份是"'五四'后老一代佛学专家中屈指可数的几位代表人物"，认为汤用彤这样的佛学名家"对熊的佛学造诣是很器重的"①——这样一个并不准确的判断。而1992年写的《二三事》，却明确说他"归宗大易"，表彰其"翕辟成变"的思想。值得注意的是，在后一年即1992年的日记里，他却这样说到"仁心"：

(一月十九日)晴。……熊氏所说的反己体认即儒家之内在超越。所谓仁心无一毫私意掺杂，实与尚同去私传统思维无异。②

在先生的论述语境中，所谓"尚同去私传统思维"，即"文革"的思维。试比较1991年论及熊氏仁心说：

十力先生所谓本心，即仁，即生生不息、凝成众物而不物化、新新不已的"绝对本体"。

很明显，1992年反而曲解了熊十力先生。日记是最真实的个人思想心得的流露，而文章应是投给《二十一世纪》刊物的，主旨是回忆，思想是附笔，因而不一定完全来自先生自己的认识。因而，我认为，先生在儒家形上学的部分，对熊十力先生的核心思想，并无准确的理解。在

① 初载于《记熊十力先生——〈佛家名相通释〉跋》，收于《佛家名相通释》，中国大百科全书出版社1985年版，后收入《读熊十力札记》一文。

② 王元化：《九十年代日记》，第107页。

儒学的根本大义上，先生与熊十力先生，仍然尚隔一层。托书的事情也颇有象征意味："文革"初年，十力老人曾亲往先生家，请求将自己的书转存在他那里，由于房间太小，先生未能应允。①尽管如此，但是在精神气质上，两位思想者，却有一种性情与灵魂的令人惊奇的相契相投，熊的精神感召与独特学思风格，对一位革命阵营里的文艺理论家，产生过重要影响力，这仍然是当代儒学史上的一段奇缘。儒家思想往往透过前言往行、人物典范，以生命的感召力，发生真切而深入的影响，这正是现代人袭其西学皮毛，纸上得到终觉浅，所难以企及的。

从排斥儒家思想到有限肯定与亲近

除了熊十力先生之外，先生还深受梁漱溟、杜亚泉、钱穆、陈寅恪、贺麟等现代儒家学人影响②；他与当代儒家学人或同情儒家思想的人物的交往与因缘，还可以例举出杜维明、余英时、刘述先、朱高正以及汤一介、季羡林、庞朴等。他的成名作《文心雕龙创作论》，徐复观曾有评说。他十分喜读钱穆《中国近三百年学术史》等著作。我 1998 年陪同先生到台湾访学，曾与他一道往台北双溪访问钱宾四故居，切实感受他对宾四先生的敬仰心情。可以说，当代新儒家的思想及其发展，是他十分关注的领域。那么，究竟儒家思想在他的学思历程中，在一个什么位置？这里，试以几个小专题，大致梳理他自身思想发展的前后不同：

---

① 熊十力的曾孙女熊明心回忆先生多次说到："曾祖父一次突然到他家，说要把自己的书存在他那儿，可是王爷爷当时的住房很小，根本没有能力保管那些书。这件事，王爷爷不知说过多少回，带着怀念和遗憾的神情。当时的情景，据承义（王元化之子）伯伯讲是这样的：冬天，曾祖父来到他们家，穿着旧棉袄，腰间扎着根草绳，一口黄冈话。"见熊明心：《窗明几净读书天——与王爷爷相处的日子》，载《新民晚报》2008 年 7 月 9 日。

② 尤其是杜亚泉，他曾撰写长篇论文《杜亚泉与东西方文化论战》，推动反思潮，在 20 世纪 90 年代思想界有重大影响，收于《清园文存》（第二卷），江西教育出版社 2001 年版，第 209—232 页。

(一) 关于性善论

如前所述，先生对于新儒家的心性之学不甚了了，但是对于传统儒家的性善性恶却十分关心。他对这个观念的解释，有三个阶段。第一个阶段是 20 世纪 70 年代的读黑格尔阶段。这时候他笃信马克思恩格斯关于社会发展的杠杆是恶的力量的历史唯物论思想。第二个阶段即 1992 年出版的《思辨发微》，是对三年前出版的《思辨短简》的修订版。序中说“我要订正本书中的一个错误观点”，这个错误观点，即是指过去他所相信的黑格尔所谓“性恶”说比“性善”说深刻得多的观点，过去他对荀子的“善者伪也”也是肯定评价，甚至认为韩非的“性恶”论虽然可憎，却是具有“逻辑的彻底性”。而 90 年代初反思后的结论则是更相信“心的光明”，并且发现我国传统文化观念也是早有“几乎同样的说法”。第三个阶段即是在 90 年代末，先生再次谈论性恶说时，进而表示无法赞同德国古典哲学中的一个观点，这个观点竟然认为恶的情欲，例如“贪欲”和“权势欲”，可以成为“历史发展的杠杆”。看似第三个阶段与第二个阶段所指向的对象相同，然而相同的命题，却有不同的问题脉络。先生心目中的“恶”，这个时候更多指向一种具体的恶，即改革过程中由于权力得不到监督而普遍大面积产生的“贪欲”与“权势欲”。指出，“事实上这两种恶的情欲对社会破坏作用更大”；与此恰恰相反，“科学的发明创造”“追求真理的热忱”等“恶的范畴”之外的力量，才是促成历史向前发展的“主要力量”。

先生对性善性恶论的抉择，其实与此论本身的学理关系不大，而更与他的时代身心体验有关。之所以他会放弃“逻辑上更为彻底”的性恶论，可分为两个层次：首先，90 年代初的解释，无疑与他在“反胡风运动”、“文化大革命”中所遭遇的非人性、反人权的命运有关。这表明，良知真的只是一个呈现，而不是一个理论的预设；关于良知与性善，更根本的问题并不是一个知识论的问题，而是一个生命体验与道德实践的问题。

其次,90 年代末他对这个问题的着眼点又不一样了。因为问题的脉络变化了。这已经不只是着眼于他以及他一代知识人的遭遇,而更与他对于现实生活问题症结的切近观察与整个时代精神气脉的感受有关。从 90 年代开始,思想界弥漫着一种犬儒思潮,即相信所谓历史决定论,即生产力、科技力量以及市场是决定一切的。①于是就有一种声音为腐败辩护,即改革代价论,认为改革就不得不付出代价,贪腐、环境破坏,正是必要的"交学费"。直到现在,都还有一种"做蛋糕理论":只要将蛋糕做大,贪官们的腐败即使也会水涨船高,只要老百姓的生活有所改善,也因此分得做大了的蛋糕一部分而受益,腐败也就不会被计较了。这就是所谓恶的正当论,其实背后隐藏着很大的欺骗性,是利益集团用来自欺欺人的幌子。然而在儒家看来,是非大于利害,孟子所谓杀一不义,弑一无辜,而得天下,不为也。董仲舒所谓"正其谊而不谋其利",皆表明儒家非功利主义。先生不是从儒家与儒学的立场来看问题,而是从观察体验与反思来得出自己的结论,然而却不期然而然近于儒家而远于法家。

(二) 关于"个人"

先生 20 世纪 80 年代发表《简论尚同》,强调中国儒家传统中有一种牺牲个人、趋向社会同一性的思想,并明确反对这一观念:"用群体来抹煞构成群体的个体,那只是抽象的群体,这种抽象的群体和抽象的理念没有什么两样。否定人的价值、人的尊严、人的需求、人的自由和解放,不仅是和否定人性联在一起,也是和否定个人、否定自我联在一起的。"②1986 年先生发表《从文化角度研究文学》,说:

---

① 李泽厚提出的"西体中用",其实也是这样新瓶装旧酒的历史决定论。具体论述见氏著《说西体中用》,上海译文出版社 2012 年版。

② 王元化:《清园文存》(第二卷),第 206 页。

我国文化传统观念侧重于共性对个性的规范和制约，而忽视个性，以社会道德来排斥自我，形成了一整套固定的思想模式和伦理道德规范，从而使个体失去了它的主体性。这与我们传统的文化心理结构很有关系。但是，真正活的创造力是存在于组成群体的个体之中。没有个体的主体性就没有创造力。片面强调共性制约个性，以至压抑个性取消个性，就会摧残创造力。我在前面提到过的戴震，他作为伟大的思想家，就在于他处在当时理学盛行时代反对了压制个性的“遏欲之害”，主张使人“各得其情，各遂其欲”。①

在1993年撰写的《杜亚泉与中西文化论战》中，写道：

在个性、人权等等问题上，中西文化也存在很大的分歧。西方重个人、张个性，故这方面十分发达，但在中国传统中则很难寻觅这方面的资源。②

到了90年代末，他仍然说：

长期以来，我国儒家传统轻视个性，这是一些遵从儒学传统的人（如杜亚泉、梁漱溟等）也承认的。自我意识从长期酣睡中醒来，开始萌发于清代中叶。当时可以龚自珍的诗文、曹雪芹的小说、邓石如的书法、郑板桥的绘画、戴震的《孟子字义疏证》、惠栋的《易微言》等为代表。③

---

① 王元化：《清园文存》（第一卷），第129页。
② 王元化：《王元化集》（第六卷），湖北教育出版社2007年版，第179页。
③ 王元化：《思辨录》第31页。

但是，在2005年写的《传统资源》一文里，他明显修订了前说：

我过去认为，中国的传统里边关于个人权利的思想资源很少。现在看这个问题，这个大前提是对的，说法也是对的。中国少谈到个人，权利理论方面，确实不如西方的多。西方作为一个个人主义的发展得很丰富的文化，对照之下，中国是不够的。但是并不是绝对没有。比如我曾经多次讲过的独立人格、思想、自我尊严的思想、民贵君轻的思想，等等，有很深厚的传统，都是看重自我，很个人取向的。中国士大夫文化可以有一个批判意识，反抗精神。孟子就提出威武不能屈；中国现代的陈寅恪，都公认他最有风骨。他的资源哪里来，还不主要是儒家么？儒家哪里只是心性之学呢。

这是一方面，另一方面整体的个人观念，也重要。我们就仍以儒家为例吧。儒家看个人，不是着重放在个人的本身的发展解放，而是把人与人的相处放在一个关系的网络去理解。我觉得可以纠正个人主义偏执于极端的发展，那是从一种所谓希腊的目的论的观念而来的结果。自主是现代启蒙的基本价值。但仍需要分疏。如果它强调只有个人是一个独断的价值源头，只自己根据自己、自己决定自己，反对有任何别人的批评和别的价值来源，这就有问题。每一种的价值观念都成为一个分裂而自足的世界。发展到极端的时候，没有一个价值观能干涉我的价值观。是魔鬼、是神灵，都是有他个人自己的事。我可以决定我选择做奴隶的自由。这在美国有。具体的表现就是麦克维尔（俄克荷拉马州爆炸案的主犯）。关键是从他的极端个人主义出来定是非。个人近乎等于上帝的一副样子。他认为对的就是对的，他认为错的就是错，那么多人死了，到他自己判刑，到了自己最后的时刻，他还是认为没有道歉的必要。他认为他的选择完全是对的。他是英雄，庸众只是他

的炮灰而已。……①

先生说到"英雄"与"炮灰"的时候，他所反对的极端个人主义，其实是针对那种凌驾于百姓生灵之上，"一将功成万骨枯"式的尼采超人和原子式的现代个人。他其实对"个人"有较复杂的分疏。一方面他认为儒家（尤其是孟子）所主张的个人尊严与独立具有抵抗专制、超越流俗、开发自主价值的作用，所以他一直对于这个意义上的个人价值守护甚严。但另一方面他又对那种绝对个人主义的极端思想，以及非理性的个人英雄主义，十分排斥，而且认为这来自现代性的负面传统。这时儒家的非个人的社会伦常性就十分具有一种对治的作用。所以他一方面赞同《白虎通》的伦常思想，认为具有人类普遍意义，但另一方面又批评其反对尊重自我：

（《白虎通》认为）仁用以对人。"以仁治人。""以仁安人。""仁者爱人，不在爱我。"义用以对己。"以义治我。""以义正我。""义在正我，不在正人。"同儒家"求诸己，而不求诸人。""躬自厚而薄责人。"但其分殊仁与义之异，与孔子"己欲立而立人，己欲达而达人"之说相悖。反对爱我，流于反对尊重自我。②

或许这里更应引的是孔子"我欲仁仁斯至矣"。孟子以后，修己与治人分开，仁发展而成仁政，发展而为政治论述而非道德论述。而在先

① 王元化：《传统资源：具体中的普遍性》，载《文汇报》2004年7月18日。在笔者的日记里，曾记录了先生与林毓生为麦克维尔的一次谈话。林毓生认为从麦氏的极端自由主义反政府反社会立场，他不道歉是合乎逻辑的；而先生坚持认为既伤害了无辜的人，麦氏应该道歉。由此可见先生最终是人性人道的政治逻辑。

② 王元化：《九十年代日记》，第346页。

生的前理解里，不尊重自我，是20世纪中国社会主义思潮的一大传统。然而，过于强调自我意志，尤其是有权者与有思想影响力者，也会带来可怕的人性灾难。可见，先生对儒家思想的分疏，是他复杂的现代经验的一个部分。

(三) 关于民主

他认为，东西思想最大的区别即中国思想中缺乏民主的传统。他说：

> 在许多方面，传统资源十分贫乏，比如，民主是一种思想，也是一种制度。不少学者举出孟子的君轻民贵、黎民不饥不寒之类，这是很不够的。陈炜撰《议院古明堂说》称古代明堂有今议会性质。陈嘉异据《春秋命历叙》称循蜚纪(太古十纪中的第七纪)神皇氏执政，使神民异业，说这就是政教分离。诸如此类，更不足为训。民主制是需要法治来保证的，但传统思想乃内在超越，重修身，而治国则是修身的延续，故法治理论与法治经验在传统资源中极为稀薄……中西文化的分野是内在超越者必重道德而轻法律，外在超越者必重法律而轻道德……①

这一点，他与儒家的开明专制、君权有限合法等政治正义观，区别甚远。从90年代末，到先生晚年，一直十分热心于“辩三纲”，主张“三纲”是法家而不是儒家提出来的。为什么？原因是他认为“五四”反儒家专制的理由错了，最专制的思想是法家提出来的。中国历史的真相，是表面上的儒家，骨子里的法家。正如他透过卢梭的公意，揭示中国现

① 王元化：《清园文存》(第二卷)，第231页。

代主流思想，表面上的民主，骨子里的专制。①

(四) 关于“常道”“恒理”

儒家将人性美好、人间正义，以及天下有道等，视为常道、恒理，可大可久之普世价值。儒家为古典理性主义的保守者。而20世纪中国盛行的阶级分析与阶级斗争观念，则完全不承认有超越阶级之上的意识与精神，视一切价值为某一阶级与某一特定利益集团的价值，所有表面上看起来没有利害相关的文化思想观念，都只不过是背后有着利害相关的阶级或集团利益的争斗的反映。而近二三十年流行的后现代思潮，同样将一切观念、思想、主张，甚至美感兴趣，都视为权力斗争与利害冲突的表现，完全抹杀了存在着超越的思想价值与独立的文化意义。作为文艺批评家出道的先生，其40年代的代表作品《向着真实》，不可避免地成为当时左翼文化主流的阶级分析与阶级斗争的认知图式的产物。然而经过“胡风事件”的被牵连，以及“文化大革命”的被斗争、被革命、被侮辱的命运，他像所有大陆有良知的知识人一样从切身的命运中接受了惨痛教训，从而彻底抛弃了这一套思维紧箍咒，不仅如此，他更深入思考左派思想根源之处，即其与生俱来的一大缺失：排斥、抛弃了中国传统文化的资源。之所以如此，正是极“左”思想深受夺取政权的敌我意识思维的影响，“破”字当头，所谓“彻底的唯物主义无所畏惧”，

---

① 1998年稿：有一个问题至今很难解释：为什么“五四”时期的一些代表人物多半激烈地反儒，而不反法。实际上儒家还有着民本主义思想和诛独夫的革命思想，可是法家却站在君主本位立场上，实行彻底的专制主义。“五四”时期反对旧道德旧伦理，而作为封建伦理观念集中表现的“三纲”，一般认作是经过法家化的汉代儒家提出来的，但实际上却是法家最早提出来的（又见于《对五四的再认识答客问》，《沉思与反思》，上海辞书出版社2007年版，第35页），又：“五四”时期反儒，认为封建王朝是利用儒家来统治人民的，所以竭力攻击儒家。可是他们没有看到历代统治者所行的杂王霸政治乃是外儒内法，儒不过是用来掩盖实际所行的法家残酷之术（同上，第36页）。

认为可以在废墟之上建立所谓新社会新文明的大厦。先生不可能完全放弃唯物主义的历史观，即不可能不去对于过往的中国历史，作出基本的否定性评价，亦即承认所谓封建社会的整体历史黑暗性；但是，他又不甘心放弃作为思想资源的中国文化传统，因而苦心寻求找到一种平衡：既否定了过去的历史，又肯定了过去的文明成果。他这样说：

> 谈到传统伦理道德时，必须注意将其根本精神或理念，与其由政治经济及社会制度所形成的派生条件严格地区别开来。不作这样的区分，任何道德继承都变成不必要的了。每一种道德伦理的根本精神，都是和当时由政治经济及社会制度所形成的派生条件混在一起的，或者也可以说，前者是体现在后者形态中的。倘使我们不坚持形式和内容同一的僵硬观点，就应该承认它们两者是有区别的、可分的。冯友兰于六十年代出于担心要全盘否定道德继承性的考虑，提出了抽象继承法，就是依据上述可分性的原则。不过，他用了一个很容易引起误会的说法，以致遭到非难。可分与不可分这两种不同的观点，导致了道德可以继承与不可以继承的分歧。如果认为是不可分的，传统道德观念中的根本精神及其由当时社会制度所形成的派生条件是等同的，那么在古代一些杰出人物身上还有什么崇高精神、优秀品格、善良人性？任何一个人都不能完全超越他的时代，完全摆脱由当时社会制度所形成的派生条件，不能要求他们活在和我们一样的社会制度中，从而在派生条件上具有和我们完全一样的道德观念。如果坚持思想的根本精神和当时的社会制度所形成的派生条件两者是不可分的，那么道德继承问题也就不存在了。①

① 王元化：《清园文存》（第一卷），第236—237页。

所谓“坚持思想的根本精神和当时的社会制度所形成的派生条件两者是不可分的”，这正是左派的阶级分析思想观念。本来，如果要突破这一点，先生完全可以用马克思评论希腊神话如何体现了人类永不复返的童年天真等经典论述来立论，但是他这个时候已经基本上放弃了以经典作家的话语来思维的方式，这样的论证方式在他看来是不具有真正的思想主体与独立性的。值得注意的是，他是根据自己从小到老欣赏京戏的经验中，感悟到一种长久而深入人心的伦理道德情感力量，在民间社会自有其不可毁灭、不可抹杀的精神性存在，而这种来自民间与传统底部的生命体悟，其实正是超越于具体的社会制度与历史场景，正是儒家所谓“百姓日用而不知”的民情、风俗、教化、人心世道的存在。①先生宁可用这样的体验，来取代仅仅来自逻辑与书本上的经典，如果对照40年代的《向着真实》的教条，与21世纪初谈京戏的自由思想，这正是他不期然而然地回归中国文化的一个证明。

(五) 关于“家”

先生与许多“五四”人物不同，他特别肯定传统中国“家”的文化价值。我有一篇未刊记录稿，辑录了他多次谈到家庭价值时的一些重要观点。②节引如下：

---

① 《关于京剧与传统文化答问》：“京戏无论在表演体系上或在道德观念上，都体现了传统文化精神和传统艺术的固有特征。研究中国文化传统经过了怎样的管道走进民间社会，甚至深入到穷乡僻壤，使许多不识字的乡民也蒙受它的影响，这是一个值得探讨的问题。中国的传统思想自然是直接表现在儒释道墨法那些思想家和史家的著作里，而研究文化传统的学者也多半只探讨这些典籍。但是无论以前或现在，能阅读这些著作的人究竟有多少？大多数从来没有读过这些著作的人，为什么会受到它的影响呢？我小时在偏远的乡间曾见到不少的贞节牌坊，那些殉节的妇女大多并不识字，她们从哪里得到儒家的贞节观并以它作为自己坚定不移的信念呢？这些问题不能不引起人们对文化传统问题的思考。”[《清园元存》(第一卷)，第234页—235页]

② 参见本书附录：《新春谈家》。

我赞同传统文化中有关家庭价值的一些肯定的表述，比如父慈子孝、长幼有序等。我这样的认识并不全是从书上看来的，也不全是从古代人那里学来的，更多的，是我从自己的亲人，父母、姐妹、妻子那里，长期以来，切近地感受到了家庭生活的温暖与亲人之间的爱。我是从自己的点点滴滴的生活实感之中，得到古人所谓“如人饮水，冷暖自知”的体会。越是到晚年，我这种体会越是鲜明、越是强烈。可以不夸张地说，如果没有我的亲人，就没有我的今天。

……

也不必美化古代的家庭生活，传统礼教有很多“冤曲”，梁漱溟早就讲过了。家庭与社会，古代过于看作是一回事，所谓“治国先须齐家”是也。治国讲的是法治，怎么可以用治家的一套来代替呢？社会讲的是自由平等权利，家庭则讲的是和谐爱敬慈孝，看起来并不是一回事，不应该以此来代替彼，混淆不同的领域的事情。反过来说，家庭不必像社会那样太理性明白，正如林毓生先生有一次对我说的：家庭成员不必太多讲什么身份、权利，好像大家都要算账似的。另一方面，人类社会也并不是如章太炎批评秦国法家所主张的大家都“块然相处”的冷冰冰的所在。百年中国的历史经验教训告诉我们，社会既不是你死我活的斗争，也不是你输我赢的算账。确实社会也要讲一点合作，讲一点人与人之间应有和谐关系。所以，如果从相互的关心、爱敬来说，家庭价值当然是可以通往社会价值的。一个在家庭生活中浸润过温情的人，可以相信在社会上也是比较讲礼讲道德的人，而且不会对人类社会有太多的仇恨。总之，这既是可以分开来讲的价值，也是可以合起来看的道理，不能一概而论。①

① 2006年，应《文汇报》“笔会”编辑周毅的约稿，以《新春谈家》命题而作，最后未能经过先生同意发表，原因大概是不愿意得罪巴金这一派新文学家。

这里要加一个注解是，王元化多次与我谈到，他不赞成巴金的《家》，“五四”时代对家庭的批判过于一刀切了。他的基本看法是：(1)每个人的家的体验不一样，不能用“五四”时代经典文学作品中所制作的形象，来取代各人的生活经验。(2)他的家的观念不是从书本上来的，而是真切的人生经验；这个经验是如此正面，没有家就没有他的整个生命。(3)家的女性成员在经营家庭价值方面，尤其重要。(4)家与社会既可区分，又有联系。现代人注意其分的一面，而忽略了家庭价值通往社会和谐价值的一面。先生旗帜鲜明地坚持家的价值，是他反思“五四”，认同儒家一系列思想事件中一个十分突出的表现。

(六) 关于“修身”

先生多次对我讲：“我现在看一个人，还是要看这个人有没有旧道德，如果没有点旧道德，这个人不会好。”作为“五四之子”(先生生于1920年)，他在晚年讲这个话，确实具有反叛“五四”的思想史典型意义。其实在“五四”人物如鲁迅、胡适等人身上，我们也常常看到新文化与旧文化并行不悖的复杂现象。先生多次在“修身”这个问题上，服膺儒家人物的智慧。譬如他在1997年的日记里大段引用他的老师汪公严与其师朱一新有关“和与介”的修身思想：

> (汪)问：“太俭、太刚、太刻、太傲之人，似皆易流于不近人情。”
>
> (朱)答：“太俭者，伪君子。太刚者，学君子而未至，否则亦好名之人。若刻与傲，则小人矣，岂止于不近人情焉？”(六月二十七日)①

后二种“刻”与“傲”明显修养不足，此不论。而“俭”与“刚”较有欺

---

① 王元化：《九十年代日记》，第393页。

骗性。“俭”似淡泊，然“太俭”，即太不思进取、太保守畏退，有为名过甚之嫌，流于矫揉造作，成为伪君子。“刚”清操亮节，特立独行，然“太刚”即太有“我”执、“但求与众立异”、“好为崖岸，非儒者中正之道”。每一看似正当与有理的德目，其实都有可以叩其两端的虚实面相。值得注意的是，先生更多从朱一新的思想中，吸收其反对“太刚”的一面。但我们读先生早期的文字，其基调正是朱一新的学生汪公严所主张的“奇崛盘慪之气”“独立不惧”：

> 对于旧的批判得愈深，对于新的则爱之弥切。（摘自 1953 年所写《人格力量与思想力量》）①
>
> 人的尊严是不可侮的。青年时代，我在一本通俗小册子里读到伽里略的事迹，我一直记得伽里略创地动说受到教廷审判宣告自己错误的情景，当这一切完毕以后，他怀着屈辱站起来说“可是地球还是动着的！”至今我一想到这事，我的心仍会感到战栗。思想是古怪的东西。思想不能强迫别人接受，思想也不是暴力可以摧毁的。②

不可否认，这样的气还在，然而超越于一般理学家的修身说教，先生从中看出的重点，其实是一种复杂政治环境下的政治人物的立身处世原则。他写道：

> 观以上数日所摘师弟之间问答，可见二人胸中之丘壑。问者正当青春，气方盛，一再以做人当“独立不惧”“须有我在”“奇崛盘

---

① 王元化：《思辨录》，第 129 页。
② 同上，第 494—495 页。

悒之气”等为立身之本，以与龌龊者流相区别。而答者，阅世深，思虑密，老成持重，处处戒弟子不可陷于片面，操之过激。我觉得这样切磋学问是很有意义的。其中所说一些修身道理就是在今天也可供我们参考。（七月三日）①

换言之，他似倾心于“和”更大于“介”。“在今天也可供我们参考”的究竟是什么道理呢？我保留着一帧先生的手迹，写的是朱一新关于读书人大节的一段话：

有直道事人，三公不易之节，而后可言和。有求仁得仁，不念旧恶之心，而后可言介。故处士横议，而秦有焚坑之祸。顾厨标榜，而汉有党锢之灾。灾祸非君子所避也，苟以此为荣，而或激成之，则未闻君子之大道也。

“君子之大道”是十分辩证的，任何简单化的做法，都为他所不取。这就是他所说的“今义”。他心目中所反对的，其实正是中国现代思想史上的激进主义、意图伦理倾向，以及由此而来的行为上的激烈、极端、不计后果。②

当然，先生一方面服膺这样的思想，但又觉得儒家太过于理性化，以为人的行为是可以用一种尺度来控制的天真，于是，他又不禁流露出他一贯的复杂分析与怀疑态度：

近读朱一新《无邪堂答问》，谈到和与介问题。无邪堂认为，必须接人以和，持己以介，和与介是并行不悖的。又说“若己介必以

① 王元化：《九十年代日记》，第 396 页。

② 他平时多所指点评论的激进人物有毛泽东、鲁迅、李慎之等。

介责人，则触处皆荆棘矣”。《无邪堂答问》一书多重修身哲学，其中许多精辟意见，令人折服，上面所引这些话也是不错的。但无邪堂是理学家，不大重视甚或轻视人的性情方面。人不是完全可以被道德规范所制约所塑造，按理性的支配去活动。人是复杂的，人的性情有时也会冲破理性的樊篱，人的美德有时也会夹杂某些负面因素，因此人固然应该向着臻于至善的方向努力，但是没有人能够真正做到臻于至善。①

他始终怀疑人可以成圣圆善，这是他与儒家思想之间未能泯合的巨大鸿沟。由此可见，先生对于儒家的思想，既能同情地理解其对于人性与人生的正面主张，又不刻意信仰，而取一种用其在我的实用态度，尤其是将其作为当代复杂的政治情境中一种资源，使他既能超越一般自由主义思想人物，又能区别于纯粹学院中保守派人物，因而具有更大的张力。

余　论

儒学的根本目的是“学以成人”“其义始乎为士，终乎为圣人”（《荀子·劝学》）。先生当然不是圣人，然而他无疑当得起一个“士”。在其复杂的政治生涯中，保持良知，朗现风骨，践行人文。虽然，他最终未能完全走进儒家的深刻信仰与精密学理，然而在较宏放的人格养成与秉持、较细致的修身涵养，以及较复杂的历史观上，颇能近取诸身，以我为主，以其生命的核心亲近儒家，亦不失为儒家的同情者或另一种现代践行者。其独特的生命风姿，既可入文苑传，亦可入独行传；其所提出的

---

① 王元化：《人物小记》，第 77 页。

问题，亦能增加儒家思想在现代的复杂与曲折性。

先生与儒家思想之间的关系，既亲又仇，亲寇相循，既是近代中国知识人传统的一种根性的延续，又有新的时代问题烙印。传统延续，既表现在如王国维、严复等人早年反儒晚年回归，又表现为中西之间、学问与生命之间、政治与学术之间的一种恒有的紧张；而时代烙印，则体现在对一元化理性宰制的怀疑，对所有现成化简化结论的警惕，以及对启蒙内在问题的反思等新的问题。因而，先生与儒家思想的分合问题，其意义不止于个案，更具有一种时代思想的通性的意义。其"分"有张力，其"合"有虚实，同是儒家，出入腾挪，变化隐显，可供儒家思想史作更复杂多样曲折的形态研究。

先生在90年代有所谓"不反传统"问题。即从一个著名的反传统代表人物，变而为不反传统一派。这被一些人说成是某种后退或保守，甚至回归儒家。①这其中的原因是复杂的，虽然不能简单归咎于儒家思想发生的影响力，但是有儒家思想人物的助益是可以肯定的。而儒家思想人物的助益，必须有成熟的机缘。除了人物如熊十力、汪公严等之外，思想上的机缘，我这里只能简单提出其中的几点。其一，他的家世精神与学养背景，使其超出了循规蹈矩的僵硬党派性，而具有博雅通达的自由格局。②譬如他倾心于前"五四"的人物，认为他们更具思想上的

① 譬如李泽厚在《浮生论学》中说："王元化在……九十年代则变化很大，不再反传统，为什么，原因不详。当面问过王，王只是回答赞成刘的道理，后一点避而不谈。"（详见李泽厚、陈明著：《浮生论学：李泽厚、陈明2001年对话录》，华夏出版社2001年版，第277—278页）他自己则反对是回归儒家的说法。"目前有一种倾向，即对过去所未经仔细咀嚼加以消化的西方现代思想，仅得其一知半解之皮毛，即率尔引用，或夸夸其谈之风，已逐渐衰微，为识者所弃。对传统则更以更科学态度予以辨认。总之是对二者进行再认识、再估价。我的变化并无回归儒学的意思，只是就自己过去一些简单化见解加以反省而已。"[王元化：《致林同奇（八通）》，见《清园文存》（第三卷），第53页。]

② 《九十年代日记》1992年11月9日："群体观念是需要的，但党派性（宗派性）则不可取，这往往使人陷入偏见、僵硬，它永远需要以教宗的言行来限制自己，因而也就不会有发展和创造。"（王元化：《九十年代日记》，第116页。）

平和魅力；譬如他一贯认为中西思想传统，同具人类理性认识的某些普遍性价值。诸如独立、自由之精神、人格，在近现代如陈寅恪、胡适、杜亚泉、熊十力等人身上体现得最为明显。而陈、胡的身上最典型体现出中西知识分子精英人物共同可贵的传统。中西文化精神对于人文价值、人的尊严的追求，是有某些可以相通的地方的。不能因为要突出中国特色，就可以轻视或勾消普遍性价值（这在那些新老左派，以及某些后现代宣传者那里较明显）；也不能因为要引进西方观念，就只承认西方才具有普遍性价值（这在那些启蒙/自由主义者那里较明显）。

其次，由于他长期思想积累沉淀中，以生命的学问、反思的态度、人格的养成来对待写作与读书，学思并进，知行合一，知道中国现代思想的症结在哪里，因而他从儒家的书中得到过真实受用，因而他深切理解中国传统思想的某些因素，完全可以重新开发出来，作为现代化价值的资源。比如道德思想、修身文化，应当可以用来补正现代性规划的某些盲点。作为现代性价值不完全排斥传统价值的一个例证，他特别在日记中以较大篇幅讨论了陈澧、朱一新、钱穆一派汉宋兼采的思想，十分值得细读；也多次在别的地方特别提出关键要舍弃一种西方现代性价值独断的倾向。这都是有着很大的阐释空间的重要思想。

其三，作为红色营垒里的一员，先生深知他所在的营垒最大的缺失，是文化上的缺失。由于战争动乱、队伍构成、思想来源等因素，长期主流的文化思想策略是，先破坏再建设。于是在引进西方思想的做法、态度上，存在着一种简单化的盲从移植。而正确的态度，除了深入细致的学理之外，还应当理直气壮地建设与经营自家的文化主体，掘井及泉地汲引自己的文化资源。而在中国现代思想史上，只有民族形式才可以合法地讲，以致一讲到现代转换，只是西方的才有意思，对很多人来说，传统就只是一个空空洞洞的形式而已。譬如“拿来主义”这样的思想，原本并不错，但在很多人的那里，就变成了十分现成化、肤浅化的做法与态度，以为只要把西方的很多价值、观念拿过来就可以了，他们忘记了，在一个真正有生机的文化里，其中观念、思想、价值的生根，其实还更多地取决于接受者自身条件的成熟、自身准备的充分，而这些，根本不可能离开自家文化的底子的。先生多次反复讲述这一思想，不仅是来自理论上的洞见，而且更是来自他几十年的与中国现代文化一起成长的切己之思。

作为楚人，先生的生命主调，与熊十力先生有惊人的相通。他确是一生落实人格的独立。“他们爱怎么说、怎么写、怎么想，都由他们罢，他们总不能阻止我保持我的本来面目。”(《关于约翰·克利斯朵夫》)从他年青时代那样热情认同西方古典人文主义文化英雄克利斯朵夫式“英雄的心”“巨人似的手臂”，到他晚年向往“孤往精神”“独立自由之精神”，推崇“不趋附时髦，不回避危险”的近代思想人物，戏言“不参加互助组，也不参加合作社，准备单干到底”，在复杂的政治文化环境中，往来于他晚年心境中最美的意象，是那棵“咬定青山不放松，任尔东西南北风”的古松。于是，“工夫所至，即是本体”，言说、观念的分分合合，已是浮云。做事做人，他终归儒者。

原载《深圳大学学报(人文社会科学版)》2015 年 3 月

王元化对莎士比亚的接受轨迹

张　薇

我国当代著名文学评论家王元化先生在中外文化、文学的广阔领域里贡献卓著，2007 年出版的厚厚十卷《王元化集》就是一个明证，他一生学贯中西，在中西文化交融碰撞中迸发出思想的火花。他主攻中国文学，但他对外国文学的博学也让我们五体投地，尤其是对莎士比亚、卢梭、契诃夫、果戈理、别林斯基、罗曼·罗兰、易卜生等作家的研究深刻而有见地，著名的"清园三读"中的《读黑格尔》《读莎士比亚》都是研究西方美学、西方文学的精深之作。王元化先生善于从东西方文化比较的角度来阐释问题，互为佐证，如他的《鲁迅与尼采》论述鲁迅与尼采的关系，针对"初期的鲁迅以尼采的思想为血肉"的观点进行了反驳，用大量的事实来论证他们的阶级意识、世界观不同，个性解放的内涵、妇女观、对理性的态度不同，鲁迅的国民性研究与尼采的人种论不同，一句话，初期的鲁迅并没有以尼采的学说为血肉，正相反，两者有质的区别。①这篇比较文化的论文极有分量，引起了极大的反响。正因为他在中外文化研究中的深厚造诣和文化传播中的重大影响，1984 年 12 月他被推选为全国东西方比较文化研究中心主席。②

王元化对莎士比亚的接受主要体现在莎评和莎评翻译上，曾同夫人张可合译了西方重要的莎评著作，初始命名为《莎士比亚研究》(1982 年)，后增加了一些篇目，命名为《莎剧解读》(1997 年)，2007 年再次修

---

① 参见王元化：《向着真实》，上海文艺出版社 1982 年版，第 47—71 页。

② 兰江：《"全国东西方文化比较研究中心"学术讨论会在沪召开》，载《上海大学学报》1985 年第 1 期。

订，命名为《读莎士比亚》。从抗战初期始读梁实秋译的莎剧直至生命的最后时光，阅读莎士比亚穿越了王元化大半辈子的生涯，经历了抗战、内战、新中国成立、“文革”、改革开放等重大历史事件和意识形态翻天覆地的变更，历史烙印刻在阅读莎翁的进程中，我们不能简单地把它看作是一个学者的小小的阅读行为，而应从中看到这是中国知识分子的思想演变史。他的莎评主要见于《莎剧解读》的跋和《读莎士比亚》的序言、译者附识，其他的散见于诸多论文中，如《读莎剧评论札记》《和新形式探索者对话》等。

王元化是一个精神探索型的学者，他执着地追求真理，不盲从时势，不拘泥于既定的结论，敢于批评社会和审视自我，因此有了他灵魂中三次重大的反思和思想的巨变。王元化对鲁迅的三次反思，是由崇敬到告别的过程；而对莎士比亚的认识则由抵触到倾心再到敬佩的过程，完成了质的飞跃。有语为证：“我在青年时代并不理解莎士比亚，对于他的古老的语言表达方式不能接受，对于他那洞见人类心灵的深邃观察力也几乎茫然无知，后来我倾心于莎剧，主要是受了张可的启发。”①这段话表征了初始的王元化更多的是从艺术形式的层面去感觉莎士比亚，觉得莎剧的风格不是自己所喜欢的，而并没有用思想内涵的触须去触碰莎士比亚。在他夫人张可（莎迷）的熏陶下，朝夕相处、耳濡目染，促使他有机会再去深读莎剧，品出其味道来。“我再读莎剧首先感到的是他的艺术世界像海洋一样壮阔，没有一个作家像他那样精力充沛，别人所表现的只是生活的一隅，他的作品把世上的各种人物全都囊括在内。我不知道他凭藉什么本领去窥探他们的内心隐秘，这是对他们胁之以刀锯鼎镬，他们也不肯吐露的。”②深读莎剧后，王元化由衷

① 王元化：《读莎士比亚·序》，上海书店出版社2008年版，第2页。
② 王元化：《读莎士比亚·序》，第20页。

地赞叹:“莎士比亚的戏剧仍像一座开掘不完的深邃的矿藏,永远保存着未被发现未被揭示的新意蕴。它们向着现在,也向着未来,展示着尚未被人认识到的深刻哲理。”①

本文将以比较文学为方法论,以王元化译莎、评莎的言论为依据,以探索王元化对莎士比亚的接受轨迹为核心所向。

质朴文艺观的转向

20 世纪 40 年代,王元化的文艺观深受俄国的影响,“当时我正沉迷于十九世纪俄罗斯文学所显示的那种质朴无华的沉郁境界。我不喜欢文学上的夸张、做作、矫饰和炫耀”②。他赞赏契诃夫、果戈理、别林斯基的质朴艺术,认为质朴深沉比雕琢卖弄需要有更多的艺术才华。王元化把平凡质朴的戏剧命名为“散文性戏剧”,把惊心动魄、不同凡响、曲折瑰丽的戏剧命名为“传奇性戏剧”。“无论是契诃夫的剧本或者别林斯基的自然派理论,都使我对表现平凡日常生活的作品产生了极大的兴趣。在我读过的剧作中,我把具有这种特点的剧作称作是‘散文性戏剧’,将它与‘传奇性戏剧’相区别。不用说,在这样的对比下,我的偏爱很自然地会倾向契诃夫,而不是莎士比亚。”③显然,莎士比亚的戏剧绝对算不上平淡质朴,他的戏剧往往写惊天动地、生死攸关的大事,历史剧、悲剧中篡权夺位、血腥仇杀的故事自不必说,即便是喜剧也有谋财害命之类的情节。莎士比亚的戏剧热衷于写死亡,《哈姆雷特》中两个家族的人都死光了,《麦克白》中的麦克白、班柯、麦克道夫三个家族也所剩无几;一些喜剧中有起死回生的情节。总体来说莎士比亚的

① 王元化:《读莎士比亚·在莎士比亚塑像揭幕仪式上致词》,第 1 页。

② 王元化:《读莎士比亚·序》,第 6 页。

③ 同上,第 11 页。

戏剧冲突激烈、情节变化复杂、一波三折，语言场景华丽铺陈，完全称得上是“传奇性戏剧”。那么，散文性戏剧与传奇性戏剧究竟孰优孰劣呢？王元化夫妇意见相左，王元化首肯散文性戏剧，理由是“传奇的悲剧容易渲染过分，以致往往有失真之弊”①。在这个艺术喜好的问题背后其实蕴含着王元化的真实观，他一生追求真实，以真实作为艺术的基本要素，没有了真实，一切免谈。1952 年他编集子取名为《向着真实》就是他艺术精神的表征。但是，到底“真实”的内涵有多丰富、外延有多宽广？写日常生活就是真实，写非日常的生活难道就不真实了吗？适度的夸张和宏大也不真实了么？这让王元化思索了良久，差不多用了一生的时间来体验。1951 年他在《几种夸张》一文中写道：“真实的夸张要求作者深入现实之中，而不作一个现实的追随者，这就必须洞见未来。”②艺术的真实既“可以用写实的手法表现，也可以用象征以至荒诞的手法表现”③，在这儿，我们看到王元化对真实的理解有所拓展，已容纳进适度的夸张和象征荒诞包裹下的真实。

真实有素朴的真实，也有壮观的真实，正像生活有平静的生活，也有风起浪涌的生活。当王元化在 1950 年代因“胡风案”株连而遭受迫害、身心重创之后，他对艺术的真实有了深刻的领会，这一段传奇而悲愤的人生经历本身就是类似于莎士比亚式的“传奇性戏剧”，夏中义说“他承受 1955—1979 年的炼狱焚火，死而复生，劫后逢春”④。这段噩梦使王元化认识到自己艺术观的褊狭，“具有不同特性或不同体裁的文学作品，有其不同的长处，也有其一定的局限”⑤。我们不能以局限性

① 王元化：《读莎士比亚·序》，第 12 页。
② 王元化：《向着真实》，第 4 页。
③ 胡晓明：《跨过的岁月——王元化画传》，上海文艺出版社 2000 年版，第 75 页。
④ 夏中义：《王元化“思想—学术”襟怀解读》，载《上海文学》2004 年第 3 期。
⑤ 王元化：《读莎士比亚·序》，第 12 页。

来抹杀长处，也不能因局限性而对作家作品全盘否定，不能因为莎剧的过分渲染而抹杀它的魅力，科学的艺术观应公正客观，而避免个性喜好的随意性，这才是真正的学者品质。

理想主义的毁灭

正如王元化所说："我这一代的知识分子，大多都是理想主义者。尽管不少人后来宣称向理想主义告别，但毕竟不能超越从小就已渗透在血液中、成了生存命脉的思想根源。"①"五四"以来的热血青年骨子里都是理想主义者，他们对新社会、新制度、新主义有狂热的憧憬，用夏中义的话形容即都有"精神英雄"②情结。在被隔离审查、批斗的时期，王元化潜心阅读了马克思、黑格尔、莎士比亚，他真正喜欢莎士比亚就是始于此时，契机是《奥瑟罗》。"那时我所读的莎剧，最引起我关注的是《奥瑟罗》，这个剧本一下子把我吸引住了。我的全身心都投入到奥瑟罗的命运中去。"他认为奥瑟罗的悲剧不是如许多人所认为的嫉妒或轻信的悲剧，而是理想破灭的悲剧。"他们违反当时社会常规的爱情，其本身就是带有浓厚的理想主义色彩的。这种不问出身、门第、肤色、礼法与习俗的婚姻，竟然发生在威尼斯贵族社会里，这是可以想象的么?"③在追求爱情和成婚的过程中，奥瑟罗一直把苔丝狄梦娜看作十全十美的人，"这种爱情的理想色彩已远远超出了当时社会所能接受可以理解的限度。这种似乎来自天上的爱情，一旦和现实社会的坚硬顽石相冲撞，焉能不败？对于奥瑟罗本人来说，这爱情的获得也是他料想不到的，所以当他获得这种意外的幸福之后就更加珍惜它。而一旦破

① 王元化:《读莎士比亚·序》，第16页。

② 夏中义:《王元化"思想—学术"襟怀解读》，载《上海文学》2004年第3期。

③ 王元化:《读莎士比亚·序》，第16页。

灭，就使他倍觉惨痛”①。愚蠢的奥瑟罗在伊阿古的谗言下误认为苔丝狄梦娜是水性杨花的女人，与其说他对妻子的绝望，不如说他的理想主义的大厦倾倒了。王元化之所以对这个剧特别钟爱，与彼时他的生命体验是分不开的。王元化早在1938年就加入了中国共产党，是资深的老党员，对党怀着赤胆忠诚，兢兢业业地为党的文化事业而工作，可是他做梦也没想到，自己被当成反党分子隔离审查。“在这场灵魂的拷问中，我的内心发生了大震荡。过去长期养成被我信奉为美好神圣的东西，转瞬之间轰毁了。我感到恐惧，整个心灵为之震颤不已。我好像被抛弃在无际的荒野中，感到惶惶无主。这是我一生所遇到的最可怕的时候。”②他此时此刻的感觉就如奥瑟罗崩溃时候的感觉一样，赖以支撑的人生信念——理想——倒塌了，因此他对《奥瑟罗》产生了强烈共鸣和喜好。夏中义精辟地指出：“莎士比亚名剧对王元化的价值苏醒的作用，堪称是精神性‘核磁共振’。这儿，‘核’是指灵魂层面的价值内核，‘磁’则指奥瑟罗形象所氤氲的人文意蕴对王元化的吸引力，‘共振’当指王元化在隔离期间读剧本时，竟发现被厄运所击倒的奥瑟罗的内心独白，亦是此时此境的王元化最想说的心里话——‘要是上天的意思，要让我受尽种种的折磨；要是他用诸般的痛苦和耻辱降在我的毫无防卫的头上，把我浸没在贫困的泥沼里，剥夺我的一切自由和希望，我也可以在我灵魂的一隅中，找到一滴忍耐的甘露。’”③王元化是用他的人生来解读莎士比亚的，没有这段人生体验，王元化不可能对莎士比亚有如此深刻的认识。这也回应了上文，人生并不都是由日常生活构成的，它也由惊涛骇浪所构成，这也是“真实”。王元化一生的噩梦就在这个时候，精神的打击是一重灾，肉体的损害又是一重灾。在这黑暗的年

---

① 王元化：《读莎士比亚·序》，第17页。
② 同上，第14页。
③ 夏中义：《王元化“思想—学术”襟怀解读》，载《上海文学》2004年第3期。

代，他得了心因性精神病症。夫人张可受其牵连，高血压昏厥，不准看病，致使延误时机导致中风，18 年不能用脑，读写俱废。假如她身心健康的话，我们完全有理由相信，她能翻译出更多的莎评著作来。这不能不说是中国莎士比亚研究的一大遗憾。

如果我们的思考只进行到王元化从《奥瑟罗》处获取情感的共鸣，那还是不够的。从绝望的心境层面来说王元化委实与奥瑟罗相似，但从事件的本质层面来说却完全迥异。奥瑟罗受人愚弄，这是他犯的严重错误，恰恰是他自己亲手毁掉了理想。苔丝狄梦娜始终美好圣洁，她象征着理想，理想本身没有问题，问题出在追求理想的人本身。这样一来，那段台词所发感慨的根基被掏空了，他的极度的悲愤原来建立在可笑的基础之上，我们在悲叹他的同时更痛恨他的愚蠢。这个剧说明了：人对理想的信念是多么容易动摇，三言两语、风吹草动，甚至是无中生有的事就能击毁理想。人类走过的路何其漫漫，之所以难以实现理想，根本原因不在外部，而在人心的内部，缺乏执着和坚定。而王元化的悲剧经历则说明，政治运动、体制诟病毁灭了他书生气十足的“理想”。带有嘲讽意义的是：这种理想就是由意图伦理、激进主义、庸俗进化论所培育出来的，而毁掉理想的也正是意图伦理、长官意志、激进主义；毁掉理想的不是他，而是制造“理想”的社会。“理想”的构造者差一点毁掉了信仰理想的他，这与奥瑟罗有本质的区别。现代中国的许多知识分子都曾亲历过理想破灭、心灵困惑、情感受挫，“文革”的冤假错案就是知识分子的大灾难，王元化的心灵失落印证了中国知识分子精神的失落。

环境论与性格论的互补

早期王元化受苏联文艺观的影响，注重社会环境决定论，以社会学的眼光来审视文学作品的价值（这是 1950、1960、1970 年代中国文艺界的主流），而很少从文艺心理学或人格分析的角度来评判作品。王元化审美思维转变的契机发生在写作《汉姆莱脱的性格》一文。这篇文章写于1950年代初，一直没发表，“文革”初王元化因害怕，把它烧毁了。文章大致的内容是认为“造成汉姆莱脱的迟疑的原因，不是由于他的懦怯，而是由于他的生活经历了一场大变化……父亲的暴卒，母亲改嫁给有篡弑嫌疑的叔父，而这位奸诈的叔父马上登上了王位……这些突如其来的变化，迫使他不得不怀疑，不得不思考。他需要迅速地弄清每一变故的真相，去追索它们发生的原因，而摒弃以往盲目的热情，无邪的童稚，他很快地成熟起来，一下子由幼童变成了成人”①。这是王元化最初对哈姆雷特的认识——周边恶劣的环境铸就了哈姆雷特悲剧。但是歌德对哈姆雷特的分析为王元化拨开云雾，看到了另一片洞天，“莎士比亚是要表现一个伟大的事业承担在一个不能胜任的人身上的结果。……就像一棵橡树种在一个贵重的花盆里，而这花盆只能种植可爱的花卉，树根生长，花盆便破碎了”②。这个悲剧不仅仅是社会悲剧，也是性格悲剧，哈姆雷特优柔寡断的性格使他难以承担历史的重任。“我感到自己过去的那篇文章，由于出于同情和耽于辩护的立场，过分强调环境的变化才造成了汉姆莱脱的迟疑犹豫……除了归结为环境的急骤变化外，也应考虑他本身的因素。每个人在迎接同一环境挑战时，都会有不同的反应，这里就有人的性格所起的作用。”③他从环境论跳到了性格论。王元化之所以逐渐青睐莎氏，是因为“莎士比亚的每一个剧本都创造了性格突出的人物形象”④。在《读莎士比亚》一书中，王元化翻译了五位莎评家的文章，其中有三篇都是专门论述人物的。在浩

---

① 王元化：《读莎士比亚·序》，第3—4页。

② 杨周翰：《莎士比亚评论汇编》（上册），中国社会科学出版社1985年版，第296页。

③ 王元化：《读莎士比亚·序》，第4—5页。

④ 王元化：《读莎士比亚》，第220页。

若烟海的莎评中王先生单挑这一话题来译，不能不说是他对人物性格的特别关注。在以社会价值论衡量文艺的主流大潮中，王元化开始反思庸俗社会学的观念对自己文艺观的误导，而走向独立思考文学问题，趋向全面客观地分析人物，这是一个特立独行的举动。环境论和性格论从学理上说本应是一根藤上的两个瓜，但在中外文学评论中评论者各有偏颇，互不相让，或偏向于环境，或偏向于性格。难能可贵的是，王元化以宽阔的艺术胸怀、严谨的学术态度，客观地对待这两论的辩证关系，环境论与性格论的互补丰富了王元化对文学人物的认识。

人的性格不是恒定不变的，人在一生中会因为诸多事情的左右而改变性格，王元化对《李尔王》的认识就是性格变化论的一个证明。李尔王前期刚愎自用、专断任性，为什么后期人情味十足，良知回归？那是因为“当他交出王权，经历了人世的苦难之后，他身上的人性的东西渐渐觉醒了”①。也就是说权力可以异化人性，长期拥有权力的人会被权力淹没掉良知和天性；而一旦没有了权力，人的善良的特性又会复苏。因此一个人在社会上的地位声望会影响他的性格，这又回到环境决定论的思路上。由此看来，这两种理念综合考虑，方能有效地给人物以合理的评判。互补是必要的，割裂会走向极端。

结　语

从接受美学的角度来看，王元化对莎士比亚的接受呈现出这样一些特征：(1)他的接受呈现动态状，经历了由感性到理性的过程。初始的接触停留在感觉状态，以感性为主，对莎剧的铺陈夸饰的风格有抵触。继后在外在因素(张可)的诱驱下去深读莎剧，逐渐悟出莎剧的魅

① 王元化：《读莎士比亚·序》，第21页。

力，进入理性状态。(2)对莎剧的认知不断更新甚至发生质的转向，其影响的最大因素是时代政治，其中最明显的断裂带是1950年代下半叶被隔离时阅读《奥瑟罗》所引起的共鸣。王元化的接受过程明显地带有中国特殊时期的政治色彩。他一直具有政治背景，无论是早年的地下党时期，还是老年时在上海市委宣传部任部长时期，始终在意识形态领域里工作，这注定了他读莎士比亚具有浓厚的意图伦理，只有“到了九十年代我才摆脱了依傍，抛弃了长期形成的既定观念，用自己的头脑去认识世界，考虑问题”①。1997年，77岁高龄的他为《读莎士比亚》写的序言已不同于以往的文章，冲淡、平和、陈述历史，立身于意图伦理、庸俗社会学和激进主义之外了。王元化对莎士比亚的接受的三次变化对应了王元化一生的三次反思：1940年代的苏联审美意识、1950年代中后期的政治遭遇、1990年代的反思“左”的根源。序言已完全摆脱了“左”的激进的隐性思维，彻底地脱胎换骨。(3)他的接受主要通过阅读莎士比亚戏剧和翻译莎评论著来进行，他所写的“译者附识”是双重阐释活动，一是阐释莎剧，二是阐释莎评，点出这些评论的精要之处，亮出自己的观点。这是最高级的“隐含读者”，具有强烈的能动性和文学批评主体性。这个接受行为的前提必须是对莎剧精读细研之后才能对“评论”进行“再评论”。他不是以一个普通读者的身份来读，而是以文学理论家的眼光来审视。在一系列的文论中他时不时地以莎士比亚为例证来说明文学创作应该如何进行，以莎士比亚的艺术实践来指导当今文学的发展趋向。(4)这种接受已远远超出了文学欣赏的范畴，莎士比亚的价值信仰已融入王元化的人生体验之中，对人性的洞察、对真实的认知、对理想的姿态、对艺术倾向的选择等诸多方面都能看到莎士比亚的影子，他借莎士比亚的眼睛来观看世界。(5)他对莎士比亚的接受

---

① 王元化：《王元化集》(第八卷)，湖北教育出版社2007年版，第557页。

离不开张可的启蒙，没有她的坚持，王元化可能只是莎士比亚的门外汉，可见接受的外力影响不可小觑，我们在研究接受美学的时候不能忽略外在的驱动力。由此我们得出结论，王元化接受莎士比亚有其内在基因和外在因素的双重影响，内在基因是王元化在艺术上的不断追求和人格上的完善自我，这使他能拨开遮蔽的幕纱，日趋真谛，引领他走进莎士比亚的世界，外在因素有时代风云的考量和夫人张可的启示。

王元化对莎士比亚接受心态的彻底转变——由抵触到倾心再到敬佩，这是不是意味着莎士比亚的戏剧真的无可挑剔了吗？笔者认为不然，其实早期王元化的直感还是有道理的，“莎剧的古老的表达方式，他那繁缛的充满隐喻与双关语的枝叶纷披的语言，他那多少显得有些矫饰留下了人工造作痕迹的戏剧技巧，这些因时代风习使作品在形式上受到局限的斑痕”①皆暴露了莎剧的特点与缺陷。这种感觉并不是他第一人，托尔斯泰也有同感，他说：“莎士比亚笔下的所有人物，说的不是他自己的语言，而常常是千篇一律的莎士比亚式的、刻意求工、矫揉造作的语言。”②伏尔泰在《哲学通信》第 18 封信中也说道：“文笔太铺张，太欠自然。”③看来，人们指摘莎翁的重点是语言的花哨造作。莎士比亚尽管是语言的天才，可是他有时玩得过火，过分炫耀语言才能，这恰恰成了人们批评莎士比亚的靶子。但是成熟的王元化领略到莎士比亚的艺术真谛后，“我不再去计较……要紧的是他写出了人和他的灵魂，还有什么比这更重要，更值得读者去沉潜往复从容含玩呢？任何作品的形式都不可能臻于至善至美，它将随着时间的流逝而变换，但人类心灵中所闪烁的光芒却是恒久的”④。请注意：王元化用“不计较”三个

---

① 王元化：《读莎士比亚·序》，第 15 页。
② 杨周翰：《莎士比亚评论汇编》（上册），第 504 页。
③ 同上，第 350 页。
④ 王元化：《读莎士比亚·序》，第 15 页。

字绝妙，也就是说他早期发现莎剧的问题并不是不存在，只是这一点瑕疵比起莎剧的杰出成就来完全可以忽略不计。王元化反对“偶像崇拜”，但建议我们应该对莎士比亚抱有客观的崇敬之心。王元化在《和新形式探索者对话》一文中进一步指出：“如果我们由于时间距离久远已经不习惯莎士比亚在那时代为当时所有剧作家所采用的那种语言表达方式，就断言他留给我们的凝聚着人类智慧精华的巨大遗产已经过时，于是掉首不顾、弃若敝屣，甚至以轻佻态度去任意加以贬抑，那是愚不可及的。”①我们评述王元化对莎士比亚的看法，应该把早期的感觉和成熟期的认知合起来，方可得出完整的王氏莎评。

原载《中国比较文学》2010 年第 2 期

① 王元化：《文学沉思录》，第 9 页。

“为学不作媚时语，独寻真知启后人”

——王元化先生与新时期文艺理论研究

李衍柱　陈　博

王元化先生走了！

一位执着地追求真理、追求自由的思想界的战士走了！

一位有着独立思想的文艺理论家走了！

我们怀着崇敬和沉痛的心情深深地表示悼念！

王元化先生是中国现代著名的思想家、作家和文艺理论家，他学贯中西，融通古今，学术思想博大精深，与中国近代学术史上出现的王国维、熊十力、钱锺书等人在学统上文脉相承，而又独具特色。他以壮丽的人生向世人昭示出一个真理：“为学不作媚时语，独寻真知启后人。”①在他生命的旅途中，始终坚持着这样一个治学做人的原则，固守着“根柢无易其固，而裁断必出于己”②的治学精神，铸就了他的“独立

① 楚图南先生为戴震纪念馆题有两句对联：“治学不作媚时语，独寻真知启后人”，元化先生对这副对联深为服膺，他曾在《新启蒙》的编后记里引用过。在他看来，“‘为学不作媚时语’，不媚权势，不媚平庸的多数”（王元化：《思辨随笔》，上海文艺出版社 1994 年版，第 97 页），这是学者保持独立人格和独立见解的重要表现。“为学不作媚时语，独寻真知启后人”是元化先生一生学术探索的旨归，更是他学术人格精神的光辉体现。

② “根柢无易其固，而裁断必出于己”是熊十力先生所揭橥的治学原则，元化先生认为这一原则在阐述古人著作时是“不可或缺的”，“是精辟的”（王元化：《思辨随笔》，第 181 页）。他在 20 世纪 60 年代写就的《文心雕龙柬释》下卷首篇《释义小引》中曾引用这句话说明释义的宗旨。后来，他援引余英时先生以 meaning 与 significance 区别“原义的底蕴与注释者所揭示的义蕴”的说法，揭示出这一治学原则的含义，即“注释前人著作一方面须下训诂考据的工夫，去揭示原著之底蕴（meaning）——此即‘根柢无易其固’；另方面又须按照上述观点，摆脱释事不释义的窠臼，阐发原著中所涵之义蕴（significance）——此即‘裁断必出于己’。”（王元化：《文心雕龙讲疏》，广西师范大学出版社 2004 年版，第 361 页）这一原则成为元化先生学术生涯始终坚持的治学精神。

之精神、自由之思想"[①]。元化先生的名字，是与中国学界的解放思想、独立思考、尊重学术人格的优良传统联系在一起的。他的这种独立的学术品格和他所倡导的"有思想的学术和有学术的思想"[②]，带动和影响着一代学人，进入改革开放的新时期，直接推动了中国文艺理论的建设。这里我们想从四个方面，谈谈元化先生对新时期中国文艺理论建设的贡献。

积极倡导独立思考、破除迷信的"启蒙"精神，推动学术界和文艺理论界的思想解放

元化先生常常说自己是"五四"的儿子[③]，他认为文艺领域应该继承和弘扬"五四"时代的"文学的启蒙"传统。启蒙的实质和根本精神，就是要破除迷信，解放思想，高扬独立思考和自由思想的精神。康德曾在《回答一个问题：什么是启蒙？》一文中指出："启蒙就是人从他自己造成的未成年状态中走出。未成年状态就是没有他人的指导就不能使用自己的知性。倘若未成年状态的原因不在于缺乏知性，而在于缺乏无须他人指导就使用自己知性的决心和勇气，那么，这种状态就是自己造成的。Sapere aude！（要敢于认识！）要有勇气使用自己的知性！这就是启蒙的格言。"[④]元化先生认为，文学所承载的启蒙任务尤为突出和重要，比如鲁迅先生曾将文学视为改造国民性的重要手段和武器来加以提倡。关于文艺的启蒙作用，元化先生早在 1938 年发表的《论抗战

① "独立之精神、自由之思想"，是陈寅恪先生在 1929 年所作的王国维先生纪念碑铭中首先提出的，如今已成为中国学术界知识分子学术探求的价值取向。元化先生一生坚持独立思考，追求真理，追求自由，形成了他的独立精神与自由思想。

② 王元化：《清园近思录》，中国社会科学出版社 1998 年版，第 261 页。

③ 胡晓明：《跨过的岁月——王元化画传》，上海文艺出版社 1999 年版，第 214 页。

④ 康德：《康德书信百封》，李秋零编译，上海人民出版社 1992 年版，第 271 页。

文艺的新启蒙意义》一文中就对它进行了积极探讨，他认为抗战文艺的新启蒙运动不仅可以号召作家在政治立场上相结合，而且还能指明抗战时期文艺运动的创作方向。“文革”结束后，元化先生结合文艺界的现实，重新倡导新启蒙，并创办《新启蒙》杂志。同时，他提出“文学的启蒙”和“启蒙的文学”①的理论主张，前者落脚点在于文学的启蒙价值和意义，这一点是和倡导“五四”新文学的先哲们的思想一脉相承的；后者的关注点则在于为作家的创作提出了方向或要求，作家应该创作大量的具有启蒙意义的文学作品。

面对“文革”中狂热的个人崇拜将人变成神、以“神性”否定“人性”的现实，元化先生坚决予以反对，认为“人不可以成神”。②元化先生反对个人崇拜，反对高举个人为神。在全国二次文代会上，当他第一次见到毛泽东时，很多人都很狂热地怀着虔诚膜拜的神情拥过去，但他却没有那种情绪和感觉，他只是在原地站着，对此，他当时还感到一种不可思议的感觉，“内心不免有些惶恐”“那时我还以为自己思想有问题，为何不像其他人一样视毛泽东为偶像”？③

元化先生对个人崇拜和神性的批判，是与他对人性的研究与张扬紧密联系在一起的。“人性”作为马克思主义学说中的一个重要问题，曾经一度成为国内理论界探讨的热点。“文革”中否定有普遍人性，强调人的阶级性，一切都放入阶级斗争的范围加以理解。元化先生通过研读马克思主义的原典，在《人性札记》中对“人性”论进行了理论上的正本清源。他认为马克思主义所说的“人性”包括“人的一般本性”和“不同历史时代变化了的人的本性”两个方面，④他对长期以来被人的

---

① 王元化：《文学沉思录》，上海文艺出版社 1983 年版，第 43 页。

② 胡晓明：《跨过的岁月——王元化画传》，第 29 页。

③ 同上。

④ 王元化：《文学沉思录》，第 92 页。

阶级性所遮蔽了的普遍人性的存在给予了积极肯定。在谈人性问题时，元化先生更加注重人的个体的存在，更加珍视人的个体的价值和人的个性尊严。“文革”中出现的大量否认人的个体价值、无视个人尊严的事件让他感到非常痛心。特别是那些在“文革”中受到的非人遭遇使他强烈地认识到“人的尊严愈是遭到凌辱，人的人格意识就愈会变得坚强起来。这不是施加暴虐的人所能理解的”①。元化先生以其捍卫人性尊严的坎坷经历向世人昭示出启蒙任务的艰巨性和启蒙进程的长期性。

对于元化先生倡导的破除迷信、独立思考、解放思想的“启蒙”精神及其价值，张汝伦先生给予了高度的评价和中肯的阐释。他说：“王元化是提倡启蒙者中不多的几个真懂启蒙精神者”“虽然他是从文艺理论入手，但却并非纯粹为了理论或学术，而是为了‘激起读者的思想，引起强烈的求知欲，使他头脑中出现许多从未想过的问题，并渴望去解决它们’。这绝非一般文艺理论家的追求，而是一个思想家的追求”。②

打破传统的思维模式和研究方法，推动文学理论方法论的革新

恩格斯指出：“一个民族要想登上科学的高峰，究竟是不能离开理论思维的。”③在改革开放的新的历史时期，元化先生对中国思想界和文艺理论界的重要贡献之一，是对传统的理论思维方式的质疑和对方法论革新的推动。

---

① 王元化：《清园近思录》，第136页。

② 张汝伦：《时代的思者——敬悼王元化先生》，载《南风窗》2008年第11期。

③ 《马克思恩格斯选集》(第4卷)，人民出版社1995年版，第285页。

“工欲善其事，必先利其器”[①]，元化先生在文艺理论研究中非常重视方法论的革新。早在20世纪60年代初，他就开始思考有关文艺学研究方法的问题，在《思辨随笔·序》中他说：“我在六十年代就开始酝酿有关方法论的文章，其中《论诠释》、《综合研究法》、《原则与原则的运用》、《由抽象上升到具体》、《知性的分析方法》等，在当时是较早接触这一问题的文字。”[②]

中国传统的、居于支配地位的思维方式，是“感性—理性”模式，把理论思维分为感性认识与理性认识两阶段，忽视知性环节，更有甚者，混淆知性和理性，用抽象的知性代替思辨的理性。在这一思维模式的支配下，人们习惯于对事物做简单化、概念化、公式化、抽象化的处理，无视事物的生动性、丰富性，容易陷入形而上学的窠臼。元化先生从德国古典哲学的“感性—知性—理性”三范畴研究入手，清理了人类认识过程中的“知性”环节，并对其优、缺点给予合理的评价。“知性”，又译悟性、知解力，其特点是“抽象”和“分离”。[③]通过深入的研究和辨析，元化先生明确指出：“我觉得用感性—知性—理性这三个概念来说明认识的不同性能是更科学的。把知性和理性区别开来很重要。作出这种区别无论在认识论或方法论上，都有助于划清辩证法和形而上学的界限。”[④]元化先生强调，我们不应该抹煞知性在人的认识从感性过渡到理性的过程中的应有的地位和作用。知性分析不仅在自然科学研究中不可缺少，而且在文化艺术研究中也不能完全离开知性分析，因为我们要区别在性质、形态、类别等不同的类的形式，要研究文学艺术作品的构成，都必须对它进行知性分析，然后才有可能对研究对象作出整体性

---

① 杨伯峻译注：《论语译注》（第2版），中华书局1980年版，第163页。

② 王元化：《思辨录》，上海古籍出版社2004年版，第498页。

③ 参见王元化：《文学沉思录》，第121页。

④ 王元化：《思辨录》，第219页。

的理论概括。元化先生不仅指出了知性在思维过程中的地位和作用，更重要的是他还指出了知性的局限。知性的弊端是用“终结性”代替“过渡性”，硬性地切断认识的完整过程，元化先生将这称为“知性的专横统治”。作为人类认识过程中的环节，知性的价值只有在“感性—知性—理性”三范畴统一的过程中才能得以展现，一旦把它当作最终范畴，拒绝进入“理性”范畴，它的缺陷就表露无遗。如果孤立地用知性的分析方法去分析对象，对象的具体内容往往会变成抽象的、孤立的、僵死的了。所以，元化先生指出，按传统的二分法，人们很可能将知性和理性混淆起来。知性具有形而上学性质，不可能达到对事物全面的、本质的和内在联系的认识，倘使不从知性上升到理性，就无法认识事物的内在联系。

元化先生用对“知性”的认识，解决了理论界关于“由抽象上升到具体”这一聚讼纷纭的理论难题，指出：“马克思提出的由抽象上升到具体的方法，则是要求再从知性过渡到理性，从而克服知性分析方法所形成的片面性和抽象性，而使一些被知性拆散开来的简单规定经过综合恢复了丰富性和具体性，从而达到多样性统一。”[①]在《读黑格尔〈美学〉第一卷札记》（1976 年）中，元化先生着重分析了黑格尔“知性不能掌握美”的思想。他指出，按照黑格尔的本义，知性不能掌握美“是就知性总是把统一体的各差异面分裂开来看成是独立自在的东西这一特点来说的”[②]。美是特殊与普遍、现象与本质的统一体，“在作为美的统一体中，具有普遍性的内在本质方面和特殊个体的外在现象方面可以相互渗透”[③]，“如果用知性来掌握美，就会把美的统一体内的各差异面看成分裂开来的孤立的东西，从而把美的内容仅仅看作一抽象的普遍性，而

① 王元化：《思辨录》，第 220 页。
② 王元化：《文学沉思录》，第 42 页。
③ 同上，第 121 页。

与特殊性的个体形成坚硬的对立，只能从外面生硬地强加到特殊的个体上去，而另一方面，作为美和形式的外在形象也就变成只是拼凑起来勉强黏附到内容上去的赘疣了”①。就是说，如果单用知性的方法认识对象，由于它对对象起着分离作用，所以势必会使美的因素丧失殆尽，破坏“美是生命的有机体”这一审美原则。

在文艺界，诸如“抓要害”“三突出”“一个阶级一个典型”“写本质”等创作观念曾风靡一时。元化先生运用对“知性”的认识，指出抓要害使人们以为抓住事物的主要矛盾或矛盾的主要方面就抓住了事物的本质，实际上人们“由此所得到的只是与特殊性坚硬对立的抽象的普遍性，它是以牺牲事物的具体血肉（即多样性的统一）作为代价的”②。如果坚持“抓要害”，就会“肢解了事物的具体内容，使之变成简单的概念、片面的规定、稀薄的抽象”③。据此，20 世纪 90 年代初，他又指出晚年毛泽东的思维模式：“尽量力求简洁，虽然使思想变得清新明快，但往往不免将生动的、具体的、复杂的、丰富的内容，化约为稀薄抽象。”④他得出结论，文艺观—认识论—政治之所以能够不断兴风作浪，从思维方式上看，都是知性的思维模式在作怪。通过批判“知性的分析方法”，元化先生认为，作家应该将“主导情志”和“个性的多样性”统一起来，取消知性的“终结性”局限，恢复它的“过渡性”功能，进而最终走向辩证理性（具体理性），即从总体上艺术地掌握世界。

元化先生用“感性—知性—理性”三范畴论代替“感性—理性”二范畴论，肃清了“知性”分析方法对人们思想带来的危害，完善了人们的认知结构，对新时期的思想解放具有重要的意义。

---

① 王元化：《文学沉思录》，第 122 页。

② 王元化：《九十年代反思录》，上海古籍出版社 2000 年版，第 260 页。

③ 同上，第 261 页。

④ 王元化：《清园夜读》（增订版），中国社会科学出版社 1997 年版，第 179 页。

“文革”后，中国的理论界积极寻求方法的创新。和当时学界的求变心态相比，元化先生早在20世纪60年代开始的《文心雕龙》研究中就自觉进行研究方法的探索，他说：“这本著作(引者注：指《文心雕龙创作论》)是企图在《文心雕龙》的研究上(或者可以说，在我国古代文论的研究上)采用新方法，作出一点尝试。为此，我曾经过多年的思考。”①牟世金先生在《“龙学”七十年概观》中称元化先生在《文心雕龙创作论》中“创造了一整套行之有效的综合研究法：第一是宏观研究和微观研究相结合，第二是文史哲研究相结合，第三是古今中外的比较、联系相结合”②。

所谓“综合研究法”，就是将“古与今和中与外结合起来，进行比较对照，分辨同异，以便找寻出在文学发展上带有规律性的东西”③。它的特征是古今结合、中外结合、文史哲结合。古今结合，就是把古代文论中的理论命题与当代文艺理论中的重大问题联系起来，用今天更发展了的文艺理论去审视剖析古代文论，在比较和考辨中，探其渊源，明其脉络，加深对这些问题的思考，赋予中国古代文论的研究以崭新的现实意义。中外结合，就是把中国的古代文论和外国文论加以比较，辨别同异，从而探究那些中外相通，带有最根本、最普遍意义的艺术规律和艺术方法。文史哲结合，就是将古代文论置于广阔的历史背景中来考察，从哲学方面去追溯其思想发展的根源。

元化先生对“综合研究法”的运用首先体现在他对中国古代文论的清理中。在《文心雕龙》研究中，他始终坚持打通古今、汇通中外的综合研究法，力求在哲学观照和历史的考辨中把握艺术创作的一般规律，这对克服知性分析方法和机械论的弊端具有重要的作用。在1984年举

① 王元化：《文心雕龙讲疏》，第347页。

② 同上，第381页。

③ 同上，第352页。

行的上海中日学者《文心雕龙》讨论会上的讲话中他也提出，可以对魏晋时代的画论、乐论等各方面进行跨界的综合研究，探索一些美学规律，从而进一步发掘我国艺术的民族特色。其次，在文学批评实践中，元化先生提倡用“综合研究法”，他指出：“试问：研究我国现代文学的某一作家，能够不去了解他的时代、社会和环境么？——这就需要一些政治、经济、历史的知识。能够不去了解他和前代或外国作家的继承或借鉴关系，和同时代作家的交互影响以及对后代所发生的作用么？——这就需要有比较全面的文学创作和理论的知识。能够不去了解他在作品中反映出来的时代思潮、思想根源和美学观点么？——这就需要有一定的思想史和美学的知识。我以为，这些知识都是文学理论研究者不可缺少的。鲁迅研究并不例外，甚至还应该特别注意这一点。鲁迅曾经说过，专家多悖，博学者多浅。倘使抛开上述应有的知识，孤立地研究鲁迅和他的作品，不但难免于悖，而且也往往流于浅薄和空疏。”① 所以，在研究像鲁迅这样的文学大家以及像《红楼梦》这样的文学经典时，决不能偏执于一隅，要从狭窄的思路里走出来，采用综合研究法。最后，在文学理论研究和文艺理论体系的构建上，元化先生同样主张用综合研究法。他指出：“文学理论的研究往往不得不依靠史学、哲学、美学等已有的科研成果”②，“假如不搞综合研究法，我们的理论很难有所突破”③。

元化先生所倡导的“综合研究法”，具有理论上的前瞻性和实践上的可操作性，对中国古代文论的清理和古代文论研究的现代性转化提供了一条新路，对中西比较诗学的研究提供了重要的借鉴，一句话，对建设有中国特色的文艺理论有着重要的学术价值和实践意义。

---

① 王元化：《文学沉思录》，第 56 页。

② 同上，第 59 页。

③ 同上，第 2 页。

站在时代的高度，以世界性视野，将《文心雕龙》研究推进到一个新阶段

元化先生有着深厚的国学功底和很高的西方哲学、美学的理论素养。在他的学术生涯中，始终坚持“忌虚妄，求真知”的信条，将中国国学研究的考证、训诂、辨伪的优良传统与西方哲学—美学的思辨分析结合起来。他以宏大的、世界性视野，把中国古代文艺理论的经典文本《文心雕龙》放进世界文论史、美学史的历史长河中，进行了系统深入的研究，取得了突破性的研究成果。《文心雕龙创作论》的正式出版，为他赢得了国内外广大读者的赞誉，有力地推动了国内外学术界对于《文心雕龙》的研究和关注，使“龙学”研究变成了一门世界性的显学。钱仲联先生称赞他的《文心雕龙创作论》“是试图运用马克思主义观点，融会古今中外的方法，对《文心》进行认真研究，提出新的见解的一书”①。牟世金先生更是认为该书“在研究方法上不仅为龙学，也为整个古代文论研究提供了可贵的经验”②。

《文心雕龙》是中国古代文论史上一部“体大而思精”的巨著，元化先生认为《文心雕龙》兼综史、论、评，是中国古代文论的集大成者。为了探究它在文学创作上的奥秘，他秉承以下三个原则：(1)选择那些对文艺学、美学有普遍意义的范畴；(2)将其与西方文艺理论相比照，以沟通中西文化的联系；(3)用高级阶段的成熟形态反照低级阶段的萌芽形态，着重选取了“心物交融说”“杼轴献功说”“才性说”“拟容取心说”“情志说”“三准说”“杂而不越说”“率志委和说”八个范畴进行释义，力图在

① 王元化：《文心雕龙讲疏》，第 366 页。
② 同上，第 381 页。

更广阔的文艺学、美学背景中，探索文学的一般规律。研究过程中，他不拘旧说、不囿名家见解，敢于提出新说；论证过程中，材料详赡、论证细密，真正体现了精骛八极的思辨和见微知著的考证之间的和谐统一，表现出大家风范。

研究中，元化先生一反传统的以古证古、简单比附的研究思路和方法，积极倡导综合比较研究，采取西方古典哲学、美学与中国古代文论相互阐释的方法，站在今天时代的高度，重新去清理和认识《文心雕龙》，尽最大可能给予它一个客观、公正的科学评价。元化先生对《文心雕龙》的研究，不仅采用新的视野、新的方法给人以启迪和推动，而且对刘勰本人和《文心雕龙》的内容等方面，也有诸多创新的见解。

关于刘勰的身世历来是"龙学"研究的一个重要问题。向来研究者都主张刘勰出身士族。元化先生在《刘勰身世与士庶区别问题》中勇立新说，提出"刘勰并不是出身于士族，而是出身于家道中落的贫寒庶族"①。他首先考究刘勰世系表中没有位列清显的祖先，证明"东莞刘氏出自汉齐悼惠王肥后"说的不成立；接着用充分的史料证明刘勰的祖上刘穆之、刘秀之、刘祥三并非出身于士族而是出身于布衣庶族；其后用刘勰个人的生平事迹，如"家贫不婚娶"，入居定林寺"依沙门僧祐"，写成《文心雕龙》后扮成小商贩达到使其书"取定于沈约"的目的等，然后再佐之以《文心雕龙》所表现出的思想观点，最终得出刘勰出身于贫寒庶族的结论。论证过程中，元化先生始终坚持史料记载和出土文献相互印证的原则，论证严密，无懈可击，让人信服，获得学界许多知名学者如季羡林、钱仲联、周振甫、牟世金等人的一致认可。这可以说是当时突破旧说的一项重要的研究成果。在《〈灭惑论〉与刘勰的前后期思

① 王元化：《文心雕龙讲疏》，第5页。

想变化》一文中，通过考证《文心雕龙》成书于齐代和《灭惑论》成书于梁代，从而阐明了刘勰前后期思想的变化，由此解决了刘勰思想与儒道释诸家思想的关系；在《刘勰的文学起源论与文学创作论》一文中，他通过对《原道篇》中“道”的解析判定刘勰撰《文心雕龙》，基本上是站在儒家古文派的立场上，并通过对刘勰“自然之道”说的分析认为刘勰文学起源论的思想根底基本上是客观唯心主义的。再有他对“心”“物”关系、“形”“神”关系、“文”“质”关系等的解析，这些都为后来的研究者提供了有益的借鉴。

在《文心雕龙》的范畴研究中，元化先生始终坚持“根柢无易其固，而裁断必出于己”的精神，对关键术语、概念的训释追根溯源，敢于提出新说。最具代表性的是他对《物色》篇中的“物”字解。据《经籍籑诂》所辑先秦到唐代关于“物”的训释共有 50 余例，一般多训为“杂帛也”“万物也”“事也”“器也”“外境也”。《文心雕龙》用“物”的地方共有 48 处，散见于《原道》《宗经》《明诗》《诠赋》《铭箴》《神思》《情采》《比兴》《物色》等篇中。范文澜在《文心雕龙注》中释《神思》篇“神与物游”之“物”为“外境”，释“物沿耳目”之“物”为“事也，理也”，前后不一。元化先生认为将“物沿耳目”的“物”字释为“事也，理也”，并进一步概括为“事理”是失其本义的，因为“只有感性事物（外境或自然）才能够被感觉器官（耳目）所摄取。至于‘事理’则属于抽象思维功能方面，绝不能由感官直接来捕捉。因此……说抽象的事理可以通过作为感官的耳目直接感觉到，这显然是不合理的”①。元化先生结合《段注说文》“牛”篆之意和王国维《释物篇》据卜辞考定“物亦牛名”，纠正了《范注》释物的不当之处，指出“物”字之训当以王国维之说为胜。王国维训物的本义为杂色牛，推之以名杂帛，引申为万有不齐之庶物，所以论者将物字释为外境、自

① 王元化：《文心雕龙讲疏》，第 99—100 页。

然或万物都说得通，这才是“心物交融”之“物”的真正含义所在。元化先生在“心物交融”“物”字解的论证过程中，真正做到了在历史的比较和考辨中，探其渊源，明其脉络，究其底蕴的目的，充分显示出他深厚的古文字学、古文献学的功底。

在20世纪50年代末，“大跃进”风暴席卷全国大地。在文艺领域内，长期忽视艺术性的探索已成为众所周知的事实。元化先生写《文心雕龙创作论》，就是以“文心”为契机，借以探寻古今中外相通的文学的一般规律，他说：“当我开始构思并着手撰写它的时候，我的旨趣主要是通过《文心雕龙》这部古代文论去揭示文学的一般规律。”①研究中，他不是将其理论探索的视角拘囿在传统文论的范围内阐说，而是在中西比较考辨的开阔视域中探索。如他从《神思》篇的“杼轴献功说”谈到艺术想象问题，从《养气》篇的“率志委和说”谈到创作的自觉与不自觉问题；将《文心雕龙·比兴》篇中提出的“拟容取心说”和陆机的“离方遁圆说”与歌德的“意蕴说”联系起来，共同探讨艺术形象的问题。在“风格”的研究中，元化先生亲自翻译了歌德关于风格的论文，进而将歌德的风格论和刘勰的“心物交融说”、龚自珍的“善入善出说”、王国维的“境界说”以及黑格尔的“审美主客体关系说”结合起来，融会贯通，既揭示出风格的主客观因素所带来的艺术创造系统中的“同中之异”和“异中之同”，又探求了风格理论中所蕴涵的美学的根本问题。元化先生从中西文论汇通的角度研究《文心雕龙》，充分揭示出古今中外那些带有最根本最普遍意义的文学规律，实现了他对“文心”的探讨。

总之，元化先生在《文心雕龙》研究中取得的新突破，采用的新视角、新方法，进一步开拓了我国文艺理论研究的新境界，彰显了我国古

---

① 王元化：《文心雕龙讲疏·序》，第2页。

代文论的民族特色，真正实现了他力图“用科学的文艺理论去清理并阐明我国古代文论”①的目的。

文学“要有光”，要真实，反对说谎文学、粉饰文学，力倡现实主义创作原则

元化先生文艺思想的基点是现实主义文艺理论。他的这种“现实主义”的范本不是从苏联稗贩来、在我国文艺界曾一度流行的“伪现实主义”。他对“现实主义”理论的系统化认识最早是20世纪40年代，从《海上述林》介绍恩格斯关于现实主义理论的论述中得来的。后来他用对现实主义理论的认识，结合对现实生活的思考，写下了《现实主义论》《金批水浒辨正》《民族的健康与文学的病态》等文章。这些文章中虽然留有受当时“左”的思潮浸染而表现出的偏激情绪，但“却也是腥风血雨之中思想磨砺的见证”②。后来他经过不断反思逐渐剔除了思想中的教条主义、机械论和偏激情绪，从而使自己对现实主义的认识逐渐走向成熟，最突出的表现就是《文学沉思录》的出版。作为一位著名的思想家和文艺理论家，元化先生密切关注着现实，关注着中国文学创作和理论批评。在实践中，元化先生以独特的理论视角，获得了一系列有关现实主义的再认识。

（一）高扬作家的主体性，力倡文学创作“要有光”

对作家主体性的重视，是元化先生现实主义文艺思想的重要内容，这一点与胡风先生的文艺思想是相通的。元化先生在多篇论文

---

① 王元化：《文心雕龙讲疏》，第354页。
② 胡晓明：《跨过的岁月——王元化画传》，第45页。

中呼吁要高扬作家的主体性，认为作家的创作中“要有光！太阳的光明是不够的，必须有心的光明”①。只有这样，“才能真正揭露黑暗，才能使自己的作品放出光辉，哪怕他只抉发弊端，只写丑恶现象，他的作品也是闪着亮色的”②。因为“黑暗不能用黑暗去暴露，而只能用光明去照亮它”③。

元化先生所张扬的主体性是以“建立在真正的人性上面”的“真诚”④为本义的。真诚，就是要说真话，不说谎，不虚美，不矫饰。在元化先生的心中，罗曼·罗兰式的伟大人格就是这种艺术家主体性品格的典型体现。这种伟大人格就是像罗曼·罗兰一样，为了信仰，不怕失败、不怕受伤，始终坚执着追求真理的远大理想，敢于向庸俗的文艺潮流发出挑战的高贵品格。罗曼·罗兰说，“没有伟大的品格，就没有伟大的艺术”⑤，“没有伟大的人格，就没有伟大的人，甚至也没有伟大的艺术家”⑥。所以，元化先生坚决反对创作的撒谎和矫饰，认为“艺术要求真诚，假、大、空是引起读者厌恶的”⑦，“撒谎还成什么文艺家”⑧。

(二) 坚持“写真实”原则

“写真实”作为现实主义的基本原则，始终存在于元化先生文艺理论探索的过程中。早在 1952 年出版的论文集《向着真实》的“后记”中他就主张：“写出真实来！”“坚持现实主义，向着真实努力，这是必要的。”⑨

---

① 王元化：《思辨录》，第 458 页。
② 王元化：《文学沉思录》，第 89—90 页。
③ 同上，第 89 页。
④ 王元化：《思辨录》，第 400 页。
⑤ 同上，第 457 页。
⑥ 王元化：《向着真实》，上海文艺出版社 1982 年版，第 133 页。
⑦ 王元化：《文学沉思录》，第 74 页。
⑧ 同上，第 46 页。
⑨ 王元化：《向着真实》，第 206 页。

30 多年后，他在《和新形式探索者对话》一文中依然主张："我是坚持现实主义写真实原则的。"①

"写真实"过去被视为自然主义的同义语，长期以来受到嘲笑，但元化先生所讲的真实既不是像"暴露文学""干预生活"等观点那样揭露黑暗、暴露丑恶，也不是像"机械的反映论"那样机械直观地认识生活。在《向着真实》(1952 年版)中他"明确反对冷淡旁观的态度和把写真实当作有闻必录作生活起居注式的自然主义繁琐描写"②。关于"真实"的含义，元化先生界定如下：第一，真实既包括物质世界，也包含精神世界的种种现象，这有利于纠正人们视真实为物质现实世界的机械、直观的偏颇认识；第二，真实既是审美客体的属性，也是审美主体的属性，有利于纠正将写真实混同于自然主义的做法；第三，对作家的主体性品格予以强调，认为作家要说真话，写自己的真情实感，不能作违心之论。

针对文学创作中某些人用写本质代替写真实的错误做法，元化先生坚决反对。他认为这是以牺牲本质所不能包括的现象本身所固有的大量成分作为代价的，势必会剥夺文学机体的血肉，使之变成只剩下筋骨的干瘪躯壳，因为"生活的本质不是存在于生活的现象之外，也不是先验地产生于生活的现象之前，抽象的本质总是依附或潜在于具体的现象之中，赤裸裸的一无凭借的本质是没有的"③。他认为，艺术的生命在于多样性，"美并不在于个别的轮廓和线条，而在面部的总的表情，在于面部所表现出来的'生命的意义'"④。所以，不能用本质去抽离真实的鲜活性、丰富性和多样性。不能用写本质去代替写真实，要保持适当的分寸，不能抛弃生活现象形态本身所具有的属性。

---

① 王元化：《文学沉思录》，第 10 页。
② 同上，第 68 页。
③ 王元化：《清园近作集》，文汇出版社 2004 年版，第 69 页。
④ 王元化：《思辨录》，第 326 页。

关于真实性和倾向性的关系，元化先生不同意真实性强倾向性差的说法，因为这会重蹈社会和艺术二元标准论的故辙。他指出："只有在作家的思想感情适应并服从艺术形象的真实性情况下，他才能使自己关于社会效果的考虑步入正轨，否则就会出现有时令成功的作家也难免感到不安的二元化倾向。就是说，作家在艺术形象中不自觉流露出来的潜在的思想感情和他为了追求社会效果强加到作品上去的外露的思想感情，形成真假混杂，表里抵牾的矛盾，从而造成思想感情本身之间和它与艺术形象之间的分裂。这势必破坏了艺术必须浑然一体的和谐一致性。"①作家在创作中如果让作品的倾向性游离于艺术形象的真实性之外势必会由于缺乏必要的生气灌注而不可能具有长久的艺术魅力并获得永恒的艺术价值；评论家在评析作品时如果离开艺术形象的真实性，无视文学作品为活的有机体的特性，就不可能对作品作出实事求是的评价，更有甚者，会造成文学创作的庸俗化和文学批评的僵化。所以，元化先生强调说："首先尊重生活的真实，不能违反艺术的规律。"②

正是对现实主义写真实原则的坚守和思考使元化先生坚决反对违背这一原则创作的作品，并对说谎文学、粉饰文学的创作提出批评，他认为"文学不应说谎，不应粉饰"③，"艺术最不能作假"④。

（二）继承、吸收与创新的关系

文学艺术的发展和前进，需要科学地继承传统文化和吸收外来文化。对待传统文化，元化先生认为首先要掌握充分的材料，要对我国传

---

① 王元化：《文学沉思录》，第73—74页。

② 同上，第73页。

③ 王元化：《思辨录》，第84页。

④ 同上，第74页。

统文化的大量史料加以识别、考订和诠释；其次，要合理区分我国的民族文化传统作为异中之同的“常”的方面和作为同中之异的“变”的方面，前者实际指民族的一般本性，后者实际上指一般本性在各个历史时期所呈现的不同形态。①元化先生指出传统文化的承传在其精神实质或理念，如“道德主体”“和谐意识”等，而并不在其由当时的政治经济和社会制度所形成的派生条件，如君臣、父子、夫妇的“三纲”等。因为前者是常，将会随着传统的承传而流传下去；后者是变，将随着社会制度的变化而消亡。同时，每一种道德伦理的根本精神又都是和当时的由政治经济及社会制度所形成的派生条件混合在一起的，任何一个人都不能完全超越他的时代，完全摆脱由当时社会制度所形成的派生条件，如果坚持思想的根本精神和当时的社会制度所形成的派生条件是不可分的，那道德继承也就不存在了，如岳飞、文天祥的爱国精神就是应当承传的“常”的东西，而他们的忠君思想则是由特定的政治经济和社会制度所形成的“变”的东西，应当摒弃。

在处理中西文化关系上，元化先生提出“以西学为参照系”②的理论主张。他认为，研究中国文化必须充分尊重自身的规律和个性，同时要充分认识中国文化和域外文化（特别是西学）的异同，清醒地估价中国文化传统资源的构成。在1995年应加拿大《文化中国》杂志之邀寄去的笔谈中，他主张“研究中国文化不能以西学为坐标，但必须以西学为参照系”③。以西学为参照系，要求“把外来的东西融化到中国文化里面，而反对以外来标准为依据，用中国文化去进行比附”④。在反思“五四”时期杜亚泉、陈独秀等人展开的有关东西方文化的论战时，元化

① 王元化：《传统与反传统》，上海文艺出版社1990年版，第59页。
② 王元化：《清园近思录》，第287页。
③ 同上。
④ 王元化：《清园夜读》（增订版），第65页。

先生凭借自己对我国本土文化资源的深刻体察和对外来文化的独到认识，积极扬弃了“五四”时期的“中体西用”“全盘西化”等文化观。相比之下，他十分赞同“五四”时期王国维、陈寅恪、汤用彤等人所走的以中国文化为本位的路子，指出“我们不可不注意陈寅恪如何使西学融于中国文化，也不可不注意王国维从《红楼梦评论》到《人间词话》到《宋元戏曲考》在融化西学观点和方法方面的演化之迹。过去我们太侧重于当时人的理论探讨，而忽略了他们在实践中所展示的意蕴。研究中国文化，不可避免地需要以西学作为比较的参照系，但又不可以西学为主体，用中国文化去比附”①。由此，他进一步深化了自己提出的“以西学为参照系”的观点。这种观点更加突出了中西文化的各自特点及相互关系的表现形式，对科学地继承传统文化遗产和吸收外来文化具有重要的指导意义和价值。

元化先生在文艺探索中，非常重视艺术的创新问题。他认为：“艺术要发展，要前进，就需要突破，需要创新。”②这是艺术自身发展的规律使然。艺术表现形式的创新是其中一个重要的方面，因为艺术的发展，必然会摈弃一些旧形式、旧规矩，而且“现实生活要求充分而完美地去表现它本身的新形式”③。因此，他指出：“在文学史上，随着每个重大历史时期的递嬗，都经历了一场艺术形式的变革。”④在艺术手法和表现形式的探索中，“可以继承民族的东西，也应该引进外国优秀的东西”⑤，但“必须要有冷静的头脑和科学的态度”⑥，学会辨认、识别、取舍和融化。不能为了求新求奇、赶时髦而无视艺术自身的规律，要按照时

① 王元化：《清园夜读》（增订版），第170页。
② 王元化：《文学沉思录》，第9页。
③ 同上，第10页。
④ 同上，第9页。
⑤ 同上，第12页。
⑥ 王元化：《王元化文学评论选》，湖南人民出版社1983年版，第22—23页。

代和生活的需要踏踏实实地进行。在实践中，作家或评论家不能把形式或表现手法在文学创作上的作用加以无节度的夸大，用它作为衡量作者是否敢于突破和创新的唯一尺度，或者将其视为评论作品优劣成败的决定因素，“我们应该记住，不管什么形式或表现手法，不管是借鉴传统固有的或引进国外新生的，文学的内容与形式必须是从灵魂里自然涌现出来的”①。

中国的改革开放已走过了30年，在这建设有中国特色社会主义的伟大实践中，中国学术界和文艺理论界，做出了自己应有的贡献，这其中就留下了元化先生的智慧和足迹。元化先生虽然已经仙逝，但他那破除迷信、追求真理、追求自由、独立思考、求真务实的精神，却永远激励着我们继续前行，他发出的“为学不作媚时语，独寻真知启后人”的声音，永远回响在我们心中。

原载《文艺理论研究》2008年第5期

① 王元化：《文学沉思录》，第19页。

谈王元化的京剧研究

翁思再

王元化先生的京剧研究，起步于20世纪80年代后期。《关于京剧与传统文化答问》《论样板戏》两篇论文，以及就京剧散文集《清园谈戏录》，表明了他的思考和探索。

王元化先生认为，世界各民族的传统文化特色之构成分为四个方面：不同文化类型在创造力方面所表现的特点，心理素质，思维方式、抒情方式和行为方式，以及价值系统中的根本理念。其中，尤其要我们注意东西方的舞台艺术在抒情方式上的不同。王元化找到了写意艺术和写实艺术的根：写意艺术和写实艺术分别起源于文论上的比兴说和模仿说。西方模仿说来自亚里士多德《诗学》，而东方的比兴说则起源于《周礼》六诗说和《诗大序》里的六艺说。他找到了京剧表演体系的文化源头，可谓发前人所未发。

关于京剧艺术的本质特征，王元化先生在前人研究的基础上，明确提出了"虚拟性、程式化、写意型"九个字。他举例说：京剧《文昭关》写伍子胥奔吴国借兵报楚平王杀父之仇，到了昭关被阻隔，躲在东皋公的后花园里焦灼不安，一夜之间须发皆白。这时演员在舞台上一唱三叹，抒发了复杂的感情，具有强烈的艺术感染力，这是因为虚拟性的京剧可以让演员自由自在地抒发情感。"舶来"的话剧是写实的，往往难臻此境。前人对于"写意戏剧"，往往提"写意性"，重在其性质；而王元化先生则命名为"写意型"，重在其形态。这里尤其要注意，王元化先生坚决肯定了京剧的程式。在新京剧实验过程中，颇有一些人主张取消程式，后来多数人倾向于"要程式，但不要程式化"。按王元化先生的意见，京剧表演是一种“程式思维”，这是有别于话剧的一个鲜明特征。为了表现新的人物，程式可以活用，也可以创造新的程式，然而舞台上所呈现的，总是虚拟性的程式和程式的连接，技术和技术的组合。这是京剧特有的审美趣味所在，是“写意戏剧”的应有之义。

有了王元化先生对京剧整体上的定性，其他问题就比较容易理解了。评论界翻来覆去在“雅俗循环圈”里转悠，莫衷一是。其实在整个艺术结构里，不能只有一个层次。对于京剧的继承与革新之争，我们首先要考虑的不是要不要改革，而是怎样对待京剧。在整体定性的指导下，具体的京剧改革才不至于“移步”而“换形”，而用斯坦尼体系来抹掉中国戏曲的传统特点，是一种多么幼稚的错误。我们应该向西方学习，但这种学习，是把对方的好东西融化到中国的文化传统中，就像把盐溶在水里那样，不露痕迹，而不是以此取消自己的特性。现在一些新戏，与流行艺术接轨，投资很大，宣传力度也很大，但往往仅能应付会演和比赛，在演出市场上难以存活。许多好心的改革家得到的是与振兴京剧愿望相反的效果，究其原因，是未按京剧艺术自身的规律办事。

王元化先生把芝加哥大学人类学教授芮斐德的“大传统和小传统”之说引进了京剧研究。他指出，中国儒释道的传统文化（即大传统）如何深入到底层人民群众里？靠的是小传统即民间文化的传播。作为小传统的京剧是大传统的载体，因此京剧在内容方面有认识价值。王元化先生认为，传统文化的根本精神、理念和它的派生条件是可分的，前者为“常”，后者为“变”。屈原《离骚》中的爱国和忠君是连在一起的，屈原在作品中具体表现的精神，用爱国主义去衡量，仍然是很感人的。

王元化先生把传统的基因同中国文化里带有封建印记的派生物区别开来，这是他承前人余绪的一大贡献。传统的文化基因比起特定社会的政治经济形态，更具恒久性和持续性。何必非要传统艺术品洗心革面脱胎换骨呢？欧洲舞台上今天仍上演着和过去一样的《天鹅湖》和《田园交响曲》，那些经典作品是历久不变的，正如我们现在有了电饭煲不必将博物馆里的青铜鼎镬加以现代化改造，有了冲锋枪不必将越王剑加以现代化改造一样。从历史角度看，从审美角度看，青铜鼎、越王剑所具有的价值，不是电饭煲和冲锋枪所能代替的。在艺术领域中，如果以为有价值的只有与时更新的一面，而没有历久不变的一面，那就是庸俗进化论的观点。马克思曾经感叹希腊艺术一去不复返，但它的艺术价值和艺术魅力永远不会消失。

学术与宣教不同，后者靠的是灌输。而被灌输的东西，久而久之，约定俗成，会使人成为以信念代替思想的既定观念的维护者。王元化先生分析说，伍子胥报父仇，说孝可也，而他诛杀君主，忠在何处？这不是大逆不道吗？可是不然。孔孟之道里的忠是双向的。孔子认为：君子甚至认为，杀掉昏君的行为不是弑君，而是“诛独夫”。据此王元化先生认为，有人以孔孟之道为愚忠、愚孝乃是冤哉枉也；相反，早期的儒家倒是民为贵的民本主义者。古人尊奉伍子胥为合于儒家理想的伟大人物这件事，说明了这一点。他还说：“儒家并不主张君主独裁，伍子胥反对楚平王并不被认为大逆不道即是一例。”①“‘五四’时代重法批儒不仅偏激，也可以说是错误的。”②王元化先生在听唱《文昭关》之余，借着评论伍子胥而生发出来如此深刻的宏论，进一步证明京剧的认识价值。

“要不怕把思想，哪怕是自己最心爱的观念，放在理性的法庭上加以审判，重新估量它的价值，判定它是否应该继续存在下去，这才叫反思。”③京剧与传统文化的研究，是王元化先生反思“五四”的表现之一。

---

① 王元化：《王元化集》（第六卷），湖北教育出版社 2007 年版，第 453 页。

② 同上。

③ 同上。

把民族虚无主义以及意图伦理、庸俗进化观、功利态度、激进主义等错误从“五四”精神里剔除出去，在今天是关乎思想史、文化史的大课题。由此可见王元化研究京剧另有深意在焉，已经大大超越了它本身的层面和范畴。

原载《文化学刊》2008年第5期

王元化先生在储能中学

吴步乃

1941年,20岁的湖北青年共产党员王元化化名王少华来上海私立储能中学任语文教员。

储能中学在牛庄路××弄内,原名宁波效实中学上海分校,该校是为宁波及浙东籍学生服务的,由冯宾符(原名冯仲足)任教务主任。沦陷时期成名的女作家苏青(原名冯和仪)曾在效实任教,1941年"孤岛"时期结束,始改用本名。有文章提到该校负责人劝退了苏青,说:"你是大少奶奶,何必来此争饭碗呢?"冯和仪遂成为苏青,以写作维生,后出版《结婚十年》一举成名。

王元化先生来此校任职,可能由上海中共地下党(冯定)派遣,有文章提到冯定对王元化说:"冯宾符(冯定的堂弟)还不是党员,要多帮助他。"据以上资料分析,储能中学的使命是作为左翼的文化基地,安排滞沪的左翼作家以及中共人员生活的谋生之所,掩护了楼适夷、周建人、胡仲持、汪刃锋、戴震权(化名戴雨辰)、王元化及娄立斋等同志。

效实、储能均取于严复所译著的《天演论》,可见办学者浙东耆宿的用心。"……始以易简,伏变化之机,命之曰储能。后渐繁殊,极变化之致,命之曰效实。储能也、效实也,合而言之天演也……"①对这两个名词的创立,严复在自序中也曾提到:"储能效实诸名皆由我始。一名之立,旬月踟蹰。我罪我知,是存明哲。"②效实、储能的校题词是叶绍钧先生所作,更赋予了救国时代的期望。

---

① 严复:《天演论》,科学出版社1979年版,第73页。

② 同上,第11页。

储能中学的房舍是由牛庄路上向南的一所大宅改造的。大宅有两进，天井前半部已成为清凉寺。校门在弄堂内向西开门，为天井后的主楼，凡三层，身后便临芝罘路，课间即可听到寺中传来的罄声梵呗和街上传来的有轨电车的“轧轧”声，也可见落后迷信与现代文明的矛盾形象，发人深思。

此地也邻近西藏路桥和浙江路桥及苏州河对岸的四行仓库，多年前的孤军奋战，至今记忆犹新。

储能中学的学生大都是旅沪浙东籍人士的子弟，多数人与故乡保持联系，有的则是经历过战乱和艰苦生活、懂得世态炎凉的家庭有变故的青少年，只比王先生小十岁，甚至五六岁。

初中一年级新学年开始，第一堂语文课发讲义，不用固定课本，这就很新鲜。王先生选的是鲁迅先生的散文《故乡》，很切合这群十一二岁的浙东子弟。多么熟悉的夜航船、豆腐西施、闰土、别乡远行……大家一下都被吸引了。尤其是王先生朗读课文，他一边在学生书桌行间踱步，一边用纯正的北京语音读课文，这氛围充满诗意。王先生身形高大，眼神专注，显得诚恳、耐心，衣着朴素、优雅，板书漂亮。学生都很崇拜这位人品高尚的青年老师。王先生还介绍了鲁迅先生的生平，家庭从小康到没落，父亲的病，求学和弃医从文的思想转变，使学生都成了鲁迅先生的崇拜者。这反映在下面三点上，一是购买鲁迅先生的著作自学，学绘画、木刻。二是周建人先生来校的那天，全校师生热烈欢迎，我们一年级在楼下，挤在窗前行注目礼。三是寻找内山书店和到虹桥万国公墓鲁迅先生墓地去祭扫、宣誓。储能中学有许多学生以身许国都是效法鲁迅先生，这都是王先生这位普罗米修斯带来的结果。

王先生还选读了鲁迅先生的《狂人日记》《聪明人、傻子和奴才》，循序渐进地讲读了《藤野先生》《秋夜》。听说对高中同学则开讲《阿Q正传》，初高有别、接受程度有别，是正确的。初中同学还选读了杜甫的诗和白居易的《卖炭翁》、柳宗元的《捕蛇者说》、《水浒·智取生辰纲》等针砭现实的古代文学作品。在讲解《智取生辰纲》时，引用了金圣叹评论《水浒》的见解，问为什么《水浒》开篇从高俅写起？金圣叹指出是因为乱自上生，即反动政府激起民众反对，等于说"造反有理"，君无道，弑之可也。这样的发挥是十分有力的。除了上述文章，王先生还选读了《黄冈竹楼记》《桃花源记》《醉翁亭记》《琵琶行》《陋室铭》《祭十二郎文》《兰亭集序》《五柳先生传》等文章。

我由于读完初中一年级后就辍学去作学徒，以后的教学情况就不明了，但我还常到古拔路古柏公寓王先生家去——这只是一个无助少年的信任、亲昵心理所致，白白占用了王先生和王先生母亲的许多宝贵时间，甚觉疚愧。

王先生很关心我哥哥的病，曾到他所住的祁齐路上海医院探视，并给他写了三封长信，这三封信在"反胡风"运动收缴王先生书信时，没有交出。我哥哥吴步鼎也是储能初中一年级学生，因肺结核辍学，早夭。三信现存上海档案馆。

回想我们那个年代的人生，正是由于王先生的引导，树立起鲁迅先生这一典型，才成为一个良好的、有益于国家的人，永远不忘他的启蒙恩惠。特供此上回忆供作参考。

［附录］

华东师大中文系王元化教授纪念室负责老师：

綮王元化老师青年、中年时代的回忆文章甚少，王先生在储能中学任教也只有姚芳藻学长在文中提到，惜不详，她与王先生同在《联合晚报》工作的情况则根本未提及。

王先生在储能中学初高中学生中影响甚大，我只读了初一学期就辍学了，所知不多。比方听说王先生还组织同学演高尔基的《夜店》，当了自己的大衣等。如果把这些历史细节收集起来就可见一完人了。

王老师青年时也很风趣，记得他说如果分得清"天上格日头、嘴巴里厢格舌头、地廊厦下格石头”，上海话就会说了。

沦陷时期，王先生家同样也很清苦，王先生的姐姐设法做点小生意增加收入，曾叫我去为儿童草帽上用油漆画小鸭小鸡等装饰画（我没画好）。

王先生曾要我放大画一张罗曼·罗兰的像（我也没画好）。

王先生在家里和对我们兄弟说武汉家乡话。

王先生未平反前我去看望他，谈起我在北京见到吕荧先生的事（在一个大四合院里一个人洗衣被等），王先生说他在上海马路上也见到了吕荧，吕荧说我不要再见到你们，落荒而逃，说时有苍凉之感。

1955 年“反胡风”时我已经在北京工作，也被抄家。1960 年我回上海去看他，那时已粮食困难，分食了一块巧克力。在我们学生心目中一直视他为革命人生引路人，对“反胡风”运动不解和不满。

抗战胜利后有一次去古柏公寓王先生家，一屋子人正在开会，我不懂规矩也坐在那里，大家都冷场了，我才知趣走了。王先生知道我不是坏小孩，没有责怪我。

楼适夷致王元化信已发表。

但王元化致楼适夷信未见发表。

吴步乃

2020.8.31

吴步乃（1930—　）曾加入中国人民解放军，后为美术工作者。曾任《美术》副总编辑。

王元化先生在上海图书馆

王鹤鸣

今年11月30日是著名学者王元化先生百年诞辰。

王元化先生曾任上海海峡两岸学术文化交流促进会会长，学会曾挂靠上海市社会科学联合会。上海图书馆新馆于1996年12月20日正式对外开放后，1997年2月，学会挂靠单位和办公地址改为上海图书馆。1997年11月，上海图书馆为加强对历史文献的抢救、整理和研究工作，成立历史文献研究所，聘任王元化先生与顾廷龙老馆长为名誉所长。

1997年年底，上海图书馆将历史文献阅览区域二楼的1206室辟为王先生工作室，自此，每周约有两三个上午，王先生会在8时半左右自衡山路住所出发，沿高安路往北步行至上图南门，约9时进入1206室。王先生到办公室，或研究商量工作，或主持在图书馆举办的学会活动，或接待学术界同行，或与境内外的友好通话，或整理文稿，或书写信函，或题写墨宝，等等，约11时离开。王先生保持着这种工作习惯，直到2008年5月逝世。他人生最后十年的学术生涯是与上图的发展紧密联系在一起的。

王先生领导下的学会充分利用上图新馆的文化优势和区位优势，开展了一系列有声有色的学术文化交流活动，成为当时上海哲学社会科学界的亮点之一。以2001年的交流活动为例：3月29日至4月2日，台湾师范大学国文系原主任、著名《文心雕龙》研究专家王更生教授来上海图书馆访问并进行交流座谈；5月14日下午，香港文化委员会主席张信刚教授率领的代表团一行16人，在上图举行座谈会，就

“如何使香港成为国际大都市?”等问题进行交流;5 月 19 日至 23 日,接待德国埃森人文科学院院长、历史哲学家吕森教授,他在上图贵宾室作“在历史中的跨文化问题”的演讲,并与本市部分学者进行了交流;5 月 27 日,接待香港著名学者饶宗颐先生;10 月 30 日,接待美国威斯康辛大学历史系林毓生教授并座谈。前来进行学术交流活动的,都是在境内外学术文化界有一定知名度的专家、学者,其中有些是王先生提议邀请的。21 世纪初,曾有人与学会联系,想以上海海峡两岸学术文化交流促进会的名义开展经贸活动,承诺给予学会一定资助,遭到王先生断然拒绝。学会活动以海峡两岸的学术文化交流为重点,也兼及亚洲、美国和欧洲等地区。自 1997—2004 年,共接待中国港台地区和日本、新加坡、美国、加拿大、德国、英国、瑞典等国学术机构的专家学者和各方文化人士 150 余人次。学会也派员前往中国港澳台地区进行学术交流。作为上海乃至全国对台工作的一个平台和载体,学会取得了境内外学术文化界的一致认可,并吸引了上海哲社界和文艺界的积极参与。

王先生受聘为历史文献研究所名誉所长后,其中一项重要贡献是推动和指导馆藏盛宣怀档案资料的抢救、整理和研究。“盛档”是 1943 年盛氏祠堂捐赠给顾廷龙任馆长的合众图书馆的一批档案资料,计有谕旨、奏摺、呈文、诰文、告示、照会、护照、履历、契约、章程等类别,约有 18 万件。盛宣怀是清末民初重要政治人物,因此“盛档”有着重要史料价值,有“近代中国私人第一档”之称。由于档案数量庞大,内容复杂,识别难度高,长久以来,一直没有系统整理。

1995 年 10 月 4 日,上海图书馆与上海科技情报所合并,我担任党委书记。不久,顾廷龙老馆长在长乐路原合众图书馆的书库里,指着堆放在走道地上的 97 个麻袋,向我介绍:“这就是盛氏祠堂捐赠给馆里的‘盛档’。‘文革’期间,陈旭麓、汪熙、夏东元等大学老师曾来整理过,他们只是分类选编资料专集，选编后的资料就放在这些麻袋里，今天无法查找原件。现在新馆建好了，需要组织人力将这些资料上架整理，按图书著录要求分类编目，便于广大读者使用。整理‘盛档’是个大工程。”

1996 年 12 月初，《新民晚报》记者拜访王先生，就“盛档”的整理听取意见。王先生说：“晚清是个承前启后的时代，盛宣怀在近代史上起的作用是巨大的，研究整理‘盛档’是一件很有意义的工作。如果现在不整理，旷日持久恐怕要散失，年代越久，整理起来就越困难，能看懂的人也越少。”①“盛档”卷帙浩繁，整理开发是一项很大的工程。王先生提出，这项工作需要许多专业工作者投入，需要五年以上时间，十年之内完成已很不错。正是在顾廷龙老馆长、王元化先生等呼吁下，上图加强了对包括“盛档”在内的历史文献的抢救。

1997 年 8 月，上图抽调历史文献中心部分业务骨干，专门成立“盛宣怀档案整理组”，由冯金牛任组长，并聘复旦大学历史系陈绛教授、《解放日报》高级记者丁凤麟为顾问，按图书馆对档案文献整理的规范，开始了对“盛档”的整理。整理组对“盛档”进行了一页一页整理、编目工作，入选档案以年代先后为序，2005 年底完成全部编目。在此基础上，至 2008 年 8 月，“盛档”元数据库和全文数据库建成，计收录“盛档”157 564 件，为“盛档”完整地向社会开放查阅创造了条件。正如王先生估计，此此项工作整整花了十年时间。其间，他始终关心这项工作，也提供了不少建设性意见，包括建议争取国家项目经费资助来推动“盛档”出版。王先生提出，如能申请到国家清史项目的立项则很好，他愿意为此敲敲边鼓。在王先生鼓励下，我们就积极与国家清史委沟通，申报了国家清史纂修工程《档案丛刊》项目“盛宣怀档案选编”，并获批立项。

---

① 《承前启后说“盛档”》，载《新民晚报》1996 年 12 月 8 日。

2006年8月，为加大“盛档”研究力度，由上海社科院、上海图书馆、上海世纪出版集团三家单位联合，成立盛宣怀档案研究中心，由王先生担任该研究中心主任。2007年3月15日，中心在上图挂牌成立，王先生因身体原因未出席成立大会，但他为中心题写了牌匾，并送来贺信。2008年12月，上海图书馆与国家清史编纂委员会正式签约，承担《盛宣怀档案选编》编纂工作。编纂方案几经调整，历时六年，从“盛档”中精选编成《盛宣怀档案选编》。可惜，王先生未能看到《盛宣怀档案选编》面世。

王先生对上海图书馆历史文献整理、研究工作的另一项重要贡献是积极指导馆藏家谱文献的整理和研究工作。顾廷龙老馆长等历届领导十分重视家谱文献的搜集工作，至新馆开放时，家谱数量达1.2万种，10万册，是馆藏特色文献之一，上海图书馆也是全国收藏家谱数量最多的单位。由于种种原因，家谱分散藏在南京西路老馆书库、长乐路书库和徐家汇藏书楼，部分更是堆放在书库角落里，任其虫蛀、霉变、尘封。

1997年5月，我向王先生汇报学会工作的同时也汇报了上图关于抢救、整理和研究家谱文献的计划，准备分两步走：第一步，将分散收藏的家谱集中去尘扫霉，整理上架著录，开放专门的家谱阅览室，加强家谱的采集和搜购工作，召开研讨会，编撰出版《上海图书馆馆藏家谱提要》；第二步，联合全世界收藏中国家谱的单位，合作编撰一部反映全世界中国家谱收藏情况的《中国家谱总目》。王先生对这项工作大为赞赏，指出：家谱文献中，保存了很多珍贵的历史文献资料，其中不少资料是其他历史典籍里找不到的，对研究工作有着重要帮助；家谱文献大多是孤本，要抓紧时间深入农村，做好家谱的搜购工作，这实际上也是历史文献的抢救；编撰《中国家谱总目》是个大工程，组织工作要非常细致，这也是中国古籍整理的一项基础性的工作。我们按照王先生的意见，加大了家谱文献的整理力度。

1998年11月，上海海峡两岸学术文化交流促进会和上海图书馆联合召开“全国谱牒开发与利用学术研讨会”，80余位专家参加会议。1999年6月，王先生主动写了一幅“收百世阙文，采千载遗韵”的条幅赠我，书法苍劲有力，不仅是对上海图书馆抢救家谱文献工作的鼓励，更是画龙点睛地指出了中国家谱整理工作的重要意义。

在王先生的指导下，上海古籍出版社于2000年5月出版了《上海图书馆馆藏家谱提要》，计220万字，收录了11 700种家谱。自2001年开始，上海图书馆的家谱整理工作进入了第二阶段，即《中国家谱总目》的组织编撰。2001年，由我申报该项目，并列为“十五”国家社科基金项目，要将分散在世界各地的中国家谱编撰成一部联合目录，其难度可想而知。作为《中国家谱总目》的主持单位，上海图书馆在经费上给予很大支持，2001年即拨专款80万元，保证了项目的顺利启动。但光靠上图的经费显然不够。王先生了解这一情况后，鼓励我向上海古籍整理规划办公室申请经费，获资助10万元。王先生常主动问起《中国家谱总目》编撰进展，正是在他不断关心、支持下，《中国家谱总目》到2006年基本完成编撰，王先生也欣然题写了“中国家谱总目”书名。

自2007年以后，王先生因患病常住医院。他题字的《中国家谱总目》封面样稿出来后，听说王先生病危，我于2008年5月1日上午带了封面样稿赶到瑞金医院病房。他已不能言语，但神志清楚。当我把封面样稿送到他面前时，他轻微地点了点头，露出了笑容。我告诉王先生，《中国家谱总目》正式出版后，我会第一时间送给他。遗憾的是，2008年5月9日，王先生永远地离开了我们。可以告慰王先生的是：《中国家谱总目》于2008年12月由上海古籍出版社正式出版，先后荣获“2008年度优秀古籍图书奖一等奖”、“上海市第十一届图书奖特等奖”、“上海市第十届哲学社会科学优秀成果奖著作类二等奖”、国家新闻出版总署“第二届中国出版政府奖图书奖”等奖项。这是与王先生十余年来对上海图书馆馆藏家谱文献开发工作的热情鼓励、积极指导和悉心帮助分不开的。

原载《文汇报》2020 年 10 月 9 日

附录一

王元化先生佚文

理解如何可能?

——读陈寅恪札记(一)

小引:元化师在前年秋天,忽发大愿,要将陈寅恪先生的著作全部再读一过,做成一种读书札记。他约我做助手,充任谈话笔录与资料检索的工作。他已经读过《柳如是别传》等,而且在书上作了一些批注。但是这事终未完成,主要是因为陈著牵涉的学术史文献过于庞杂曲折,而我与先生的时间,都不容充分分析与从容讲论。虽然这已成为了永远的遗憾,但元化师晚岁对中国现代最重要的学者陈寅恪先生的致敬,以及他读书思考愿心发力之强,现代学术文化伟大心灵的相通,仍可见一斑。这里是未经先生校正的文本,哲人其萎,片石可珍。发表以作纪念。

讲陈寅恪的书比较难,他的书比较含蓄、蕴藉,需要咀嚼,如果匆忙去读,很难得到真正的含义。一般来说,那些中国古代学术根底很深、而且有他自己独到见解的,都是这一类的书。

陈寅恪在《金明馆丛稿二编·王静安先生遗书序》一文中指出,世人对王静安的身世,往往不能理解,甚至有人把他说得很龌龊。但其实像王国维这种"志士仁人"的"憔悴忧伤"是普通人难以理解的——这种悲伤不是由一种简单的、一时一事的小问题所引起的,而是一种超越了一时一事的大痛苦和大悲伤,且往往由世间之大灾难所引发,在心中郁结成难以排遣之块垒,故其"意念"必然非那些与其同时间、同地域之世人可以共喻的。所以读其书时要古今神理相接、要理解他的奇哀遗恨。而读王国维、陈寅恪的书都要用心去印证,而不是靠一些浅薄的知识可以参透的——这也是读王国维书之难的一些个人体会。

陈寅恪是史学家，又是思想家。近世以来有很深刻的思想的大家并不多。有些人以博闻强记而闻名，有些人则以观念新奇来制胜。但真正的学问倚靠的仍然是深刻的思想，陈寅恪在这方面俨然是很有建树的。就比如关于历史的看法问题。他在《读吴其昌撰梁启超传书后》一文中说，吴其昌当时所撰之文字，乃出于梁启超戊戌政变之后个人情感上的一时愤激，故其言"非尽实录"。从中我们可以见出陈寅恪对于历史的一种看法：历史是不可以被一时的情感所左右的。历史的要求是真实。这于现在有些人所要求的"激情"的态度是显然不同的。

我们对历史的研究似乎总想要找出事物发展的规律性，找出那么一种原则、规律或看法，使其能"放之四海而皆准"。陈寅恪很强调"理性"，也就是所谓"柏拉图"式的理性。但他要求的这种"理性"并非什么"放之四海而皆准"的原则、规律或看法，而是一种文化的、精神的东西。然这种"理性"究竟指的是什么，陈寅恪在其书稿中并没有明确清晰的定义，需要我们慢慢琢磨。

在陈寅恪的历史叙述中，并没有一种"放之四海而皆准"的普世性的原则存在。这在他对"以自身之事能否印证古事"这一历史研究方法的运用上可以管窥出一些端倪来。一方面，陈寅恪认为今人生活的切身感受是的确可以与古人的感受相互印证的。他在《陈述辽史补注序》中说自己曾读李心传的《建炎以来系年要录》："寅恪侨寓香港，值太平洋之战，扶疾入国，归正首丘。……回忆前在绝岛，苍黄逃死之际，取一巾箱坊本建炎以来系年要录，抱持诵读。其汴京围困屈降诸卷，所述人事利害之回环，国论是非之纷错，殆极世态诡变之至奇。然其中颇复有不甚可解者，乃取当日身历目睹之事，以相印证，则忽豁然心通意会。平生读史凡四十年，从无似此亲切有味之快感，而死亡饥饿之苦，遂亦置诸度量之外矣。”①他认为书中所描绘、记载的许多事都是不可理解，十分诡异的。而当时，他本人正身处“绝岛”（指日本人发动太平洋战争期间的香港），随时随地都面临着死亡的威胁，而那些他自身所“身临目睹”的事，竟然与书中的历史叙述相互得以一一印证，于是书上那些事忽然间便完全明白了过来。从而感慨自己治史四十余年，从未能有过像当时那样的亲切有味之快感，甚至连死亡、饥饿都置之身外，而成为了一种极大的享受和快乐。这便是以今人之切身感受印证古事的一个例子。

但在另一篇同样是“以今印古”的文章中，陈寅恪的意见却完全不同。收入《金明馆丛稿初编》中的《陶渊明之思想与清谈之关系》一文，说到梁启超所论关于陶渊明辞官归田的原因，“只是看不过当日仕途的混浊，不屑与那些热官为伍。当时士大夫浮华奔竞，廉耻扫地，是渊明最痛心的事”，而主观原因则是维护自己高洁的人格，“他纵然没有力量移风易俗，起码也不肯同流合污”。陈寅恪不同意这样单纯的道德批评观点，认为：

> 斯则任公先生取己身之思想经历，以解释古人之志尚行动，故按诸渊明所生之时代，所出之家世，所遗传之旧教，所发明之新说，皆所难通。自不足据之以疑沈休文之实录也。②

在这里他又明确指出用今人的思想经历去印证陶渊明的思想经历，是断然行不通的。

在同一个问题上面，为什么会有这么大的不同见解呢？原因是陈

---

① 陈寅恪：《金明馆丛稿二编》，生活·读书·新知三联书店2015年版，第264页。
② 陈寅恪：《金明馆丛稿初编》，生活·读书·新知三联书店2015年版，第228页。

寅恪并没有把"以今印古"——也就是用自己切身的经验感受去推考古人——当作一个普遍的原则。假如把这种方法当作今人所喜欢的"放之四海而皆准"的规则来使用的话，其结果便是看人论事都带来极大的问题。因为世间哪有这种普世性的规则呢？当各种因素都机缘凑巧的时候，或许此法尚可一用，正如《陈述辽史补注序》中的那个例子；但更多的时候，历史更是一盘多种力量错综复杂地纽结在一起、变化多端的棋局，而每个读史人的"今"，也都不一样。这两方面变化与差异如此之大，是否能够这样"以今印古"，还有待具体情况的考证。因此陈寅恪看待历史乃是注重其特殊性，具体问题作具体分析，而不是用一个所谓的普遍的公理去框架它、推导它。

［胡晓明案］ 先生提出的这个问题很有意义。陈寅恪的研究表明：今古之间，虽然是可以印证的，但是要注意：一是今天的经历，对于理解古人，是一种缘助、一种启发、一种想象，而不是定论。比如"汴京围困屈降诸卷"的人事，陈寅恪并没有说"谁就是谁"这样斩截的判断，只是一种古今贯通的想象力和大启发。这就区别于梁任公的独断。第二，古人那里，有很多因素，需要客观了解，比如陶渊明"所生之时代，所出之家世，所遗传之旧教，所发明之新说"，都要考虑在内，所得出的判断，要符合各种因素的客观性。最终的结论，要经得起客观材料的检证。陈寅恪说的是解释学的重大问题。他在《柳如是别传》一书中，更充分展开了考证学中的想象参与以及诗歌体会中的客观材料检证问题。

陈蕾录音整理，2006年10月25日

新春谈家

一、我主张家庭在人生中应有重要的、正面的价值。一个人不能纯粹过一种完全社会化的生活，也不能纯粹过一种完全个人化的生活。如果没有家庭里的情感、亲人们的相互关心，人生会变得太艰难。如果家庭再多矛盾，以至陷入一些不能解决的困境，这样的人生会很没有意思。

二、我赞同传统文化中有关家庭价值的一些肯定的表述，比如父慈子孝、长幼有序等。我这样的认识并不全是从书上看来的，也不全是从古代人那里学来的，更多的，是我从自己的亲人，父母、姐妹、妻子那里，长期以来，切近地感受到了家庭生活的温暖与亲人之间的爱。我是从自己的点点滴滴的生活实感之中，得到古人所谓"如人饮水，冷暖自知"的体会。越是到晚年，我这种体会越是鲜明、越是强烈。可以不夸张地说，如果没有我的亲人，就没有我的今天。

三、尽管如此，我从生活中，转过来再看"五四"时代的一些言论，转过头来再思传统，却又不仅仅是我个人的经验，而是其中融入了更为丰富复杂的时代思想感受。反思其中的一个结果是，"五四"时代一些言论，或许在当时有着积极的意义，但其流弊，激进多于理性，一刀切多于具体分析。不得不说那时是过于强调家庭负面价值了。而百年来随着中国文化的流失，家庭伦常的传统，一些有价值的东西也正在流失中。

四、家庭文化中很重要的因素是女性。家庭不能没有女性的作用，尤其是母性的温情与特有的力量。没有女性情感所浸润的生命，是一种枯槁甚至某种病态的生命。传统女性的温良和婉贤惠，很多人认为是一种应该抛弃的过时的封建的东西，其实是值得珍惜的品性。事情辩证地看，妇女解放是有功的，但是现代人解放妇女要解放到什么地方去？有时是对女子不仁厚，让她们过多承载社会重担；有时则是让她们变得有些令人可怕了。

五、也不必美化古代的家庭生活，传统礼教有很多“冤曲”，梁漱溟早就讲过了。家庭与社会，古代过于看作是一回事，所谓“治国先须齐家”是也。治国讲的是法治，怎么可以用治家的一套来代替呢？社会讲的是自由平等权利，家庭则讲的是和谐爱敬慈孝，看起来并不是一回事，不应该以此来代替彼，混淆不同的领域的事情。反过来说，家庭不必像社会那样太理性明白，正如林毓生先生有一次对我说的：家庭成员不必太多讲什么身份、权利，好像大家都要算账似的。另一方面，人类社会也并不是如章太炎批评秦国法家所主张的大家都“块然相处”的冷冰冰的所在。百年中国的历史经验教训告诉我们，社会既不是你死我活的斗争，也不是你输我赢的算账。确实社会也要讲一点合作，讲一点人与人之间应有和谐关系。所以，如果从相互的关心、爱敬来说，家庭价值当然是可以通往社会价值的。一个在家庭生活中浸润过温情的人，可以相信在社会上也是比较讲礼讲道德的人，而且不会对人类社会有太多的仇恨。总之，这既是可以分开来讲的价值，也是可以合起来看的道理，不能一概而论。

胡晓明记录整理，2008 年 9 月 30 日

在“中国文学古今演变研究”国际学术研讨会开幕式上的讲话*

各位代表，各位来宾，今天我主要想谈谈自己对于这个会议及其主题的一点想法。

提出这个题目的意图是使古代文学、近代文学与现代文学结合起来研究，来探讨它们发展演变的轨迹。也许有人会问：为什么要专门开这个会来讨论这样一个题目。我想把这问题的背景简单地讲一讲。复旦大学党委书记秦绍德教授刚才在欢迎辞中也谈到了古代文学和现代文学研究有隔绝的情况，这是很奇怪的。在最早的文学研究中并没有这么大的隔绝。看看王国维的研究就可以清楚，他不仅把古今结合起来，而且把中国的和外国的也结合起来。比方说他的《红楼梦》研究就是一个例子。他本人对德国古典哲学很有研究，一般认为他喜欢叔本华，所以把叔本华的哲学思想引进到《红楼梦》评论中去。实际上他更喜爱康德，对康德也很有研究。当时在文学研究领域里没有古今隔绝的问题，中国学者向来讲究“融会贯通”，当然研究工作必须有专业方面的重点，但是在研究的时候必须把问题放在历史的宏观背景上来探讨。只有经过比较之后才可以显示出问题的来龙去脉和它本身所具有的特点。假设像我们现在这样，只讲专，不讲兼通，所谓“一个萝卜一个坑”，隔行如隔山——知道现代的不知道古代的，知道中国的不知道海外的，知道文学的而对历史、哲学只有粗疏的知识或竟至完全无知。这样的

---

* 编者注：本文原是“中国文学古今演变研究”国际学术研讨会筹备委员会主任王元化教授在会议开幕式上的讲话，经作者根据录音记录修订而成。

研究不仅陷于狭隘，而且很难把问题真正搞清楚、弄深弄透。

解放后1952年有过一次院系调整，学校的老师和年龄大一些的同学大概都很清楚这是怎么一回事。所谓院系调整就是向专业化发展，这是在“一面倒”的指导思想下，盲目向苏联学习，一切都要遵循苏联的范例。解放前的大学多是综合性的，有许多文理不同的学科。但在这次所谓院系调整的教育改革中，都被砍掉了。比如清华就是如此。清华原是综合性大学，在文科方面有很好的国学院传统。这个传统至今还常被人怀念和称道。当时国学院四位著名导师——梁启超、王国维、陈寅恪、赵元任——所留下的清华文科学风，影响很大，是我们的一份宝贵遗产。清华国学院培养了大批优秀人才，成为自那时以来中国学术界的主要骨干。也许可以不夸张地说，后来国内大多数文科人才都是由他们一代人直接或间接教育出来的。清华大学的这一传统，可惜在院系调整中被砍掉了，以后清华被限定为理工科的大学。我常想，1952年向专业化发展的院系调整，形成以后像恩格斯说的“分工的奴隶”的那种偏向。分工是必要的，但分工必须在整体综合的基础上进行。由于专业化的畸形发展以致现在许多研究工作越分越细，牛角尖越钻越尖，甚至有研究鲁迅的不知道王国维、陈寅恪，不知道近代学术思想这类的情况发生，因此就造成了上述的那种隔绝，其实这是不应该有的。我们在院系调整只向专业片面发展的时候，国际上的科研工作早已向综合方向发展了，不仅把古今中外结合起来，把文史哲学结合起来，而且在一些科研项目上还出现了向边缘学科探索或进行学科杂交。任何一种文化思潮倘不放在当时的思想背景上去看，不从哲学上向深层根源去发掘，就会流于浮浅。比如像鲁迅研究，我们已经研究了半个多世纪，文章也写出了成千上万，可是大家的谈法都差不多、角度也差不多、内容也相仿，看来已到了题无剩义的地步，似乎研究已经到顶了，不能再有什么新观点了。是不是真的如此呢？并不是的，鲁迅在思想史、文学史上当然是一个重要的人物，他的思想与中国传统有着密切的联系。举个例子来说，假如研究鲁迅不能对章太炎的思想有所了解，就很难真正了解鲁迅。鲁迅对秦始皇、对法家、对李斯，甚至对“五四”时期兴起的疑古派的评价等，都是或多或少受章太炎的影响。鲁迅自称只关注章太炎的革命业绩，而受到他学术方面的影响很小，但我们仔细研究研究鲁迅的著作，就可以发现他有很多观点其实是受到章太炎影响。比如鲁迅批评顾颉刚“大禹是一条虫”的考据，就是明显的例子。在鲁迅之前，章太炎就已讥讽过“鲧是一条鱼，禹是一条虫”这种说法了。再如鲁迅有一篇题为《论华德焚书异同》的文章，其中说到秦的焚书与希特勒的焚书不同，与阿拉伯人焚烧亚历山大图书馆也不同。他认为始皇推行的“书同文、车同轨”是统一中国的伟业，很值得赞扬。他不同意“秦无文”的说法，称赞李斯的碑文写得好。这些都在一定程度上受到章太炎的影响。因此，不从史的角度研究鲁迅，就不能真正理解鲁迅在现代环境中所表露的思想的内涵。我认为做学问只专不博，不讲兼通，要想做出贡献是很困难的。“五四”时代还没有去掉这个传统，当时胡适就说过：“为学当如金字塔，要能博大要能高。”像钱穆这一代人，大多也都一再主张通才教育的。

主持人章培恒先生和梅新林先生为会议提出“古今演变”这个主题，我觉得十分有必要，可以使我们因过去长期分工所造成的片面化的情况得以克服，这对于文学的发展会很有帮助，使我们的文学研究可以做得更为深入一些。

附录二

王元化研究资料索引(1978—2020)

凡　例

一、本研究资料索引收录有关王元化研究(1978—2020)的期刊论文、报纸文章、学位论文及部分专著(含专章部分)。

二、所收录文章主要以报纸和期刊中的篇名、关键词以及摘要中出现“王元化”名字为据。硕士博士学位论文中,不仅题目中有“王元化”,关键词或章节中有“王元化”,也予以收录。

三、本研究资料索引中,“报刊文章”1978—2002年内容采自钱钢编《一切诚念终当相遇——解读王元化》附录《评说王元化文章总目》,湖北教育出版社2003年版,第432—442页;2003—2013年内容采自陆晓光著《王元化人文研思录》附录四《近十年报刊中的王元化评论文目录(2003—2013)》,华东师范大学出版社2015年版,第578—593页;并根据朱兴和《王元化研究三十年论文论著辑要(1978—2010)》加以增补,略有校订。

四、虽已尽可能广泛收录有关王元化先生的研究文章,但难免有遗珠之憾,有待进一步完备。

五、本索引由郭劲赤编撰。

报刊文章

1978 年

曾祖荫:《对〈释比兴篇〉“拟容取心”说的商榷》,《文学评论》1978年第5期(双月刊)。

1980 年

钱仲联:《〈文心雕龙创作论〉读后隅见》,《文学遗产》1980年第3期(双月刊)。

马宏山:《刘勰前后期思想“存在原则分歧”吗?——和王元化同志商榷》,《历史研究》1980年第4期(双月刊)。

成柏泉:《文心雕龙创作论》,《读书》1980年第5期(月刊)。

1982 年

刘宇年:《努力开创文艺理论工作新局面——访我国著名文艺理论家王元化同志》,《湖南日报》1982年11月13日。

李宁:《沟通中外古今》,《读书》1982年第6期(月刊)。

1983 年

蒋孔阳:《翻译与研究的结合——读王元化译〈文学风格论〉》,《读书》1983年第1期(月刊)。

李淼:《关于〈灭惑论〉撰年与诸家商兑》,《社会科学战线》1983年第2期(双月刊)。

高国平:《尊重艺术规律,坚持现实主义——读王元化〈文学沉思录〉》,《文艺理论研究》1983年第3期(双月刊)。

裘惠楞:《"拟容取心"说》,《浙江师范学院学报》1983年第3期(双月刊)。

包遵信:《真理是最高的幸福——读王元化〈文学沉思录〉》,《读书》1983年第5期(月刊)。

王骏骥:《沉潜往复,追索真理——访王元化同志》,《鲁迅研究》1983年第5期(双月刊)。

李逸津:《〈文心雕龙·神思篇〉"杼轴献功"说辨正》,《求是学刊》1983年第5期(双月刊)。

1984年

郭外岑:《比兴概念的形成和刘勰的比兴论——兼评王元化同志"拟容取心"说》,《西北师范学院学报》1984年第3期(双月刊)。

黄广华:《〈文心雕龙〉与因明学》,《学术月刊》1984年第7期。

1985年

王向峰:《古典文艺美学研究的新高度——读王元化同志的〈文心雕龙创作论〉》,《文化艺术报》1985年。①

1986年

韩湖初:《略论〈文心雕龙〉理论体系的唯物主义性质——与王元化同志商榷》,《文心雕龙学刊》第3辑(1986年)。

李布克:《沉缅于思索的文艺理论家王元化》,《文艺评论》1986年

① 本文没有找到发表日期,暂系于1985年;另有个别文章亦未能发现原始发表时间,不再注明。

第1期(双月刊)。

谷苇:《访当代学人王元化》,《文论报》1986年5月14日。

一德:《“沉思”与“金针”——〈文学沉思录〉读后》,《文汇报》(香港)。

辛琦:《读〈文学沉思录〉》,《大公报》(香港)1986年12月。

1987年

江影:《王元化教授资历深厚》,《明报》(香港)1987年1月8日。

孟方:《“杼轴献功”之我见》,《临沂师专学报》1987年第3期(双月刊)。

蒋经韬:《身在异乡念家乡——记著名文艺理论家、教授王元化》,《荆州报》1987年12月13日。

王大象、林路:《国际文化交流的使者》,《文汇月刊》1987年第12期(月刊)。

晓蓉:《读书人的品格——王元化教授谈读书治学》,《文艺报》1987年12月19日。

1988年

项仲达:《它召唤风格美神光降人世——读〈文学风格论〉》,《中国图书评论》1988年第4期(月刊)。

辛琦:《王元化和〈文心雕龙创作论〉》,《大公报》(香港)1988年5月10日。

陈辽:《比照两篇文章》,《文汇报》1988年6月15日。

宫商角:《换一个角度来思考——与王元化先生商榷》,《文汇报》1988年6月15日。

蒋述卓:《识佳文于未振——郭绍虞与〈文心雕龙创作论〉的写作》,

《书林》1988年第7期(月刊)。

顾振清:《王元化谈〈新启蒙〉》,《中国实业与中国文化》1988年10月16日。

1989年

吴晓卓:《走自己的路——记王元化教授》,《时代与思潮》1989年第1期(辑刊)。

龚育之:《哲学分歧和政治一致能否兼容——致信王元化:谈列宁对波格丹诺夫的批判》,《人民日报》1989年5月22日。

成为、何靓:《王元化与〈新启蒙〉》,《镜报》(香港)1989年第5期。

海旸:《令人钦敬的学术努力——王元化〈文心雕龙创作论〉简介》,《文汇报》(香港)1989年7月30日。

林路:《王元化与〈文心雕龙〉研究》,《文汇报》1989年12月23日。

1990年

宋连庠:《要有心的光明——访王元化教授》,《美化生活》1990年第1期。

朱丽冰:《九十年代反思录》,《中国时报》(台湾)1990年4月15日。

胡晓明:《淘沙宽堰　守先待后——读王元化〈思辨短简〉散记》,《读书》1990年第5期(月刊)。

海旸:《以此证明独立思考的重要——介绍王元化的〈思辨短简〉》,《文汇报》(香港)1990年6月3日。

梅朵:《满天星斗——评王元化近著〈思辨短简〉》,《文汇报》1990年6月16日。

钱谷融:《谈王元化》,《文汇报》1990年11月28日。

朱学勤:《为学不作媚时语——读王元化〈传统与反传统〉》,《文汇读书周报》1990 年 12 月 15 日。

吴大卫:《鞭辟入里,入木三分——读王元化〈传统与反传统〉》,《大公报》(香港)1990 年 12 月 19 日。

穆梓:《寄语青年话读书——访王元化先生》,《青年报》1990 年 12 月 21 日。

1991 年

劳承万:《从知性到理性——王元化的文学观念与学术思想》,《文艺理论研究》1991 年第 2 期(双月刊)。

1992 年

胡晓明:《〈思辨发微〉书后》,香港三联书店 1992 年。

许纪霖:《一个中国知识分子的沉思录——介绍王元化新著〈思辨发微〉》,《中国时报周刊》(香港)1992 年。

伊人:《为学不作媚时语——读王元化〈传统与反传统〉有感》,《解放日报》1992 年 4 月 11 日。

安迪:《清园问学记——记王元化先生》,《文汇读书周报》1992 年 7 月 4 日。

海旸:《沉潜往复,从容含玩——推荐王元化的读书札记〈思辨发微〉》,《文汇报》(香港)1992 年 7 月 12 日。

映日:《王教授的小摆设》,《联合时报》1992 年 7 月 31 日。

1993 年

周绍恒:《刘勰出身考辨——与王元化商榷》,《齐鲁学刊》1993 年第 3 期(双月刊)。

胡晓明:《王元化先生及其学术生涯》,《阴山学刊》1993 年第 4 期(双月刊)。

汤一介:《读元化同志〈杜亚泉与东西文化问题论战〉》,《文汇读书周报》1993 年。

雯藻:《“学者部长”王元化》,《上海滩》1993 年第 9 期(月刊)。

施国英:《忘年交》,《华声日报》(澳洲)1993 年 10 月 28 日。

《不懈的追求——记江陵籍著名文艺理论家王元化》,《湖北日报》1993 年 12 月 19 日。

傅杰:《一个月里的四个会议——记王元化先生》,《澳门日报》1993 年 12 月。

1994 年

王文倜:《为学不作媚时语——访著名学者王元化》,《劳动报》1994 年 1 月 4 日。

高嵩:《读王元化“文论随笔”》,《塞上文谭》1994 年第 1 期(月刊)。

傅杰:《王元化先生论读书》,《青年报》1994 年 2 月 17 日。

赵朴初:《致王元化的三封信》,《作家》1994 年第 3 期(双月刊)。

杨树彬:《文心向静清园夜——读〈清园夜读〉》,《南方日报》1994 年 6 月 11 日。

钱钢:《“人的本质乃是对自身的理解”——读〈清园夜读〉有感》,《学术月刊》1994 年第 11 期。

胡晓明:《一切诚念终当相遇》,《收获》1994 年第 6 期(双月刊)。

金性尧:《外物不移方是学》,《文汇读书周报》1994 年 12 月 17 日。

1995 年

徐中玉:《知识分子的本来职责——读〈学术集林〉有感》,《新民晚报》1995年1月25日。

姜泓冰:《做些踏踏实实的事业——访王元化教授》,《人民日报》1995年2月21日。

苏仲壬:《人格文章——读〈清园论学集〉有感》,《解放日报》1995年3月12日。

张弘:《思想的年轮——王元化〈清园夜读〉跋后》,《学术月刊》1995年第3期。

林路:《难忘的岁月——王元化访谈录》,《大江南北》1995年第4期(月刊)。

甘远、何苦:《拥有"心的光明"——记王元化、张可夫妇》,《解放日报》1995年5月27日。

高国平:《读〈思辨随笔〉偶感》,《书城》1995年第3期(月刊)。

项玮:《淡泊豁达,勇敢真诚——访著名学者王元化》,《新民晚报》1995年6月6日。

陈伟军:《智慧,思想,精神——王元化先生〈思辨随笔〉读后有感》,《文学报》1995年6月15日。

王文倜:《群览博学勤思辨——著名学者王元化印象记》,《劳动报》1995年6月17日。

史中兴:《思想者的智慧——读王元化〈思辨随笔〉》,《文汇报》1995年6月18日。

饶明华:《一位真正的学者——访王元化先生》,《文艺报》1995年6月22日。

杨文虎:《满目反思》,《文艺理论研究》1995年第4期(双月刊)。

徐虹北:《又是一例"学案"》,《文艺理论研究》1995年第4期。

张寅彭:《工具理性、忧患意识与学术研究——读王元化〈清园论学集〉》,《文艺理论研究》1995年第5期。

王兴康:《“学不干时身更贵,书期供用老弥勤”——读王元化的〈清园论学集〉》,《大公报》(香港)1995 年 10 月。

魏承思:《为学不作媚时语》,《亚洲周刊》(香港)1995 年 11 月 5 日。

宋连庠:《王元化题诗刺权贵》,《解放日报》1995 年 11 月 9 日。

王兴康:《辛勤的耕耘——介绍王元化先生的〈清园论学集〉》,《文汇读书周报》1995 年 11 月。

关关:《王元化的〈清园论学集〉》,《澳门日报》1995 年 11 月 10 日。

高增德、丁东:《当今学界的“南王北李”》,《中华读书报》1995 年 12 月 13 日。

萧乾:《〈思辨随笔〉不可不读》,《联合时报》1995 年 12 月 29 日。

Zhang Tianxin: “Scholar devotes life to study of ancient text”, *China Daily*, Dec. 29, 1995。

1996 年

陈原:《杨遇夫的治学态度》,《黄昏人语》(远东出版社 1996 年版)。

刘墨:《冷静的思考　理性的研究——王元化近著及其意义》,《中国图书评论》1996 年第 1 期(月刊)。

谷梁:《不断向前方划进的船——访王元化先生》,《文汇报》1996 年 1 月 31 日。

木斧:《戏曲讲究“挂味儿”——给王元化的一封信》,《当代戏剧》1996 年第 2 期(月刊)。

陈福康:《也谈“扶桑”》,《文汇报》1996 年 5 月 21 日。

何倩:《思近而问切,志笃而学博——清园夜访著名学者王元化》,《文汇读书周报》1996 年 6 月 1 日。

江曾培:《沉潜在思辨海洋中的王元化》,《书城》1996 年第 6 期

(月刊)。

钱钢:《有思想的学术与有学术的思想——有感于王元化〈谈谈我的反思〉》,《东方》1996 年第 6 期。

黄展骥:《"矛盾与治不逾官说"辨谬——推荐王元化的〈思辨发微〉》,《人文杂志》1996 年第 4 期(双月刊)。

徐新:《在人生风景中沉思——王元化独特的学思风格与治学功夫》,《中央日报》(台湾)1996 年 7 月 8 日。

陈刀:《对"毛泽东并不反孔"说的质疑——与〈思辨发微〉一书作者王元化先生商榷》,《南方日报》1996 年 8 月 7 日。

高国平:《关于〈思辨随笔〉的随笔》,《书与人》1996 年第 4 期(双月刊)。

南方朔:《第二类读书人》,《联合报》(台湾)1996 年 12 月。

1997 年

咏枫:《传统文化的继承》,《中华读书报》1997 年 1 月 1 日。

张隆溪:《道德、政治、传统以及中国文化——致信王元化就一些问题进行探讨》,《文汇读书周报》1997 年 1 月 4 日。

周可:《在思想和学术之间求索——王元化〈清园夜读〉〈思辨随笔〉〈清园论学集〉读后》,《书城》1997 年第 1 期(月刊)。

王大象:《王元化〈送彭柏山上路〉诗》,《解放日报》1997 年 2 月 6 日。

赵自:《为学不作媚时语——王元化著〈思辨随笔〉读后》,《读书人报》1997 年 4 月 18 日。

郦达:《王元化的人格魅力》,《上海经济报》1997 年 5 月 6 日。

荷忆:《我看"布"与"麻"的关系——对〈文心雕龙创作论〉的一点异议》,《陕西教育学院学报》1997 年第 5 期(月刊)。

赵振宇:《思想的痕迹莫要改》,《中华读书报》1997 年 5 月 21 日。

高增德:《生活经历激发思考——记王元化先生》,《鸿儒遍天涯》(湖北人民出版社 1997 年版)。

景琳:《拜倒王元化——〈读黑格尔〉组稿小札》,《中国图书商报》1997 年 8 月 29 日。

咏枫:《评王元化的传统道德继承观——兼与张隆溪讨论》,《学术月刊》1997 年第 9 期。

王俊义:《学博思精,大家风范——读〈清园夜读〉(增订本)有感》,《文汇读书周报》1997 年 9 月 27 日。

陈丹燕:《绵延半个世纪的情感——王元化与张可》,《海上文坛》1997 年第 12 期(月刊)。

王俊义:《王元化又推力作——〈清园近思录〉》,《社科通识》1998 年第 1 期。

钱文忠:《说不尽的莎士比亚》,《青年报》1998 年 4 月 24 日。

钱宏:《读〈读黑格尔〉》,《方法》1998 年第 10 期(月刊)。

1998 年

李庆:《秋心如潮涌——秋夜读王元化先生所著〈清园夜读〉有感》,《中国文化与世界》第 6 辑(上海外语教育出版社 1998 年版)。

朱建国:《访王元化》,《方法》1998 年第 1 期(月刊)。

余秋雨:《长者》,《中华散文》1998 年第 3 期(月刊)。

钱伯城:《思考、探索与追求——读〈文学沉思录〉有感》,《观景楼杂著》(辽宁教育出版社 1998 年版)。

胡晓明:《学问世界和生命世界互为体用——王元化近年的学术思想脉络》,《文汇报》1998 年 4 月 24 日。

许纪霖:《另一种启蒙》,《中华读书报》1998 年 5 月 6 日。

赵兰英:《文化当启发民智——访著名学者王元化》,《文汇报》1998年5月14日。

吴江:《吴江致信王元化》,《文汇读书周报》1998年6月6日。

方铭:《关于〈文心雕龙〉中的几个问题——兼与王元化先生商榷》,《面向二十一世纪:中外文化的冲突与融合学术研讨会论文集》,1998年6月30日。

单世联:《告别黑格尔——从张中晓、李泽厚、王元化到顾准》,《黄河》1998年第4期(双月刊)。

吴中杰:《为学不作媚时语》,《文学报》1998年9月3日。

智效民:《听元化先生一席谈》,《文汇读书周报》1998年10月3日。

熊元义:《粗糙的灵魂——王元化与九十年代的文艺批评》,《南方文坛》1998年第6期(双月刊)。

钱文忠:《自由岂能强迫》,《香港书评》试刊号1998年。

1999年

晓光:《我所知道的〈新启蒙〉论丛》,《香港书评》1999年第1期。

赵小麟:《读王元化〈社约论笔谈三篇〉一议》,《百年》(日本)1999年3月号。

李伟民:《从〈莎士比亚研究〉到〈莎剧解读〉——王元化先生的译莎论莎》,《四川戏剧》1999年第4期(月刊)。

钱钢、钱文忠、盛勤:《"必须有心的光明"——王元化先生学术思想述评》,《百年》1999年第6期(月刊)。

吴俊:《百年思想的一种证明——我对王元化先生的基本理解》,《当代作家评论》1999年第4期(双月刊)。

陈礼荣:《走进王元化》,《传记文学》1999年第9期(月刊)。

陈礼荣:《青松红杏说沧桑——王元化先生参加我市"国庆五十周

年书画大展”作品简介》,《荆州晚报》1999年9月23日。

胡晓明:《〈文心雕龙讲疏〉》,《文艺理论研究》1999年第5期(双月刊)。

何倩:《理论的生命在于勇敢和真诚——就线装本〈清园文稿类编〉访王元化先生》,《文汇读书周报》1999年12月4日。

樊百华:《初入清园》,《黄河》1999年第6期(双月刊)。

2000年

吴建初:《睿智的长者——访著名学者王元化》,《组织人事报》2000年1月6日。

徐春萍:《文化问题亟待重视——访著名学者王元化》,《文学报》2000年1月6日。

周新:《湖畔居的那一片夕阳——王元化先生印象记》,《解放日报》2000年1月15日。

米舒:《谈王元化》,《新民晚报》2000年2月9日。

李凤亮:《不倦的求索者——〈跨过的岁月——王元化画传〉读后》,《读书人报》2000年2月18日。

郑延国:《王元化与翻译——〈思辨随笔〉一瞥》,《文汇读书周报》2000年3月4日。

老怪:《文字人生的艰难与晦涩》,《中国图书商报》2000年3月21日。

翁思再:《王元化〈京剧与传统文化〉注跋》,《文艺理论研究》2000年第2期(双月刊)。

钱海源:《且看王元化的思想“转型”》,《文艺理论与批评》2000年第2期(双月刊)。

许苏民:《致王元化先生论“五四再认识”问题》,《开放时代》2000

年第3期(双月刊)。

张俊:《一位学者的真情告白——王元化先生谈国家历史文化名城保护》,《长江建设》2000年第6期(月刊)。

朱大建、翁思再:《走进历史深处——抗战时期的王元化》,《家庭教育时报》2000年6月11日。

朱蕊:《王元化先生集外旧文新读》,《解放日报》2000年7月22日。

张吉兵:《简论王元化的黑格尔美学思想研究》,《黄冈师范学院学报》2000年第4期(双月刊)。

张吉兵:《简论王元化的学风观》,《钦州师范高等专科学校学报》2000年第5期(双月刊)。

张吉兵:《试论王元化文艺理论思想的学理渊源》,《合肥联合大学学报》2000年第5期(双月刊)。

何倩:《王元化以丰硕学术成果迎接新世纪》,《文汇读书周报》2000年12月30日。

2001年

胡伟希:《在思想与德性互化的每一瞬间》,《中国图书商报》2001年3月15日。

祁志祥:《王元化新时期的人学思想与实践》,《当代作家评论》2001年第2期(双月刊)。

舒荪:《夜读思絮》,《解放日报》2001年4月13日。

何倩:《王元化论著跨入美日学界》,《世界日报》(北美)2001年5月13日。

宋连庠:《王元化赋诗诉衷情》,《新民晚报》2001年7月10日。

李子云:《我所认识的王元化》,《天涯》2001年第4期(双月刊)。

张吉兵:《王元化〈文心雕龙〉研究与其黑格尔美学思想研究的关系》,《黄冈师范学院学报》2001年第4期(双月刊)。

周新:《当代思想史的脚注》,《南方周末》2001年8月16日。

夏涵:《学术与思想者言》,《文汇读书周报》2001年9月1日。

王晓华:《一个知识分子的日常生活史与心灵史——读王元化〈九十年代日记〉》,《文汇读书周报》2001年12月29日。

2002年

贝佳:《王元化说:我一直把张光年当兄长看待》,《文艺报》2002年2月2日。

丁证霖:《王元化批"样板戏"》,《自由时报》(美国)2002年3月2日。

魏承思:《思想家在反思中成熟——读王元化的反思录和日记》,《信报》(香港)2002年3月9日。

秦岸舶、钱钢、盛勤:《王元化先生的学术思想》,《文史哲》2002年第2期(双月刊)。

李国涛:《元化先生的学风》,《解放日报》2002年3月27日。

李庆:《反思的历程——读王元化先生〈九十年代反思录〉〈九十年代日记〉》,《新世纪学刊》(新加坡)2002年第2期。

张业松:《"清园书简"披露珍贵史料》,《文汇读书周报》2002年5月31日。

王大象:《新文艺出版社纪事——王元化先生访谈录》,《读者导报》2002年6月7日、14日。

楼适夷:《致王元化信十封》,《新文学史料》2002年第3期(季刊)。

张汝伦:《拔地苍松有远声——读王元化〈九十年代反思录〉和〈九十年代日记〉》,《文景》第二辑。

胡晓明:《堂堂溪水出前村——〈清园文存〉书后》,《文汇读书周报》2002年8月2日。

张吉兵:《简论王元化的当代文艺批评》,《江汉论坛》2002年第4期(双月刊)。

2003年

李金松、黄莺:《〈文心雕龙〉中"虚静"说之学术渊源考辨——兼同王元化先生商榷》,《江西师范大学学报》2003年第3期(双月刊)。

张吉兵:《王元化艺术形象论之补证》,《湖北教育学院学报》2003年第4期(双月刊)。

黄德泽:《一位著名学者的故里情》,《今日湖北》2003年第5期(月刊)。

张吉兵:《试论王元化文艺理论思想的学理渊源》,《河北师范大学学报》2003年第5期(双月刊)。

蒋述卓、蒋艳萍:《论王元化"综合研究法"的文化诗学意义》,《湖南师范大学学报》2003年第6期(双月刊)。

唐要红:《传统道德及其现代价值——以"道德建设"为题访王元化同志》,《上海党史与党建》2003年第6期(月刊)。

钱钢:《当代中国知识分子的良知:读〈清园文存〉》,《博览群书》2003年第9期(月刊)。

唐曼红:《王元化认为伦理道德是社会发展的必要保证》,《当代法学》2003年第9期(月刊)。

杭之:《"不忘知识分子的一点责任心"——〈清园文存〉杂谈》,《出版参考》2003年第30期(旬刊)。

周新:《从理性到有限理性》,《社会科学报》2003年5月8日。

钱钢:《诚念终相遇》,《社会科学报》2003年8月21日。

2004年

祁志祥:《王元化先生的学术成就》,《学术月刊》2004年第1期。

夏中义:《王元化"思想—学术"襟怀解读》,《上海文学》2004年第2期(月刊)。

夏中义:《王元化:知识分子谱系的人格见证》,《文艺理论研究》2004年第2期(双月刊)。

张艺声:《王元化〈文心雕龙讲疏〉的学理启蒙》,《文学评论》2004年第3期(双月刊)。

郑延国:《试论王元化的翻译理念》,《长沙理工大学学报》2004年第3期(双月刊)。

夏中义:《王元化二书读后》,《粤海风》2004年第5期(双月刊)。

裴毅然:《最初的偏激》,《书屋》2004年第8期(月刊)。

郭德茂:《有思想的学问和学问的思想》,《博览群书》2004年第10期(月刊)。

夏中义:《再启蒙:王元化1990年代反思》,《社会科学报》2004年2月19日。

陈念云:《王元化与书法》,《解放日报》2004年8月15日。

2005年

白杰:《"圆心"扩张　返本开新——论王元化的"三个结合"兼古代文论的转换》,《湘南学院学报》2005年第1期(双月刊)。

张吉兵:《刘勰"虚静"说两种渊源论辨》,《江西师范大学学报》2005年第4期(双月刊)。

李伟:《经验与超验——以孔子、康德和张世英、王元化为例》,《河北学刊》2005年第4期(双月刊)。

孙慧:《著名学者王元化再度向市档案馆捐赠个人档案资料》,《新上海档案》2005 年第 10 期(月刊)。

徐庆全:《王元化关于韦卓民遗著的一封信》,《学习时报》2005 年 7 月 25 日。

陆晓光:《〈文心雕龙〉"物"字章句与马克思主义美学反"物化"思想》,《文艺理论研究》2005 年第 6 期(双月刊)。

2006 年

庄国欧:《抵抗解构:解读德里达和王元化的对话》,《东方丛刊》2006 年第 1 期(季刊)。

王增如:《听王元化谈丁玲冯雪峰》,《世纪》2006 年第 2 期(双月刊)。

张艺声:《王元化〈文心雕龙讲疏〉解读——〈讲疏〉的文本结构与治学方法研究之一》,《绍兴文理学院学报》2006 年第 2 期(双月刊)。

向天渊:《〈文心雕龙创作论〉对比较诗学的启示》,《绍兴文理学院学报》2006 年第 2 期(双月刊)。

倪立秋、王元化:《"韩寒这孩子毁了!"——王元化先生谈青年读书》,《语文新圃》2006 年第 4 期(月刊)。

罗银胜:《顾准与王元化》,《民主与科学》2006 年第 4 期(双月刊)。

劳承万:《拔地苍松多远声——我记忆中的王元化先生》,《粤海风》2006 年第 5 期(双月刊)。

罗银胜:《反思　理性　进步——王元化先生的反思理论与实践》,《书屋》2006 年第 6 期(月刊)。

罗银胜:《王元化谈鲁迅》,《书屋》2006 年第 9 期(月刊)。

曾小月:《比较诗学新方法的探索——试论王元化的〈文心雕龙讲疏〉》,《中国图书评论》2006 年第 10 期(月刊)。

2007 年

童庆炳:《〈文心雕龙〉“杂而不越”说》,《文艺研究》2007 年第 1 期(月刊)。

侯其强:《哲学思辨与方法自觉——王元化〈文心雕龙〉研究的学术取径》,《阅读与写作》2007 年第 4 期(月刊)。

吕晨:《王元化先生的祝辞》,《小说界》2007 年第 5 期(双月刊)。

冯济平:《可贵的学术史探索——评夏中义等〈从王瑶到王元化〉》,《云梦学刊》2007 年第 6 期(月刊)。

潘玲:《近五年〈文心雕龙〉研究综述》,《广西民族大学学报》2007 年第 3 期(双月刊)。

胡晓明:《一切诚念终当相遇》,《社会科学论坛》2007 年第 7 期(月刊)。

陆晓光:《“思辨之美”的魅力与形式要素——黑格尔盲点与王元化启示》,《社会科学》2007 年第 8 期(月刊)。

许纪霖:《我的三位老师》,《教师博览》2007 年第 9 期(月刊)。

姜弘:《关于五四精神等问题致王元化先生》,《书屋》2007 年第 9 期(月刊)。

赵兰英:《王元化:官本位现象太严重了》,《共产党员》2007 年第 17 期(半月刊)。

蓝云:《王元化谈〈论语〉》,《文汇报》2007 年 8 月 10 日。

杨英姿、余船诗:《〈读莎士比亚〉:王元化 88 岁生日收到最可心的礼物》,《中华读书报》2007 年 12 月 19 日。

2008 年

钱文忠:《像他们那样读书——我们的读书现状和老一代学者的读书生活(下)》,《秘书工作》2008 年第 1 期(月刊)。

萧丁:《范瑞娟谈王元化和张可》,《炎黄子孙》2008第2期(月刊)。

王元化、林毓生:《王元化林毓生谈话录》,《文汇报》2008年3月30日。

高尔泰:《王元化先生》,《美文》2008年3月(月刊)。

魏天无:《寻求对于真理的服从》,《中国图书商报》2008年4月18日。

刘艺:《真诚、执着与反思》,《中华读书报》2008年4月30日。

翁思再:《一生"唯精神" 至死"要尊严"——著名学者王元化先生临终纪事》,《新民晚报》2008年5月10日。

陈熙涵:《生命的最后一刻仍在思考》,《文汇报》2008年5月10日。

石剑峰:《怀念"建王元化学馆"》,《东方早报》2008年5月11日。

夏琦:《一心一意 一板一眼——著名学者王元化治学点滴》,《新民晚报》2008年5月11日。

江曾培:《为学不作媚时语——怀念王元化先生》,《文汇报》2008年5月12日。

吴琦幸:《王元化的忧虑》,《东方早报》2008年5月12日。

罗敏:《"学术单干户"有尊严地离去》,《第一财经日报》2008年5月12日。

姚以恩:《最后的牵挂》,《文汇报》2008年5月13日。

鲲西:《精诚所至的思想者》,《文汇报》2008年5月13日。

胡晓明:《一生探索自由的真谛》,《文汇报》2008年5月13日。

陈丹燕:《王元化先生在病中(上)》,《新民晚报》2008年5月13日。

张彦武:《王元化:用情怀做学问》,《中国青年报》2008年5月13日。

李培、段润:《王元化:学界泰斗的最后背影》,《南方日报》2008年5月13日。

陈丹燕:《王元化先生在病中(下)》,《新民晚报》2008年5月14日。

《王元化著作专架吸引读者》,《文汇报》2008年5月14日。

朱维铮:《元化先生二三事》,《南方周末》2008年5月14日。

翁思再:《王元化的伍子胥情结》,《新民周刊》2008年5月14日。

刘梦溪:《痛悼王元化先生》,《深圳特区报》2008年5月14日。

林同奇:《与王元化先生最后的往还通信》,《财经》2008年5月14日。

《王元化追思会众学者细怀先生品格》,《东方早报》2008年5月15日。

胡晓明:《一个存在感丰沛的思者》,《文学报》2008年5月15日。

胡晓明:《王元化先生的学术与思想》,《社会科学报》2008年5月15日。

朱强、夏榆:《"这世界不再令人着迷"——解读王元化的六个关键词》,《南方周末》2008年5月15日。

李怀宇:《为学不作媚时语　反思多因切肤痛》,《南方周末》2008年5月15日。

朱维铮:《元化先生二三事(之二)》,《南方周末》2008年5月15日。

傅杰:《元化师与〈学术集林〉》,《南方周末》2009年5月15日。

谢志浩:《有学问的思想家走了》,《新京报》2008年5月15日。

蒋锡武:《王元化与京戏》,《文学报》2008年5月15日。

越兰英:《消逝了,那道独特的景致——追忆王元化先生》,新华网2008年5月16日。

王春瑜:《拔地苍松有远声——悼元化先生》,《文汇报》2008年5月16日。

本报编辑部:《他留下了“精神的伟大力量”》,《文汇读书周报》2008年5月16日。

汪丁丁:《简论王元化先生自由主义思想的复杂性》,《财经》2008年5月16日。

魏天无:《寻求对真理的服从》,《中国新闻出版报》2008年5月16日。

马国川:《最后访谈王元化:“五四”反思与“责任伦理”》,《经济观察报》2008年5月16日。

魏承思:《王元化:我的精神导师》,《明报月刊》(香港)2008年5月17日。

《上海各界送别王元化》,《新华每日电讯》2008年5月18日。

陈熙涵:《一生为学求“真”字——记王元化同志送别仪式》,《文汇报》2008年5月18日。

王为松:《一生的美好回忆——从〈莎剧解读〉到〈读莎士比亚〉》,《文汇报》2008年5月18日。

蒋述卓:《大象无形　大爱无疆——王元化恩师的人与文》,《羊城晚报》2008年5月18日。

钱文忠:《思想者的独立和尊严》,《新民晚报》2008年5月19日。

马国川:《王元化:最后的访谈》,《经济观察报》2008年5月19日。

刘绪源:《当代精神生活史上的王元化》,《东方评论》2008年5月19日。

孙琛辉:《知识与精神的双重导师——许纪霖追忆王元化》,《科学时报》2008年5月20日。

秋风:《王元化论“五四”精神与戏曲命运》,《中国图书商报》2008

年 5 月 20 日。

吴敬琏:《“常怀千岁忧”的思想者——悼念元化先生》,《财经》2008 年 5 月 20 日。

陈昕:《我所认识的王元化先生》,《中华读书报》2008 年 5 月 21 日。

《薪尽火传　风范长存——王元化追思会在沪举行》,《社会科学报》2008 年 5 月 22 日。

《上海古籍书店举办王元化著作展》,中国网 2008 年 5 月 27 日。

毛尖:《踏了这些铁向前进》,《21 世纪经济报道》2008 年 5 月 26 日。

陆晓光:《有德性的思想者》,《21 世纪经济报道》2008 年 5 月 26 日。

孙郁:《王元化:从左翼青年到书斋宿儒》,《北京日报》2008 年 5 月 26 日。

李国海:《思想者王元化走了》,《文汇报》2008 年 5 月 28 日。

蓝瑛:《元化和我——回忆我们七十年的深厚情谊》,《社会科学报》2008 年 5 月 29 日。

张梦阳:《把一切都放在理性的法庭上去衡量》,《社会科学报》2008 年 5 月 29 日。

宋连庠:《眷念王元化先生》,《上海老年报》2008 年 5 月 31 日。

张汝伦:《时代的思者——敬悼王元化先生》,《南风窗》2008 年第 11 期(半月刊)。

陆晓光:《有德行的思想和有思想的德行——王元化先生的三次反思》,《南风窗》2008 年第 11 期(半月刊)。

刘阳:《一个人的离去:悼王元化先生》,《南风窗》2008 年第 11 期(半月刊)。

阳敏:《但求正大,不务新奇——评论家吴洪森回忆元化先生点滴》,《南风窗》2008 年第 11 期(半月刊)。

胡一峰:《思想形成人的伟大》,《政工研究动态》2008 年第 11 期(半月刊)。

李宗陶:《合译莎士比亚,是我们一生美好的回忆——王元化追忆张可》,《南方人物周刊》2008 年第 15 期。

林毓生、李宗陶:《王元化是有深刻现实关怀的思想家》,《南方人物周刊》2008 年第 15 期。

李宗陶:《王元化——为思想而生的知识人》,《南方人物周刊》2008 年第 15 期。

徐庆全:《王元化——“五四的儿子”走了》,《中国新闻周刊》2008 年第 17 期。

华亭君:《追思和缅怀著名学者、文艺理论家王元化先生》,《学术月刊》2008 年第 5 期(月刊)。

王学泰:《剩水残山无态度:敬悼先驱者王元化先生》,《南方都市报》2008 年 5 月 12 日。

《关于设立王元化学术研究基金的公告》,《华东师范大学校报》2008 年 6 月 3 日。

钱文忠:《向真正的思想者致敬》,《文汇报》2008 年 6 月 9 日。

李欧梵:《深切缅怀王元化先生》,《文汇报》2008 年 6 月 9 日。

刘梦溪:《不停顿的思想者》,《文汇报》2008 年 6 月 9 日。

朱竞:《他带走了一个时代》,《中国教育报》2008 年 6 月 12 日。

姜义华、钱文忠、王为松、陆晓光、钱宏、邓伟志:《对思想的忠诚》,《社会科学报》2008 年 6 月 12 日。

李波:《纪念元化先生》,《财经》2008 年 6 月 17 日。

熊明心:《窗明几净读书天——与王元化爷爷相处的日子》,《阅读周刊》2008年6月23日。

陆晓光:《王元化心路中的〈资本论〉因素》,《新民晚报》2008年6月29日。

谢泳:《家藏还是捐赠? 这是个问题》,《新民晚报》2008年6月29日。

魏天无:《"寻求对于真理的服从"——王元化与〈王元化集〉》,《出版发行研究》2008年第6期(月刊)。

孔海珠:《一个小辈的思念——敬忆王元化先生》,《上海作家》2008年第3期(双月刊)。

罗银胜:《王元化先生对五四的反思》,《民主与科学》2008年第3期(双月刊)。

孙焕英:《宣传部长都像王元化就好啦》,《民主与科学》2008年第3期(双月刊)。

林松根:《重读王元化先生回信》,《新民晚报》2008年7月5日。

熊明心:《窗明几净读书天——与王元化爷爷相处的日子》,《新民晚报》2008年7月9日。

李伦新:《美在生命》,《大众卫生报》2008年7月11日。

朱鼎成:《我所认识的元化先生》,《文汇读书周报》2008年7月14日。

沈扬:《某公三忧》,《文汇报》2008年7月27日。

夏中义、何懿:《论青年王元化的价值根基兼及〈脚踪〉〈文艺漫谈〉和〈向着真实〉的深度解读》,《南方文坛》2008年第4期(双月刊)。

黄育海:《一个编辑记忆中的王元化先生》,《书城》2008年第7期(月刊)。

夏军:《守望文化——王元化先生小记》,《新民晚报》2008年8月21日。

赵楠:《王元化:思考到生命的最后一刻》,《人物周刊》2008 年第 8 期(月刊)。

佚名:《王元化:生命的最后一刻仍在思考》,《党政论坛》2008 年第 8 期(月刊)。

许纪霖:《“我是 19 世纪之子”——王元化的最后二十年》,《读书》2008 年第 8 期(月刊)。

李文熹:《如可赎兮　人百其身——怀念王元化先生》,《书屋》2008 年第 8 期(月刊)。

罗银胜:《两位真正的思想者——记王元化与顾准》,《书屋》2008 年第 8 期(月刊)。

左赞:《王元化:向着真实而生》,《黄河·黄土·黄种人》2008 年第 8 期(月刊)。

李欣复:《“媚时语”纵横谈》,《美与时代》2008 年第 8 期(月刊)。

孙颙:《一个“真”字受益终身——元化和我的一次通信》,《编辑学刊》2008 年第 4 期(双月刊)。

李伦新:《思想者永生》,《上海作家》2008 年第 4 期(双月刊)。

吴洪森:《我所理解的元化先生——谨以此文悼恩师》,《当代作家评论》2008 年第 4 期(双月刊)。

吴洪森:《第一次见王元化先生及其他——答〈南风窗〉记者阳敏问》,《当代作家评论》2008 年第 4 期(双月刊)。

《文艺理论研究》编委会全体同志:《悼念王元化先生》,《文艺理论研究》2008 年第 4 期(双月刊)。

陆晓光:《有德性的思想和有思想的德性——悼念老师王元化先生》,《文艺理论研究》2008 年第 4 期(双月刊)。

罗银胜:《王元化对激进思潮的反思》,《民主与科学》2008 年第 4 期(双月刊)。

林爱莲:《持久的温暖——与王元化先生交往二三事》,《编辑学刊》2008年第4期(双月刊)。

寨子:《著名学者王元化上海病逝》,《中国政法大学学报》2008年第4期(双月刊)。

杨福生:《怀念王元化先生》,《学术界》2008年第4期(双月刊)。

刘凌:《我所接触的王元化》,《社会科学报》2008年9月11日。

高克勤:《思想者的心路历程——读王元化〈九十年代日记〉》,《解放日报》2008年9月12日。

韦泱:《漫谈王元化的〈文艺漫谈〉》,《中华读书报》2008年9月17日。

涂光社:《王元化:从理论家到思想家》,《沈阳日报》2008年9月26日。

白林:《接点——怀念元化舅舅》,《上海文学》2008年第9期。

冯象:《法学三十年》,《读书》2008年第9期(月刊)。

沈栖:《做一个为思想而生的人》,《杂文月刊》2008年第9期。

潘向黎:《批判性思考,真诚地忧虑》,《杂文月刊》2008年第9期。

陆晓光:《王元化的〈文心雕龙〉研究——有情志有理想的学术》,《〈文心雕龙〉与21世纪文论研究国际学术研讨会论文集》,2008年10月1日。

何懿:《根柢无易其固,裁断必出于己——王元化〈文心雕龙创作论"八说释义"〉探微》,《〈文心雕龙〉与21世纪文论研究国际学术研讨会论文集》,2008年10月1日。

楠石因:《王元化:走出走进"乌托邦"》,《侨报》2008年10月31日。

乔琦:《整体和部分的关系——兼论〈文心雕龙创作论〉的结构》,《文教资料》2008年第30期(旬刊)。

杨国荣:《中西之学与世界哲学(节录)——谨以此文纪念元化先

生》,《社会科学》2008年第10期(月刊)。

陈礼荣:《王元化的乡情——关于〈王元化集〉一篇佚文的往事述略》,《博览群书》2008年第10期(月刊)。

翁思再:《谈王元化的京剧研究》,《文化学刊》2008年第5期(双月刊)。

唐定坤:《敬怀王元化先生》,《文化学刊》2008年第5期(双月刊)。

刘琼:《从王元化先生〈人物小记〉说起》,《文化学刊》2008年第5期(双月刊)。

河西:《熊十力与王元化》,《文化学刊》2008年第5期(双月刊)。

李衍柱、陈博:《“为学不作媚时语,独寻真知启后人”——王元化先生与新时期文艺理论》,《文艺理论研究》2008年第5期(双月刊)。

罗银胜:《王元化先生对文化建设的反思》,《民主与科学》2008年第6期(双月刊)。

陆晓光:《论王元化新世纪“第四次”反思》,《华东师范大学学报(哲学社会科学版)》2008年第6期(双月刊)。

姚芳藻:《王元化二三事》,《文汇报》2008年11月3日。

陆晓光:《“清园”意象与“大学文化”》,《华东师范大学校报》2008年11月4日。

夏军:《一条字幅》,《文苑》2008年第11期(月刊)。

陈壁生:《王元化先生的精神遗产》,《时代教育》2008年第11期(月刊)。

黄育海:《记忆中的王元化先生》,《书摘》2008年第11期(月刊)。

许纪霖:《王元化:单干到底》,《学习博览》2008年第11期(月刊)。

刘吉同:《怀念王元化复出任“高官”的那个时代》,《中国经济时报》2008年12月5日。

吴琦幸:《呕心沥血　字字珠玑——读〈王元化集〉缅怀吾师》,《东方早报》2008年12月6日。

涂光社:《王元化先生和当代文心雕龙研究》,中国文心雕龙资料中心,2008年12月15日。

《永远的怀念》,《中华读书报》2008年12月24日。

蒋述卓:《从学术史学角度看王元化的意义》,《华东师范大学学报(哲学社会科学版)》2008年第6期(双月刊)。

2009年

王世伟:《我印象中的王元化先生》,《文汇读书周报》2009年1月2日。

宋连庠:《珍影长留墨香》,《上海老年报》2009年1月3日。

陆晓光:《"清园"意象与"大学文化"》,《社会科学报》2009年1月8日。

章小东:《元化老师二三事》,《解放日报》2009年1月10日。

高瑞泉:《一个真诚的思想者》,《文汇读书周报》2009年2月20日。

童世骏:《拉赫玛尼诺夫音乐中的刀斧头——忆王元化先生》,《跨文化对话》第24期,2009年2月。

钱林森:《缅怀远去的智者——王元化先生与〈跨文化对话〉二三事》,《跨文化对话》第24期,2009年2月。

刘吉同:《怀念那个年代》,《杂文月刊》2009年第2期。

林其锬:《清园叟论人与为人——缅怀王元化先生》,《书城》2009年第3期(月刊)。

《古代文学理论研究编辑部报告》,《古代文学理论研究》第27辑,2009年3月。

《王元化〈文心雕龙〉研究的思想轨迹》,《古代文学理论研究》第27

辑，2009年3月。

李金坤：《拔地苍松有远声——王元化先生追怀二事》，《苏州大学报》第525期，2009年4月15日。

陶礼天：《〈文心雕龙〉研究中的学术反思》，中国文心雕龙资料中心，2009年4月27日。

张少康：《元化先生和中国文心雕龙学会》，《书城》2009年第4期（月刊）。

钱文忠：《老一辈学者的读书生活——以季羡林、王元化先生为例》，《世界教育信息》2009年第8期（半月刊）。

钱永波：《留给镇江的珍贵财富——怀念王元化先生》，《镇江日报》2009年5月6日。

张寅彭：《怀念作为理想主义者的王清园先生》，《文汇读书周报》2009年5月8日。

高克勤：《王元化与古籍整理出版——谨以此文纪念王元化先生逝世一周年》，《文汇报》2009年5月11日。

闻玉梅：《我读〈清园谈戏录〉》，《文汇报》2009年5月11日。

格非：《怀念》，《上海文学》2009年第5期（月刊）。

曹相：《我不能把灰烬变成森林——王元化先生逝世周年祭》，《松江报》2009年6月29日。

祁志祥：《等闲识得东风面——记与王元化先生的一段交往》，《上海作家》2009年第6期。

陈辽：《一代学术大师王元化》，《盐城师范学院学报》2009年第3期（双月刊）。

祁志祥：《沉潜醲郁　吐纳英华——王元化的学术成就、思想贡献及人格特点》，《盐城师范学院学报》2009年第3期（双月刊）。

夏中义：《鲁迅与王元化第三次反思》，《南方文坛》2009年第3期

(双月刊)。

劳承万:《纠偏差而绝祸害——王元化反思之理论价值和历史意义》,《文艺理论研究》2009 年第 3 期(双月刊)。

张德林:《浅谈王元化先生早期的文学批评思想——从元化师讲课说起》,《小说界》2009 年第 3 期(双月刊)。

宋连庠:《清园遗韵长笛——读〈清园先生王元化〉》,《新民晚报》2009 年 8 月 23 日。

朱大建:《薪尽火传》,《新民晚报》2009 年 8 月 29 日。

杨庙平:《对王元化〈思辨录〉中一则材料的补正》,《中国图书评论》2009 年第 8 期(月刊)。

邓宁辛:《行者留风——〈王元化和他的朋友们〉编后》,《书屋》2009 年第 8 期(月刊)。

陆晓光:《"德、赛二先生"之间的是非得失——关于王元化先生的"五四"反思》,《现代中文学刊》2009 年第 4 期(双月刊)。

王为松:《记忆中的"可爱的老头儿"——王元化先生谈话录》,《编辑学刊》2009 年第 4 期(双月刊)。

陆晓光:《"德先生"的偏失与清园先生的补正》,《华东师范大学校报》2009 年 10 月 20 日。

金生叹:《王元化何辜》,《杂文月刊》2009 年第 10 期(月刊)。

夏中义、李秀勤:《铜像:会提问的眼睛——关于"王元化"雕塑的对话》,《文艺研究》2009 年第 5 期(双月刊)。

汪新亮:《尺素史影掠清园——展读王元化给束纫秋的一封信》,《文学报》2009 年 12 月 31 日。

邓宁辛:《〈王元化和他的朋友们〉编后》,《云梦学刊》2009 年第 6 期(双月刊)。

宋连庠:《王元化赋诗诉肺腑》,《世纪》2009 年第 6 期(双月刊)。

王汝梅:《王元化先生谈〈文心雕龙〉的研究方法问题》,《华夏文化论坛》2009年(年刊)。

2010年

修晓林:《深邃和淡定的人生——怀念王元化先生》,《上海作家》2010年第1期(双月刊)。

洛瀚:《陆晓光:大师王元化传授我自由之思想》,《中华儿女》2010年第2期(半月刊)。

陆晓光:《王元化〈文心雕龙〉研究中的〈资本论〉因素》,《华东师范大学学报(哲学社会科学版)》2010年第1期(双月刊)。

王维江、舒秦玉凤、韦凌:《王元化访谈录》,《史林》2010年第1期(双月刊)。

夏中义:《鲁迅与王元化第一次"反思"》,《文艺理论研究》2010年第1期(双月刊)。

当我们凝望大师远去的背影——专题策划"大师的传承",李而亮、刘之坤、任华南等,《中华儿女》2010年第2期(月刊)。

蒋仁康:《王元化:"字如奇石"的书法欣赏》,《中国观赏石》2010年4月17日。

林凯:《沉潜往复与小心求证》,《博览群书》2010年第4期(月刊)。

陆晓光:《"新人文精神"——清园王元化的最后遗产》,《文艺理论研究》2010年第2期(双月刊)。

张薇:《王元化对莎士比亚的接受轨迹》,《中国比较文学》2010年第2期(双月刊)。

李平:《王元化〈思辨录〉的方法论意义》,《中国比较文学》2010年第2期(双月刊)。

刘阳:《处于表达焦虑中的反思》,《粤海风》2010年第2期(双月刊)。

林凯:《沉潜往复与小心求证》,《博览群书》2010年第4期(月刊)。

段润:《王元化:学界泰斗的最后背影》,《南方日报》2010年5月13日。

李平:《“唱给元化先生听”》,《文汇读书周报》2010年5月14日。

朱自奋:《〈王元化著作集〉日文本与〈冈村繁全集〉中文本同时出版》,《文汇读书周报》2010年5月14日。

朱强、夏榆:《这世界不再令人着迷》,《南方周末》2010年5月15日。

陆晓光:《“与睿智长者交”的缘分——读赵启正讲话有感》,《华东师范大学校报》2010年5月25日。

冈村繁、海村惟一:《〈王元化著作集〉日译版的意义(外一篇)》,《文汇报》2010年6月5日。

房亮:《王元化先生与〈王国维全集〉》,《华东师范大学校报》2010年6月8日。

宋连庠:《王元化孙道临翰墨留香》,《世纪》2010年第3期(双月刊)。

夏中义:《反映论与〈文心雕龙创作论〉——对王元化的“照着说”与“接着说”》,《南方文坛》2010年第3期(双月刊)。

顾征南:《倔强的斗士——回忆和满子兄相处的日子》,《书屋》2010年第6期(月刊)。

刘绪源:《上水船歌美如斯》,《南方周末》2010年6月10日。

甲斐胜二:《〈王元化著作集〉第一册翻译出版缘起》,《中华读书报》2010年7月7日。

陆晓光:《元化先生与王国维》,《文汇报》2010年7月14日。

罗银胜:《王元化先生教我做学问》,《档案春秋》2010年第7期(月刊)。

文洁若:《“清园”王元化》,《上海采风》2010年第7期(月刊)。

蒋睿:《从推崇到批判——王元化对黑格尔知性理论的批评》,《重庆科技学院学报》2010 年第 15 期(半月刊)。

归青:《也谈〈文心雕龙·养气〉中的“率志委和”说——与王元化先生商榷》,《文艺理论研究》2010 年第 4 期(半月刊)。

李锐:《王元化与新启蒙》,《炎黄春秋》2010 年第 9 期(月刊)。

张梦阳:《王元化对鲁迅和鲁迅研究的反思——〈中国鲁迅学百年史〉断片》,《书屋》2010 年第 9 期(月刊)。

夏中义:《百年中国人文学统三个历史人物——从王国维、王瑶到王元化》,《南方文坛》2010 年第 5 期(双月刊)。

陆晓光:《〈资本论〉的自然科学类比——关于马克思科学精神》,《社会科学》2010 年第 10 期(月刊)。

李秀卿:《向着真实——谈清园学术对“孤岛”时期王元化文艺思想的影响》,《作家》2010 年第 20 期(半月刊)。

屠岸口述,何启治、李晋西编撰:《智者王元化》,《书摘》2010 年第 8 期(月刊)。

仵从巨:《忆方平先生的“愤怒”》,《湖南文学》2010 年第 9 期(月刊)。

吴永平:《1948 年,胡风拒纳舒芜诤言》,《博览群书》2010 年第 10 期(月刊)。

李平:《“敬正”之美》,《文汇报》2010 年 11 月 21 日。

王铁仙:《王元化与五四新文化个人自主自由原则》,《华东师范大学校报》2010 年 12 月 7 日。

郭豫适:《治学的思想和方法》,《华东师范大学校报》2010 年 12 月 7 日。

朱自奋:《清园长者讲谈会在沪举行》,《文汇读书周报》2010 年 12 月 10 日。

陈伯海:《我的一点纪念》,《中华读书报》2010 年 12 月 15 日。

孙望权:《王元化给陈虞孙的信》,《文汇报》2010 年 12 月 20 日。

王铁仙:《王元化与五四新文化个人自主自由原则》,《社会科学报》2010 年 12 月 30 日。

陆晓光:《关于王元化两度反思的“知识者理想”》,《社会科学报》2010 年 12 月 30 日。

樊克政:《不遗余力提携后学——忆元化先生》,《社会科学报》2010 年 12 月 30 日。

陈平原:《在学术与思想之间——王元化先生的“九十年代”》,《书城》2010 年第 12 期(月刊)。

王守雪:《心物关系解析中的曲折——徐复观、钱锺书、郭绍虞、王元化论〈文赋〉》,《人文杂志》2010 年第 6 期(双月刊)。

屠岸:《“谁的命也不要遵,要独立思考”——怀念王元化同志》,《翠苑》2010 年第 6 期(双月刊)。

2011 年

陈保平:《爱惜传统》,《新民晚报》2011 年 1 月 14 日。

熊飞宇:《〈围城〉的早期批评谈片》,《博览群书》2011 年第 1 期(月刊)。

张兴渠:《追忆吾师何满子》,《博览群书》2011 年第 1 期(月刊)。

夏中义:《卢梭在当代中国的回响(上)——从思想史看王元化重估〈社会契约论〉》,《探索与争鸣》2011 年第 1 期(月刊)。

萧三匝:《许纪霖:最重要的是重建社会和伦理》,《南方周末》2011 年 2 月 17 日。

陈博:《论王元化的文艺学方法论创新》,《长城》2011 年第 2 期(月刊)。

朱天一:《小议王元化〈文心雕龙讲疏〉》,《东京文学》2011 年第 2

期(月刊)。

夏中义:《卢梭在当代中国的回响(中)——从思想史看王元化重估〈社会契约论〉》,《探索与争鸣》2011年第2期(月刊)。

刘绪源:《李泽厚与王元化的馈赠》,《编辑学刊》2011年第1期(双月刊)。

夏中义:《卢梭在当代中国的回响(下)——从思想史看王元化重估〈社会契约论〉》,《探索与争鸣》2011年第3期(月刊)。

刘春:《私人随笔》,《湖南文学》2011年第3期(月刊)。

罗银胜:《王元化谈〈铁道游击队〉的出版》,《百年潮》2011年第4期(月刊)。

马金生:《老一代人的学问之道》,《紫光阁》2011年第5期(月刊)。

吴敬琏口述:《回忆顾准》,《纵横》2011年第6期(月刊)。

《王元化谈学术工作》,《出版史料》2011年第2期(季刊)。

相浦绫子:《衷心祈祷冥福——深切缅怀王元化先生》,陈斌译,《文汇读书周报》2011年5月6日。

罗银胜:《友人眼中的王元化》,《文汇读书周报》2011年5月6日。

陆晓光:《王国维读〈资本论〉年份辨》,《文汇报》2011年6月13日。

赵荔红:《回忆四位老人(上)》,《中华读书报》2011年6月15日。

赵荔红:《回忆四位老人(下)》,《中华读书报》2011年6月22日。

宋秀芝:《诗学比较新探索——浅论王元化的〈文心雕龙讲疏〉》,《北方文学》2011年第6期(月刊)。

陆其国:《手迹的"味道"》,《文学自由谈》2011年第3期(双月刊)。

何博超:《论后期王元化对黑格尔的误读和消解》,《文化与诗学》2011年第2期(半年刊)。

路来森:《永远的思想者——品读王元化的〈思辨历程〉》,《吉林日报》2011年8月18日。

夏中义:《〈文心雕龙创作论〉体例分析——兼及王元化20世纪60年代文艺观暨精神境况》,《文艺研究》2011年第4期(双月刊)。

王学瑛、陈丹燕:《莲生与阿玉的信仰》,《解放日报》2011年8月26日。

罗一佳:《王元化与植物学家的文艺情缘——暑期访吴征镒、昌春朝先生》,《华东师范大学校报》2011年9月6日。

王为松:《王元化是如何要求出版工作的》,《中华读书报》2011年9月14日(《报刊文摘》2011年9月21日)。

赵宗彪:《八十年代属于谁》,《台州日报》2011年9月28日。

王鹤鸣:《王元化与〈中国家谱总目〉》,《文汇读书周报》2011年10月28日。

陆晓光:《王元化〈文心雕龙创作论〉中的王国维》,《艺术百家》2011年第5期(双月刊)。

肖岩:《错综复杂的真实:舒芜与胡风》,《粤海风》2011年第5期(双月刊)。

陆晓光:《从"理想主义"到"人文理想"——纪念王元化九十诞辰》,《文艺理论研究》2011年第5期(双月刊)。

高克勤:《王元化与冈村繁汉学研究》,《古典文学知识》2011年第5期(双月刊)。

周其俊:《王元化落葬仪式举行》,《文汇报》2011年11月17日。

姚丽萍:《王元化先生骨灰上午落葬福寿园》,《新民晚报》2011年11月17日。

王鹤鸣:《王元化与〈中国家谱总目〉》,《西部时报》2011年11月25日。

吴琦幸:《王元化谈话录(2007年7月)》,《东方早报》2011年11月

27 日。

陆晓光:《论王元化学术的“比较文学”特色》,《社会科学》2011 年第 11 期(月刊)。

何博超:《从〈新启蒙〉到〈学术集林〉——王元化九十年代的思想转型》,《中国现代文学研究丛刊》2011 年第 12 期。

盛巽昌:《王元化:思想家的图书馆情结》,《出版人:图书馆与阅读》2011 年第 12 期(月刊)。

何博超:《论后期王元化对黑格尔的误读和消解》,《文化与诗学》2011 年第 2 辑(半年刊)。

汤奇云:《无趣的文学时代》,《深圳特区报》2011 年 12 月 20 日。

2012 年

夏中义:《王元化文论方法演化释证——以“与日丹诺夫主义的关系”为纲》,《文艺理论研究》2012 年第 1 期(双月刊)。

吴琦幸:《王元化:对启蒙思想的反思》,《炎黄春秋》2012 年第 2 期(月刊)。

孙行之:《26 年后,无人领取的胸牌》,《第一财经日报》2012 年 3 月 12 日。

罗银胜:《王元化与张中晓的患难之交》,《名人传记》2012 年第 3 期(月刊)。

魏承思:《王元化和〈新启蒙〉》,《南方人物周刊》2012 年第 14 期。

夏中义:《“山水诗兴起说”:从谢灵运到王元化——兼及〈文心雕龙创作论〉佚文释疑》,《南方文坛》2012 年第 2 期(双月刊)。

魏策策:《王元化、张可与莎士比亚的缘分》,《河北广播电视大学学报》2012 年第 2 期(双月刊)。

何书岚:《论王元化的人文之思》,《阜阳师范学院学报》2012 年第 2

期(双月刊)。

李秀卿:《西方视域与东方立场——论王元化的〈文心雕龙〉研究》,《作家》2012 年第 8 期(半月刊)。

应允兰:《慢吞吞的王元化》,《作文新天地(高中版)》2012 年第 4 期(月刊)。

夏中义:《"胸外科手术"是如何实施的——追问"苏联理论模式在中国"》,《探索与争鸣》2012 年第 4 期(月刊)。

夏中义:《反映论与王元化:从〈明诗篇山水诗兴起说柬释〉到〈文心雕龙讲疏〉——兼论西学与中国文学的百年错位及反正》,《中国比较文学》2012 年第 2 期(季刊)。

许纪霖:《"老派共产党人"王元化》,《书摘》2012 年第 5 期(月刊)。

胡发根:《读人物》,《湖北招生考试》2012 年第 5 期(月刊)。

夏中义:《王元化学案综论》,《上海交通大学学报(哲学社会科学版)》2012 年第 3 期(双月刊)。

陆晓光:《〈资本论〉与王元化文艺美学》,《艺术百家》2012 年第 3 期(双月刊)。

李怀宇:《王元化:英雄可以忍辱负重　但开风气不为师》,《时代周报》2012 年 7 月 5 日。

萧斌如:《我所认识的王元化》,《上海档案》2012 年第 7 期(月刊)。

姚方藻:《我的中学老师王元化》,《档案春秋》2012 年第 7 期(月刊)。

王晓明:《想到了两位先生》,《浙江日报》2012 年 8 月 31 日。

朱鼎城:《为王元化先生治失眠》,《食品与生活》2012 年第 8 期(月刊)。

李秀卿:《〈文心雕龙创作论〉版本考述》,《西昌学院学报》2012 年第 3 期(季刊)。

柯达:《王元化谈知识分子问题》,《世纪》2012 年第 4 期(双月刊)。

夏中义:《王元化与卢梭〈社会契约论〉在当代中国的回响》,《南方文坛》2012 年第 4 期(双月刊)。

夏中义、何懿:《论王元化“文心雕龙研究”版本修订——从“心史裂痕”到“潜反思”》,《华中师范大学学报(人文社会科学版)》2012 年第 4 期(双月刊)。

《王元化与张可的爱情故事》,《现代阅读》2012 年第 9 期(月刊)。

童庆炳:《〈文心雕龙〉论人与自然的诗意关系》,《北京师范大学学报(社会科学版)》2012 年第 5 期(双月刊)。

夏中义:《“横以孤”:王元化与龚自珍——兼论王元化在“思想解放”前夕的学思境界》,《清华大学学报(哲学社会科学版)》2012 年第 5 期(双月刊)。

吴琦幸:《有学术的思想与有思想的学术——王元化的朴学治学精神》,《学术月刊》2012 年第 12 期(月刊)。

2013 年

朱文民:《〈文心雕龙新书通检〉及其作者之谜》,《语文学刊》2013 年第 1 期(半月刊)。

卢惠龙:《〈顾准文集〉出版的曲折》,《炎黄春秋》2013 年第 1 期(月刊)。

秦颖:《忆王元化先生》,《南方都市报》2013 年 2 月 13 日。

余开亮:《刘勰“虚静”说理论来源再辨》,《文艺研究》2013 年第 2 期(月刊)。

宫立:《王元化的一封佚简》,《云梦学刊》2013 年第 2 期(月刊)。

许纪霖、陈菁霞:《“中国时刻”背后的黑格尔式命题》,《中华读书报》2013 年 3 月 27 日。

王家熙：《关于“裘派传承”的再思考》，《上海艺术家》2013 年第 2 期(双月刊)。

徐庆全：《“清园先生”王元化》，《财经》2013 年第 17 期(周刊)。

李磊：《感念王元化与徐中玉的友情》，《社会科学报》2013 年 6 月 6 日。

柳士同：《三纲六纪，不可疗救》，《书屋》2013 年第 7 期(月刊)。

谢宗睿：《结缘汉学八十载》，《光明日报》2013 年 7 月 31 日。

夏中义：《林毓生与王元化“反思五四”——兼论王元化学案“内在理路”与“外缘影响”之关系》，《清华大学学报(哲学社会科学版)》2013 年第 4 期(双月刊)。

王为松：《谈〈王元化晚年谈话录〉》，《文汇报》2013 年 8 月 13 日。

宋连庠：《学林泰斗王元化先生二三事》，《联合时报》2013 年 8 月 23 日。

吴琦幸：《王元化晚年谈话录》，《文学报》2013 年 8 月 29 日。

吴琦幸：《王元化晚年谈话录》，《博览群书》2013 年第 9 期(月刊)。

毛尖：《二十世纪情感备忘录》，《书摘》2013 年第 9 期(月刊)。

游宇明：《心直口快的王元化》，《各界》2013 年第 9 期(月刊)。

薛羽：《晚年王元化：“激烈”与“沉潜”》，《中华读书报》2013 年 9 月 25 日。

刘绪源：《追寻思想者的最后踪迹——读《〈王元化晚年谈话录〉》，《文汇读书周报》2013 年 10 月 11 日。

罗岗：《“激烈”与“沉潜”》，《中华读书报》2013 年 12 月 25 日。

王果：《情系先哲王元化》，《上海文学》2013 年第 12 期(月刊)。

2014 年

吴琦幸：《王元化晚年谈话录》，《书摘》2014 年第 1 期(月刊)。

张益青:《王元化批评鲁迅》,《南方人物周刊》2014年第1期(周刊)。

罗银胜:《思想独立　精神自由》,《中华读书报》2014年2月12日。

张可礼:《忆念中国〈文心雕龙〉学会的成立》,《文史哲》2014年第1期(双月刊)。

李衍柱:《综合创新:美学的中国道路——谈蒋孔阳先生对中国美学建设的贡献》,《文艺理论研究》2014年第1期(双月刊)。

罗银胜:《不倒的灯塔——怀念王元化先生》,《民主与科学》2014年第1期(双月刊)。

游宇明:《王元化的"有真理,无牛人"》,《学习时报》2014年3月31日。

陈望衡:《心香一瓣——祭王元化先生》,《美与时代(下)》2014年第4期(月刊)。

左东岭:《文体意识、创作经验与〈文心雕龙〉研究》,《文学遗产》2014年第2期(双月刊)。

胡晓军:《几时容得自由心》,《秘书》2014年第3期(月刊)。

陆晓光:《怀念吴征镒院士与王元化的友情》,《中华读书报》2014年6月25日。

张文君:《从〈文心雕龙讲疏〉中的中外关系看文学创作》,《北方文学》2014年第7期(中旬刊)。

劳承万、蓝国桥:《"思想—学术"纠偏救弊论及其思想史意义——王元化到底反思什么》,《文艺理论研究》2014年第4期(双月刊)。

吴琦幸:《与王元化先生病榻前谈学术人生》,《社会科学报》2014年8月7日。

张伟群:《王元化亲述政坛学界闻见录》,《财新·中国改革》2014年第8期(月刊)。

李立超:《“分裂”与“合谋”——1990年代的“样板戏热”》,《小说评论》2014年第5期(双月刊)。

施晨露:《30年前谈电影,到如今更振聋发聩》,《解放日报》2014年12月7日。

夏中义、朱兴和:《王元化学案十年凝眸——上海交通大学夏中义教授访谈录》,《甘肃社会科学》2014年第6期(双月刊)。

张陆洲、王守雪:《王元化晚年对于胡风文艺思想的反思》,《安阳师范学院学报》2014年第6期(双月刊)。

王守雪:《二十世纪人文湖北的思想群落》,《湖北师范学院学报(哲学社会科学版)》2014年第6期(双月刊)。

方科平:《王元化与童庆炳〈文心雕龙〉文论范畴研究比较——兼评〈童庆炳谈文心雕龙〉》,《文化与诗学》2014年第二辑(半年刊)。

王崇风:《王元化拒不称“王”》,《做人与处世》2014年第24期(半月刊)。

孙郁:《鲁迅:对“终结”的渴望》,《鲁迅研究月刊》2014年第12期(月刊)。

肖伊绯:《郑麐的英译中国经典事业》,《寻根》2014年第6期(双月刊)。

2015年

朱航满:《问渠那得清如许》,《黄河》2015年第1期(双月刊)。

陈青生:《关于王元化先生一篇佚文的说明》,《新文学史料》2015年第1期(季刊)。

游宇明:《王元化的“有真理,无牛人”》,《文史春秋》2015年第2期(月刊)。

孔明珠:《特别的明信片》,《上海文学》2015年第3期(月刊)。

李平:《〈思辨录〉与王元化文艺思想》,《文汇报》2015年3月9日。

孔明珠:《狱中明信片》,《天涯》2015年第2期(双月刊)。

胡晓明:《王元化与儒家思想之分合》,《深圳大学学报(人文社会科学版)》2015年第2期(双月刊)。

吴琦幸:《王元化与钱锺书》,《现代中文学刊》2015年第2期(双月刊)。

罗银胜:《王元化与黄炎培编辑〈展望〉结友情》,《中华读书报》2015年4月8日。

张瑞田:《协助周扬起草"异化"论石墨》,《中华读书报》2015年4月8日。

王纪人:《因心灵年轻而写作》,《文汇报》2015年4月24日。

陈飞雪、刘绪源:《"有个地方我记忆错了"》,《中华读书报》2015年4月29日。

夏中义:《王元化学案中的"学术与思想"——回应樊克政先生》,《清华大学学报(哲学社会科学版)》2015年第3期(双月刊)。

张蕴艳:《学术史案与角色价值——夏中义教授访谈录》,《清华大学学报(哲学社会科学版)》2015年第3期(双月刊)。

刘斯奋、刘斯翰、谭运长:《"孔夫子入党"——传统文化三人谈》,《粤海风》2015年第3期(双月刊)。

有木:《王元化九四诞辰人文研思会纪要》,《四川戏剧》2015年第6期(月刊)。

吴敏:《为周扬起草"异化"文章相关史实考论》,《中华读书报》2015年6月10日。

王守雪:《略论王元化学术思想与人文湖北之关联》,《古代文学理论研究》2015年第一辑(半年刊)。

李平、罗冰:《论王元化的〈文心雕龙创作论〉》,《古代文学理论研究》2015 年第一辑(半年刊)。

何建委:《王元化“痛诋”〈围城〉探究》,《南京师范大学文学院学报》2015 年第 2 期(季刊)。

王为松:《任何一本书都要对得起读者——简评〈王元化谈话录 1986—2008〉》,《图书馆杂志》2015 年第 8 期(月刊)。

陈菁霞、吴琦幸:《最难忘王元化先生的独立人格》,《中华读书报》2015 年 8 月 19 日。

涂光社:《元化先生一生的三次反思》,《中华读书报》2015 年 9 月 2 日。

王元化、夏中义:《王元化“文赋讲义”笺疏》,《华东师范大学学报(哲学社会科学版)》2015 年第 5 期(双月刊)。

刘忠:《“重写文学史”与批评家群体的代际传承》,《中州大学学报》2015 年第 5 期(双月刊)。

夏中义:《“精神英雄”:王元化的生命境界》,《探索与争鸣》2015 年第 10 期(月刊)。

蓝云:《元化重读〈约翰·克利斯朵夫〉记事》,《学习与探索》2015 年第 10 期(月刊)。

夏中义:《〈围城〉与“香粉铺”及克利斯朵夫——此案有涉王元化与钱钟书》,《学习与探索》2015 年第 10 期(月刊)。

吴琦幸:《认识论与王元化晚年的反思》,《学习与探索》2015 年第 10 期(月刊)。

杨扬、何晶:《批评是一种踏踏实实的工作》,《文学报》2015 年 11 月 5 日。

胡顺琼:《试析基督教背景对王元化的影响》,《社会科学论坛》2015 年第 6 期(双月刊)。

2016 年

夏中义:《从佚文看〈王元化集〉的“角色自期”——兼及〈王元化晚年谈话录〉版本考辨》,《社会科学辑刊》2016 年第 1 期(双月刊)。

许纪霖:《王元化:文化托命之人》,《江淮文史》2016 年第 1 期(双月刊)。

王果:《启蒙先贤王元化》,《上海采风》2016 年第 1 期(月刊)。

吴高扬:《道由白云尽　春与青溪长》,《中学语文教学》2016 年第 2 期(月刊)。

刁含勇:《“胡风分子”张中晓》,《炎黄春秋》2016 年第 3 期(月刊)。

刘春:《大地上的劳动者(外二篇)》,《红豆》2016 年第 3 期(月刊)。

杨水远:《王元化第三次“反思”与当代文论的内在转型》,《中国文学研究》2016 年第 1 期(季刊)。

许纪霖、胡晓明、夏中义:《知识分子:文化托命之人——纪念王元化先生冥诞 95 周年》,《知识分子论丛》2016 年(年刊)。

祝兆平:《“吸取上海地下党文委的精神乳汁”——王元化晚年的反思》,《博览群书》2016 年第 5 期(月刊)。

吴琦幸:《做有思想的刊物》,《社会科学报》2016 年 5 月 19 日。

傅杰:《前辈写真》,《中国文化》2016 年第 2 期(季刊)。

桂清扬:《未完的人生,永远的满涛——七月学人翻译研究之五》,《东方翻译》2016 年第 3 期(双月刊)。

姚铭尧:《感受杜亚泉的智慧光芒》,《文汇报》2016 年 9 月 26 日。

夏中义、张蕴艳:《学术与思想的双重反思(访谈)》,《西部:新文学(上)》2016 年第 5 期(双月刊)。

张承志:《点滴未敢忘(外一篇)》,《人民文学》2016 年第 10 期(月刊)。

朱国顺:《清泉永远比淤泥更值得拥有》,《新民周刊》2016 年第 48

期(周刊)。

方科平:《王元化与童庆炳〈文心雕龙〉文论范畴研究比较——兼评〈童庆炳谈文心雕龙〉》,《文化与诗学》2016 年第 2 期(半年刊)。

王守雪:《文化保守主义学术系统中的〈文心雕龙〉研究——以黄侃、徐复观、王元化为主线》,《古代文学理论研究》第四十三辑,2016 年 12 月(半年刊)。

方科平:《王元化与童庆炳〈文心雕龙〉研究比较》,《古代文学理论研究》第四十三辑,2016 年 12 月(半年刊)。

2017 年

李镇西:《向八十年代致敬——读〈我与八十年代〉所想到的》,《福建教育》2017 年第 1 期(周刊)。

吴洪森:《此书何以在我手?》,《文学自由谈》2017 年第 2 期(双月刊)。

李金秋、万奇:《〈文心雕龙〉探疑》,《语文学刊》2017 年第 2 期(半月刊)。

王丽丽:《王元化是怎样炼成的》,《书城》2017 年第 3 期(月刊)。

张陆洲:《王元化与〈学术集林〉——重新构建中国文化主体性的尝试》,《湖北师范大学学报(哲学社会科学版)》2017 年第 2 期(双月刊)。

张薇:《中国马克思主义莎评的发展轨迹》,《华东师范大学学报(哲学社会科学版)》2017 年第 3 期(双月刊)。

刘英团:《一个知识分子的责任》,《解放日报》2017 年 7 月 1 日。

张光芒:《〈人物小记〉:以平和之语述写动荡世事》,《海南日报》2017 年 7 月 10 日。

朱航满:《理想的读者》,《中国艺术报》2017 年 7 月 10 日。

郜元宝:《汪曾祺结缘上海小史》,《扬子江评论》2017 年第 4 期(双月刊)。

罗银胜、鲍广丽:《王元化的朋友圈》,《检察风云》2017年第20期(半月刊)。

王安国:《远隔重洋的悼念——深切怀念戴鹏海先生》,《人民音乐》2017年第10期(月刊)。

曹正文:《王元化谈读书与独立思考》,《文汇报》2017年12月4日。

刘创:《王元化,最后一个期待,就是去天堂看她》,《各界》2017年第12期(月刊)。

2018年

路来森:《只要生命不息　著作永无定本》,《中国纪检监察报》2018年1月2日。

章念驰:《我所知道的王元化》,《上海文学》2018年第1期(月刊)。

王晓娜:《〈文心雕龙·神思〉篇"拙辞"和"庸事"两句新解》,《河北北方学院学报(社会科学版)》2018年第1期(双月刊)。

郭美春:《我眼中的张可和王元化》,《档案春秋》2018年第2期(月刊)。

陶礼天、赵红梅:《略论〈文心雕龙创作论〉的学术范式意义》,《徐州工程学院学报(社会科学版)》,2018年第2期(双月刊)。

马麟:《试论黑格尔美学对王元化〈文心雕龙〉研究的影响》,《华北电力大学学报(社会科学版)》2018年第2期(双月刊)。

澄海:《思想者的使命——王元化晚年访问记》,《同舟共进》2018年第4期(月刊)。

杨乡:《舅舅王元化逝世十周年琐忆》,《世纪》2018年第3期(双月刊)。

李平:《王元化与修辞》,《文汇报》2018年5月7日。

本刊编辑部:《北钱南王:跨越半个世界的思想契合》,《看历史》2018年第6期(月刊)。

杨乡:《舅舅王元化》,《老年世界》2018年第6期(月刊)。

徐川山:《上海文化建设的标志性工程》,《中国新闻出版广电报》2018年6月8日。

施晨露、曾繁宜:《19条"王元化之问"引人思索》,《解放日报》2018年6月13日。

李平:《王元化与基督教文化》,《世纪》2018年第4期(双月刊)。

陈礼荣:《学界泰斗王元化的江陵乡情》,《档案记忆》2018年第7期(月刊)。

宋宁宁:《从〈文心雕龙〉看行文"整体性原则"》,《忻州师范学院学报》2018年第4期(双月刊)。

陆晓光:《中国特色的文化,要从传统中去研究》,《社会科学报》2018年9月13日。

戚良德:《在学术与思想之间——重读王元化先生的〈文心雕龙讲疏〉》,《暨南大学学报(哲学社会科学版)》2018年第5期(双月刊)。

罗银胜:《"龙学知音"——王元化与郭绍虞》,《书摘》2018年第10期。

何博超:《王元化论"情志"概念》,《美学(2017卷)》2018年12月。

2019年

陆杨:《"海派"理论家与新时期文学理论四十年》,《文艺争鸣》2019年第1期(月刊)。

王守雪、胡晓明:《王元化学案》,《上海文化》2019年第2期(双月刊)。

杨乡:《我的舅舅王元化》,《各界》2019年第5期(月刊)。

胡海、王子珺:《詹锳对“意象”和“比兴”的心理学解释略论》,《语文学刊》2019年第3期(半月刊)。

周立民:《衡山路的晚霞——赵清阁、师陀和王元化在吴兴大楼》,《鸭绿江》2019年第5期(月刊)。

胡晓明:《王元化与后五四反思》,《华东师范大学学报(哲学社会科学版)》2019年第4期(双月刊)。

胡晓明:《王元化先生留下的思想课题》,《华东师范大学学报(哲学社会科学版)》2019年第4期(双月刊)。

李庆:《谈王元化先生〈对于“五四”的再认识答客问〉手稿》,《华东师范大学学报(哲学社会科学版)》2019年第4期(双月刊)。

汪寿明:《王元化先生与〈古文字诂林〉》,《中华读书报》2019年8月7日。

鲍广丽:《书林闲览,有史有情》,《新华书目报》2019年9月13日。

王春瑜:《忆小莲》,《文汇报》2019年10月14日。

蓝云:《日记最后一年的元化先生》,《世纪》2019年第6期(双月刊)。

胡晓明:《徐中玉老师》,《古代文学理论研究》2019年第二辑(半年刊)。

2020年

蓝云:《从一封信开始缔结终身的友谊——记王元化与蓝瑛70年的手足之情》,《大江南北》2020年第2期(月刊)。

唐宝民:《助人不邀功》,《刊授党校》2020年第2期(月刊)。

王世立:《从百年红学论争看王元化反思五四的学术史意义》,《学术探索》2020年第2期(月刊)。

阎安:《洛阳卜千秋墓西山墙壁画试说》,《新美术》2020年第3期(双月刊)。

刘锋杰:《“女儿”眼中的王元化及其朋友》,《中华读书报》2020年6月3日。

李辉:《王元化的清华学风》,《名人传记》2020年第7期(月刊)。

高渊:《王元化百年:中国思想界曾经的“最佳射手”》,《解放日报》2020年7月28日。

潘海军:《王国维境界美学的当代回响》,《文艺争鸣》2020年第8期(月刊)。

蓝云:《王元化与老大哥林淡秋》,《大江南北》2020年第8期。

学位论文

罗冰:《王元化近40年学术思想研究》,安徽师范大学2004年硕士学位论文。

周锋利:《20世纪90年代的文化保守主义思潮》,武汉大学2004年硕士学位论文。

陈博:《王元化文艺思想初探》,山东师范大学2006年硕士学位论文。

费振华:《"王蒙现象"的文化寻思》,中南大学2006年硕士学位论文。

周春来:《王元化〈文心雕龙讲疏〉创作论辨要》,内蒙古师范大学2008年硕士学位论文。

何博超:《王元化后期文艺思想的转变》,北京师范大学2010年博士学位论文。

宋菲:《文学理论的反思、回归与突破——新时期文学理论:1978—1983》,北京师范大学2011年博士学位论文。

李婉利:《王元化情志中的罗曼·罗兰因素》,华东师范大学2011年硕士学位论文。

吴燕:《王元化文学思想中的契诃夫》,华东师范大学2011年硕士学位论文。

张婵娟:《王元化的"情志"说及其文学观》,华东师范大学2011年硕士学位论文。

何建委:《情志和理想:爱因斯坦的科学追求与人文精神》,华东师范大学2011年硕士学位论文。

林煦:《从王国维到王元化——“中西互证”方法论的开创与发展》,西北大学 2011 年硕士学位论文。

王爱英:《王元化笔下的西方作家——以〈思辨录〉为例》,上海师范大学 2012 年硕士学位论文。

罗一佳:《试论西南联大科学家的人文情怀》,华东师范大学 2013 年硕士学位论文。

钱文丹:《试论“革命样板戏”的当代接受——兼谈王元化的反思》,上海师范大学 2013 年硕士学位论文。

李磊:《〈约翰·克利斯朵夫〉与中国现代知识人》,华东师范大学 2015 年博士学位论文。

张文君:《〈文心雕龙讲疏〉中的文学反映论研究》,赣南师范学院 2015 年硕士学位论文。

张陆洲:《王元化晚年文化思想研究》,湖北师范学院 2015 年硕士学位论文。

张文君:《〈文心雕龙讲疏〉中的文学反映论研究》,赣南师范学院 2015 年硕士学位论文。

韩一欣:《论现代学者名票对京剧的推动作用》,中国戏曲学院 2016 年硕士学位论文。

雷梦星:《试论王元化文艺思想的当代意义》,上海师范大学 2017 年硕士学位论文。

杨雪:《王元化现实主义文艺思想研究》,四川师范大学 2018 年硕士学位论文。

李耀鹏:《八十年代“五四话语”的征用与重构》,吉林大学 2018 年博士学位论文。

童守云:《王元化“文心雕龙创作论八说释义”研究》,安徽师范大学 2019 年硕士学位论文。

专著(专章)

王瑶主编《中国文学研究现代化进程》,其中由劳承万撰写专章《王元化的文学观念与学术思想》,北京大学出版社 1998 年版。

胡晓明著:《跨过的岁月——王元化画传》,上海文艺出版社 1999 年版。

吴琦幸著:《王元化谈话录》,上海人民出版社 2000 年版。

《庆祝王元化教授八十论文集》编委会编《庆祝王元化教授八十论文集》,华东师范大学出版社 2001 年版。

钱钢编《一切诚念终将相遇——解读王元化》,湖北教育出版社 2003 年版。

夏中义著:《王元化襟怀解读》,文汇出版社 2004 年版。

夏中义、刘锋杰著:《从王瑶到王元化》,广西师范大学出版社 2005 年版。

罗银胜著:《王元化和他的朋友们》,湖北人民出版社 2009 年版。

陆晓光编《清园先生王元化》,华东师范大学出版社 2009 年版。

邵东方、夏中义编《王元化先生九十诞辰纪念文集》,上海文艺出版社 2011 年版。

吴琦幸著:《王元化晚年谈话录》,上海人民出版社 2013 年版。

陆晓光著:《王元化人文研思录》,华东师范大学出版社 2015 年版。

吴琦幸著:《王元化谈话录:1986—2008》,上海人民出版社 2015 年版。

王丽丽著:《王元化评传》,黄山书社 2016 年版。

罗银胜著:《王元化别传:清园师友录》,文汇出版社 2017 年版。

张宏勇著:《20 世纪 90 年代王元化“五四”反思和“新启蒙”研究》,云南人民出版社 2017 年版。

胡晓明主编《后五四时代中国思想学术之路:王元化教授逝世十周年纪念文集(上下册)》,华东师范大学出版社 2018 年版。

蓝云著:《王元化及其朋友》,上海教育出版社 2020 年版。

图书在版编目(CIP)数据

论王元化/胡晓明,沈喜阳主编.—上海:上海教育出版社,
2020.11
(清园百年书系)
ISBN 978-7-5720-0429-2

Ⅰ.①论… Ⅱ.①胡… ②沈… Ⅲ.①王元化(1920-2008)
-学术思想-研究 Ⅳ.①B26

中国版本图书馆CIP数据核字(2020)第209305号

责任编辑 储德天
书名题签 舒传曦
封面设计 莫 娇

LUN WANG YUANHUA
论 王 元 化

胡晓明 沈喜阳 主编
中国古代文学理论学会 编

出版发行 上海教育出版社有限公司
官 网 www.seph.com.cn
地 址 上海市永福路123号
邮 编 200031
印 刷 上海昌鑫龙印务有限公司
开 本 890×1240 1/32 印张 11.125 插页 1
字 数 278千字
版 次 2020年11月第1版
印 次 2020年11月第1次印刷
书 号 ISBN 978-7-5720-0429-2/G·0317
定 价 59.80元

如发现质量问题,读者可向本社调换 电话:021-64377165